古代歷史文化研究輯刊

十一編

王明蓀 主編

第7冊

唐代士子的教育資源研究

宋社洪 著

國家圖書館出版品預行編目資料

唐代士子的教育資源研究／宋社洪 著 — 初版 — 新北市：花
木蘭文化出版社，2014〔民103〕

目 2+262 面；19×26 公分

（古代歷史文化研究輯刊 十一編；第 7 冊）

ISBN：978-986-322-566-9（精裝）

1. 官學　2. 教育資源　3. 唐代

618　　　　　　　　　　　　　　　　　103000935

ISBN-978-986-322-566-9

9 789863 225669

古代歷史文化研究輯刊

十一編　第 七 冊　　　　　　ISBN：978-986-322-566-9

唐代士子的教育資源研究

作　　者　宋社洪
主　　編　王明蓀
總 編 輯　杜潔祥
副總編輯　楊嘉樂
編　　輯　許郁翎
出　　版　花木蘭文化出版社
社　　長　高小娟
聯絡地址　235 新北市中和區中安街七二號十三樓
　　　　　電話：02-2923-1455／傳眞：02-2923-1452
網　　址　http://www.huamulan.tw 信箱 hml810518@gmail.com
印　　刷　普羅文化出版廣告事業
初　　版　2014 年 3 月
定　　價　十一編 24 冊（精裝）新台幣 46,000 元

唐代士子的教育資源研究

宋社洪　著

作者簡介

宋社洪：1971 年生，湖南汝城人。2006 年畢業於華東師範大學歷史學系，獲歷史學碩士學位。2009 年畢業於華東師範大學歷史學系，獲歷史學博士學位。現任衡陽師範學院人文社科系副教授。主要從事隋唐五代史、中國古代教育與科舉史的研究。在《文史哲》、《學術研究》、《社會科學戰線》等期刊上發表學術論文十餘篇。

提　　要

　　唐代官學等級森嚴，其優質的教育資源主要被具有出身優勢的士族子弟所佔據。以個體家庭教育、家塾、族塾為主體的家庭（家族）教育原則上無等級限制，教育資源配置也有一定的優勢，但準入門檻較高，有能力進行投資者以士族家庭為主。以村坊學、私家講學、私授、山林寺觀教育為主體的私學教育，表面上沒有任何等級限制，卻有著各種隱性門檻的制約，並不能為庶民階層帶來較多的讀書晉身機會。不僅如此，習業經費結構上的等級性差異，使士族子弟比庶民士子有更多的時間和精力讀書業文。而庶民階層對教育投資的積極性和穩定性缺乏，又使庶民士子缺少苦心力學的勇氣和積極性。上述教育資源投資的等級性差異，隨時代和地域的不同，有一定程度的強弱轉換趨勢，但總體而言，整個唐代，士族子弟對優質教育資源的投資和佔有能力都強於庶民士子。總之，科舉制度確使唐代士子讀書晉身機會的形式平等有了制度保證，但制度保證並不能帶來士子讀書入仕機會的事實平等。唐代的歷史事實表明，庶民士子在政治權力、經濟財富與社會名望等有價值資源的佔有和動員能力上的劣勢，導致其在教育資源的投資和佔有水平上的劣勢，最終制約了其借助形式平等的科舉制度獲取讀書晉身機會事實平等的努力，進而制約了唐代科舉制度促進社會階層流動的幅度和速度。

目

次

第一章　緒　論 ……………………………………………… 1

上　篇

第二章　唐代官學的盛衰 …………………………………… 13

　第一節　「省司定限」與唐代官學的由盛轉衰 …… 14

　第二節　唐代四門俊士的興衰 …………………… 30

　第三節　鄉學的性質及其演化 …………………… 42

　本章小結 …………………………………………… 53

第三章　唐代官學的教育資源及其等級性 ……………… 55

　第一節　官學的入學資格及其等級性 …………… 56

　第二節　官學的教育資源及其層級差異 ………… 68

　第三節　官學對士子讀書晉身的意義及其等級性 … 80

　本章小結 …………………………………………… 88

中　篇

第四章　家庭（家族）教育的教育資源及其等級性

　…………………………………………………………… 93

　第一節　個體家庭教育的投資及其等級性 ……… 93

　第二節　家塾和族塾的投資及其等級性 ………… 108

　第三節　家庭（家族）教育的教育資源與成效及
　　　　　其等級性 ………………………………… 114

　本章小結 …………………………………………… 125

第五章　私學教育的教育資源及其等級性 ………… 127
　第一節　村坊學的教育資源及其等級性 ………… 127
　第二節　私家講學的教育資源及其等級性 ………… 133
　第三節　私授的教育資源及其等級性 ………… 140
　第四節　山林寺觀教育的教育資源及其等級性 …… 148
　本章小結 ……………………………………………… 163

下　篇
第六章　教育資源視野下士子的習業經費來源及
**　　　　其等級性** …………………………………… 167
　第一節　繼承或先賦的習業經費及其等級性 ……… 168
　第二節　自我籌措的習業經費及其等級性 ………… 172
　第三節　唐代士子的遊丐資讀及其等級性 ………… 176
　本章小結 ……………………………………………… 182

第七章　教育資源視野下士子的苦學現象及其等
**　　　　級性** ………………………………………… 185
　第一節　家庭經濟困窘者的苦學及其等級性 ……… 185
　第二節　惜時如金者的苦學及其等級性 …………… 191
　第三節　苦學現象後的資源背景及其作用機制 …… 195
　本章小結 ……………………………………………… 202

第八章　結　論 ……………………………………… 203
附錄一：唐代士子受業情況表 ……………………… 211
附錄二：唐代士子山林寺觀習業情況表 …………… 237
參考文獻 ……………………………………………… 255

第一章　緒　論

一

　　在中國幾千年的傳統社會中，政治權力、經濟財富與社會名望這三種主要的有價值資源基本是聯爲一體的，其中最重要的是政治權力。獲得政治權力的重要途徑是「學而優則仕」。

　　自漢代以來，士子讀書求學的主要出路就是選舉入仕，但選舉權一直被特權階層所壟斷。漢代實行察舉制度，主持「鄉閭評議」的基本上是本地的豪強大族，選舉實際上被地方大族所控制。曹魏開始施行的九品中正制，最終不過是鞏固門閥政治的工具。魏晉也實行察舉制度，但被察舉的條件首先是門第〔註1〕。南北朝開始出現打破門閥壟斷選舉的趨勢，儘管秀、孝特別是秀才大致仍然爲高門壟斷，一些寒門子弟還是通過明經試策的方式進入了仕途；而且，懷牒自舉這種新的考試制度也在這時期出現了〔註2〕。

　　隋唐時期，以考試成績定升降和懷牒自舉制度化，舉子通過逐級考試選拔，最終到京師參加省試這樣一種制度即科舉制，臻於完備。至此，「學而優則仕」至少在制度上完全成爲現實，不同階層的士子有了平等的讀書入仕機

〔註1〕　參閱唐長孺：《九品中正制度試釋》，《魏晉南北朝史論叢續編》，三聯書店1959年版；《魏晉南北朝隋唐史三論》，武漢大學出版社1993年版，第49頁。閻步克：《察舉制度變遷史稿》第八章《察舉制與九品中正制》，遼寧大學出版社1997年版。吳宗國：《唐代科舉制度研究》第一章《科舉制度的產生》第一節《察舉制內部新制度的萌芽》，遼寧大學出版社1992年版。
〔註2〕　參閱唐長孺：《南北朝後期科舉制度的萌芽》，《魏晉南北朝史論叢續編》。吳宗國：《唐代科舉制度研究》第一章《科舉制度的產生》第一節《察舉制內部新制度的萌芽》。

會。發人深思的是，唐代的科舉及第者，「百分之六十九是士族，百分之十三是小姓，百分之十八是寒素」，也就是說，「士族在科舉初期三百年間，利用科舉制度而延長其政治地位」〔註3〕，庶民士子卻並未能利用科舉制度獲得較多晉身統治階層的機會。

誠然，南北朝以來門閥制度趨於消失，「並不等於門閥階層的消失，更不等於門閥貴族在社會上特殊地位的消失。門閥現象作爲一種社會存在還不會馬上退出歷史舞臺，其流風餘韻還要存續一個相當長的時期」，舊士族憑藉傳統的社會地位和悠遠的文化傳統，在科舉制時代仍然能獵取世所企羨的科舉功名，「並藉以維持其門戶，重新獲得業已喪失的政治經濟特權」〔註4〕。

然而，在唐代主要以考試成績定去留的科舉制下，傳統的社會地位和悠遠的文化傳統，並不必然爲士族子弟帶來功名；庶民士子完全可以利用科舉制度提供的平等機會，讀書入仕，從而對士族子弟壟斷選舉的局面形成衝擊。但爲什麼士族子弟在唐代仍能獲得遠高於庶民士子的科舉及第率？又是什麼原因使庶民士子沒能充分利用科舉制度提供的平等機會，獲得更高的科舉及第率？其原因當然是多方面的，其中有一個不容忽視的關鍵因素，即是二者對教育資源的佔有水平存在著較大的差距。那麼，何爲「教育資源」？

依據美國社會學家林南的界定，作爲「社會資本理論的基本概念」的「資源」，指「物質和符號物品」〔註5〕。個體行動者通常有兩類資源：個人資源和社會資源。個人資源爲個體行動者所擁有，獲得個人資源有很多方法。「一個主要途徑是通過繼承或先賦。個體行動者可以通過父母、親屬或其他行動者的轉讓而獲得資源」，「另一個途徑是通過對自己的資源的投資和努力來獲取」，「獲得個人資源的第三個途徑是交換。通過直接支付（金錢），或者經過資源交換（物物交換）從一個個體行動者向另一個手中轉移」〔註6〕，而教育則已然被視爲通過父母資源（如物質財富及家庭教育環境、氛圍）或個人資

〔註3〕 毛漢光：《唐代大士族的進士第》，氏著《中國中古社會史論》第九篇，上海書店出版社2002年版，第335頁。又參卓遵宏：《唐代進士與政治》，（臺灣）國立編譯館1987年版，第15～17頁。按以上統計數據本出毛氏博士論文《唐代統治階層社會變動》，惜不能得讀原文，此據前兩文所引。

〔註4〕 唐長孺：《魏晉南北朝隋唐史三論》第三篇第二章《門閥的衰弱和科舉制的興起》，第370、401頁。

〔註5〕 〔美〕林南著，張磊譯：《社會資本——關於社會結構與行動的理論》，世紀出版集團2005年版，第28頁。

〔註6〕 參閱上揭《社會資本——關於社會結構與行動的理論》，第41頁。

源（天賦的或基於父母資源而後天養成的）以及個人努力的投資（特別是在校學習）而獲得的資源。社會資源是「通過社會關係獲取的資源」，「包含其他個體行動者的資源」，「個體行動者可以通過直接或間接的社會關係獲取他們」。社會資源像個人資源一樣，包括物質財富和象徵財富〔註7〕，物質財富不難理解，諸如土地、房屋、金錢等，象徵財富中特別重要的是教育，包括教育經歷（學歷）及教育機關和社會對其學識的官方認可（學位），以及由之而來的聲望和名聲等。

　　基於上述界定可知：作為個人資源的教育，是通過家庭或個人資源和個人努力的投資而獲得的，可以為個人帶來其它有價值資源（如權力、財富和名譽）的象徵財富（如個人的智識和學養）；作為社會資源的教育，是通過社會認同特別是群體內的相互認可而獲得的象徵財富（如學歷、名譽等）。由於社會資本理論是觀察和解釋近現代商品社會運作及其規律的產物，資源作為其中的核心概念，並不完全適用於對唐代社會諸現象和規律的認識。如對於教育的投資，在唐代就並非只是父母或個人的事，而是整個家庭甚至家族所有成員的集體投入。故本書以資源立題，只是引進社會資本理論中有關資源的理念和分析框架，並非完全套用其定義和邏輯模式。

　　因此，本書所謂唐代士子之「教育資源」，是指他們以功名（科舉及第）為目的，通過家庭或家族的教育環境及條件（接受教育的物質基礎：如脫離生產過程專心求學的時間保障、書籍積累、延師求學的經費等；接受教育的精神氛圍：父母或兄弟直接施教，父兄乃至族人的學識及功名對其影響，父兄的恩師、門生乃至同年、同僚關係對其教育方面的提攜等）或個人資源（教育方面的個人天賦及社會對其天賦的認可等）和個人努力（努力修業、多方求教即苦讀、千里求師等）的投資而獲得的的教育機會和途徑。教育本身也是一種資源，能為士子帶來名譽（如名士身份）、財富（如習業經費）和權力（即科舉及第晉身統治階層）等。影響唐代士子教育資源投資和佔有資質的因素很多，主要有政治資源（如家庭的官階、門蔭）、經濟資源（如家庭或個人供給和投入求學的經費）、文化資源（如家學、家訓、士子個人的智識和學養等）、社會關係（如「易子而教」這種形式即主要依賴於家庭的社會關係）等，這些資源來自士子的個人資源和社會資源，既有繼承或先賦的，也有個人努力獲得的。

〔註7〕參閱上揭《社會資本——關於社會結構與行動的理論》，第42頁。

　　本書研究唐代士子的教育資源，以士子對教育機會和途徑的獲得爲線索，以不同階層士子的政治、經濟、文化和社會關係等資源爲對象，以探求這些資源在士子教育投資過程中的作用及作用機制爲目的，意圖解決如下問題：不同階層士子教育投資過程中的政治、經濟、文化和社會關係等資源，在水平上有何差別？各種資源的優劣差別在多大程度上影響了士子的教育投資成效？是如何產生作用的？不同階層士子擁有的這些資源，在唐代歷史發展的不同階段有何變化，是怎樣的一種消長關係？對不同地域的士子又產生了怎樣的影響？全面解讀唐代不同階層士子對教育資源的投資和佔有水平，對於評估科舉制度對唐代社會階層垂直流動的意義，進而全面把握唐宋歷史變革的社會歷史原因，有著不可忽視的意義，遺憾的是，這些問題尚未引起學界的足夠關注，囿於筆者視野，至今未見有唐代士子教育資源研究的專著問世。

二

　　唐代教育是科舉史和中國古代教育史研究的重要內容，幾乎所有中國古代教育通史唐代部分都有專章介紹，《二十世紀唐研究》第六章《教育》部分已有詳述，此不贅列。專題研究成果集中出現於上世紀九十年代以後，主要集中在教育制度、教育思想和私學教育活動三個領域。與本書直接相關的唐代教育制度和私學教育活動研究，是本書學術史回顧的主要內容。

　　唐代教育制度是唐代教育史研究的重中之重。劉海峰《唐代教育與選舉制度綜論》（文津出版社 1991 年版）從唐代整個教育、選舉制度的系統論述入手，從宏觀上進行綜合研究；然後分別從教育、科舉和銓選制度中選取幾個專題進行微觀剖析，並著力探討三個制度之間的關係，尤其是學校教育與科舉取士、科舉出身和銓選入仕之間的關係；進而對貫穿於唐代教育、科舉和銓選中的經術與文學之爭展開較爲專門的討論，揭示唐代教育與選舉制度的發展規律，總結其利弊與經驗教訓。宋大川《唐代教育體制研究》（山西教育出版社 1998 年版）從唐代崇聖尊儒的教育指導思想，政教合一的教育體制，官學的內部管理及其指導思想，私學教育的類型及其特點，以及養士與取士相結合的選舉制度幾個方面，進行了深入地探討和全面地論述。韓鳳山《唐宋官學制度研究》（吉林攝影出版社 2005 年版）對唐宋官學制度中的學校設置制度及其管理機構、教師制度、學生制度、教育教學制度、經費保障制度

進行了全面考察和分析，幾乎有三分之二的內容爲對宋代官學制度的考察。

　　傅璇琮《唐代科舉與文學》第十六章《學校與科舉》（陝西人民出版社 2003年版）從科舉與文學的角度，對唐代官學尤其是京師國學的構成、各類學校的地位和招生、教學制度進行了專門的研究。吳宗國《唐代科舉制度研究》第六章《學校與科舉》（遼寧大學出版社 1992 年版）從科舉制度的發展對官學與私學消長的影響進行了較深入的探討。高明士《東亞教育圈形成史論》第一章《漢唐間學校教育發展的特質》（上海古籍出版社 2003 年版）縱論漢唐間官學教育發展的特質，關於唐代官學，主要論述了學制體系化在唐代的完成和唐代廟學制的普遍實施及其具體運作詳情，並詳細論述了唐代中央與地方官學的學禮。

　　張邦煒《唐代學校的盛衰》（《四川師院學報》1985 年第 2 期）；任爽《科舉制度與唐代教育危機》（《中國史研究》1994 年第 3 期），則主要是研究唐代官學的盛衰演變規律。李正宇《唐宋時代的敦煌學校》（《敦煌研究》1986 年第 1 期）；高明士《唐代敦煌的教育》（《漢學研究》第 4 卷 1986 第 2 期）；姚崇新《唐代西州的官學》（《新疆師範大學學報》2004 年第 1 期）等，從敦煌地方官學發展演變管見唐代地方官學教育制度。

　　唐代私學教育活動也是唐代教育史研究的重要內容之一。吳霓《中國古代私學發展諸問題研究》第三章第三節《科舉制度與私學的關係》（中國社會科學出版社 1996 年版），侯力《唐代家學與科舉應試教育》（《湘潭師範學院學報》1998 年第 1 期），主要探討了科舉考試的內容與唐代私學教育內容的微妙關係；李潤強《中國傳統家庭形態及家庭教育——以隋唐五代家庭爲中心》第六章《家庭教育的傳承與發展》（人民出版社 2008 年版），則按唐代前期、中期、唐末五代三個階段，對唐五代家庭教育包括爲政教育、家風教育、功名教育、科舉教育、女性教育、胎教等進行了分類敘述，並分析其特點；金瀅坤《唐五代童子科與兒童教育》（《西北師大學報》2002 年第 4 期），鄒志勇《唐代蒙學述略》（《山西大學學報》2001 年第 6 期），對唐代的蒙學教育進行了較詳細的梳理；顧向鳴《唐代太湖地區家學初探》（《歷史教學問題》1991年第 5 期），李浩《論唐代關中士族的家庭教育》（《西北大學學報》1998 年第2 期），顧向明《試論唐代江南舊士族及其家學淵源》（《山東師範大學學報》2003 年第 4 期）等，考察了唐代不同區域的家學發展情況；徐庭雲《隋唐五代時期的「寡母撫孤」》（《北京理工大學學報》2000 年第 1 期），傅永聚、馬

林濤《論唐代的母訓文化》,(《煙臺師範學院學報》2000 年第 1 期),李浩《唐代三大地域文學士族研究》第十一章《寡母教孤:唐代士族教育的一個突出現象的考察與分析》(中華書局 2002 年版),李潤強《唐代依養外親的孀婦幼孤家庭教育》(收入田澍主編《中國古代史論萃》,甘肅人民出版社 2004 年版),許友根《唐代「寡母教子」現象初探》(《內蒙古師範大學學報》2005 年第 10 期)等,對唐代寡母教孤現象進行了全面的研究;嚴耕望《唐人習業山林寺院之風尚》(收入氏著《嚴耕望史學論文選集》,中華書局 2006 年版)對唐代士子習業山林寺觀的風尚、地域分佈、形成原因進行了詳細的考論;劉海峰《唐代鄉村學校與教育的普及》(《教育評論》1990 年第 2 期),吳楓、鄭顯文《唐代庶民階層的文化素質初探》(《社會科學戰線》1993 年第 1 期),萬俊傑《試析唐代的鄉里村學》(《史學月刊》2003 年第 5 期),姚崇新《唐代西州的私學與教材》(《西域研究》2005 年第 1 期)等,從不同的側面考察了唐代鄉村教育及對教育普及的積極意義。

此外,牟發松師《唐代長江中游的經濟與社會》第五章《經濟開發與社會——人口、政區變動及文化發展》(武漢大學出版社 1989 年版),〔臺灣〕黃玫茵《唐代江西地區開發研究》第四章《人文發展》(臺灣大學出版社 1996 年版),凍國棟《唐代閬中進士登場與文化發展管見》(《魏晉南北朝隋唐史資料》第 11 期,武漢大學出版社 1991 年版)等,則從經濟社會發展對地方教育的影響立論,詳細介紹了相關地區的教育發展情況。

黃雲鶴《唐宋下層士人研究》(河北人民出版社 2006 年版)從唐宋下層士人的政治出路(科舉入仕、入幕爲僚及其他途徑)、對政府的疏離與怨叛的原因及其抗爭、經濟來源的種類和形式、對文化的主要貢獻、社會交往的對象和心態、婚姻狀態與家庭生活、遊歷與遊學、歸隱的原因及特徵、在基層社會中對地方事務和地方教化的參與、以及政府對下層士人經濟上的優惠與政治上的羈縻等各個方面對唐宋下層士人群體的生存狀態進行了比較研究。其中有關下層士人經濟來源的種類和形式對本書的研究頗有啓發,但黃文的研究並非從教育視角,對士子讀書求學過程進行考察。

總之,以上研究成果或詳於唐代教育制度沿革及相關制度規定,或著眼於唐代官、私學的盛衰轉變,或關注於各種教育形式的教學內容、特點,或致力於社會經濟發展對教育事業的促進,或以唐宋士人群體的生存狀態比較爲主題,均對本書的論證具有一定的參考價值和啓發意義,爲本書的問題意

識與思考途徑提供了深厚的學術憑藉。但以上研究對不同階層教育資源的投資和佔有，以及資源整合情況，幾乎無人問津，顯然，這一空白有待填補。

三

本書重點放在唐代士子的教育資源的投資和佔有情況，而不是制度沿革的考索和論證。但研究唐史常用的傳世文獻，編年體主要記政治經濟大事，典章制度史主要記載制度沿革，以記人爲主的兩《唐書》紀傳中，雖以記載傳主個人經歷爲主，但多爲仕宦經歷，對研究士子教育資源投資和佔有情況，利用價值不大。

本書研究較爲倚重的材料之一爲唐宋筆記史料、傳奇小說和唐人詩文等，對其在研究唐代科舉、教育、士人生活上的使用價值，傅璇琮《唐代科舉與文學》第一章《材料敘說；登科記考索》中已有詳細的論說，此不贅〔註 8〕。本書研究另所倚重的材料，爲唐代教育史研究者尚未足夠重視的唐代墓誌碑銘。誠然，由於爲尊者諱，爲鄉人諱，爲賢者諱之類原因，墓誌碑銘多不實之辭，確如杜甫所言，「世之錄行迹示將來者多矣，大抵家人賄賂，詞客阿諛，眞僞百端，波瀾一揆」〔註 9〕。故對墓誌碑銘尤其其中敘述性語彙的使用，尤須小心。然而，如果時刻懷著一顆謹愼之心，抱著此類材料不可盡信的理念，對墓誌材料與其他相關材料勤加比對，相信在使用這類材料時，不至於大誤。因此，本書抱著懷疑之心使用了大量的墓誌碑銘的材料，原因很簡單，墓誌碑銘中保存有大量士子讀書求學具體細節的資料，其數量之多和描述之細緻，非任何其他史料來源可以比擬。爲謹愼計，本書在引用墓誌碑銘、筆記、小說、詩文材料時，將盡可能地利用公認比較具有可信度的紀傳體、編年體、典章制度體史料加以對照比較，或參照相關考證、研究著述如《登科記考補正》、《唐才子傳校箋》、《唐刺史考全編》、《新唐書宰相世系表集校》、《唐代詩人叢考》、《唐代文學叢考》等〔註 10〕，以辯其眞僞，去僞存眞。

〔註 8〕　有關筆記小說對唐史尤其科舉、教育史研究的意義，程國斌亦有詳細的論說，參氏《唐五代小說的文化闡釋》第一章《唐五代小說與史官文化》，人民文學出版社 2002 年版。

〔註 9〕　《全唐文》卷 360 杜甫《杜氏墓碑》，第 3659 頁。

〔註 10〕　〔清〕徐松撰，孟二冬補正：《登科記考補正》，北京燕山出版社 2003 年版；傅璇琮主編：《唐才子傳校箋》（1～5 冊），中華書局；郁賢皓：《唐刺史考全編》，安徽大學出版社 2000 年版；趙超：《新唐書宰相世系表集校》，中華書局 1998 年版；傅璇琮：《唐代詩人叢考》，中華書局 2003 年版；陳尚君：《唐

　　關於社會階層的劃分，毛漢光氏把中古社會統治階層構成來源細分為「士族」、「小姓」、「寒素」三個層次。對「士族」的定義是：「1、魏晉南北朝舊族。包括南朝、東魏、西魏，以及唐以前形成的士族，世系貫連者。2、外蕃大族。外蕃世代大族歸順唐室者。3、唐代三代為官，並居官五品以上者。4、唐宗室。」對「小姓」的定義是：「1、已沒落士族。世系不貫連的遠祖為士族，其子孫以低品間歇間仕者，或相隔四世以上主支旁支皆無官宦者。2、低品酋豪，包括累世下品（六品以下）、累世軍校、地方大族（縣姓）、地方酋豪。3、父祖有一代五品以上者。」又說「以上人物的近祖皆涉及官場，與平民寒素有別，可列入廣義的士族」〔註11〕。對「寒素」的定義是：「即門寒身素無世祚之資者，依家庭背景而言，係指非士族又非小姓者皆歸於此類，因此包括的人群較廣，如：1、儒。2、農。3、工。4、商。5、富戶。6、兵。7、僧道。8、吏。9、醫。10、樂。11、蕃。12、俠。13、盜。14、游民。15、獵。16、優。17、奴。18、曾任前朝身份不明者。19、未詳者。實際上以上十餘種人的社會地位並不一致，例如儒者的社會地位顯然較其他平民為高，而優奴則又低於一般平民。然而以士族及小姓作一相對的比較，則以上十餘種人皆是寒素也。故則為一類。」〔註12〕又說「將他們（筆者按：指寒素）歸為一類，是因為他們的祖父輩皆無參與統治階層的迹象。」〔註13〕按中古社會階層的劃分極其複雜，學術界分歧也較大，毛漢光《中古統治階層之社會成分》一文已有論列。本書在借用毛漢光劃分法的基礎上，依據唐代實際和最新研究成果，稍有變通。在進行數據統計時，按照士族、小姓、庶民三個層次區分，在進行數據分析時，則直接將社會階層粗分分為廣義士族與庶民，將出自廣義士族家庭的讀書人通稱為廣義士族子弟，出自庶民家庭的讀書人通稱為庶民士子。之所以如此：一是祖父輩是否為統治階層對其後代的教育資源佔有影響較大；二是本書主要關注教育資源佔有與非統治階層上昇為統治階層的關係〔註14〕；三是「寒素」的提法容易引起歧義〔註15〕，反不如庶

　　　　代文學叢考》，中國社會科學出版社 1997 年版。

〔註11〕參氏著《唐代大士族的進士第》，《中國中古社會史論》，第 334 頁。

〔註12〕氏著《唐代統治階層社會變動——從官吏家庭背景看社會流動》，轉引自卓遵宏：《唐代進士與政治》，第 15～16 頁。

〔註13〕氏著：《中古統治階層之社會成分》，《中國中古社會史論》，第 37 頁。

〔註14〕本書不得不只探討廣義士族子弟與庶民士子教育資源佔有與投資的異同，一個重要的原因是，現有資料尚不足以支持將教育資源的佔有情況再細分為士族、小姓、庶民三個階層進行討論。

民界線明晰。

　　本書在考察士子教育資源佔有的時代性時，通常採用兩種時代劃分法進行參照。一是傳統的劃分，將唐代歷史以安史之亂的爆發爲界，劃分爲前（618～755）、後（756～907）兩期。主要因爲安史之亂不僅對唐代士族殘餘勢力的打擊極大，而且導致了唐代社會的一系列巨大變化，如社會經濟重心南移的完成，人口包括大量讀書人的大規模南遷，這些都對不同階層不同地域士子的教育資源投資和佔有帶來重大影響。二是筆者基於唐代教育發展規律的劃分，將唐代歷史劃分爲三個時期，武德至景雲三年（618～712）爲前期，這一階段是唐代官學的上昇時期，官學教育資源的佔有居於絕對優勢。開元元年至永貞元年（713～805）爲中期，這是唐代官學由開始衰落至終成敗局的階段，安史之前統治者的極力挽救尚見成效，故官學教育資源優勢尚未完全消失；安史之後統治者的挽救措施已難見其效，開元以來逐漸興盛的私學最終取代官學，成爲科舉人才培養的主要場所。元和元年至唐亡（806～907）爲後期，這一階段唐代官學已職能偏廢，主要不再是教學實體，而是剩下行禮視化的職能證明自己的存在；不同階層士子教育資源投資和佔有的競爭主要在私學領域。結合兩種時代劃分進行參照，能更準確的把握唐代士子教育資源投資和佔有的時代性特徵。

　　士子教育資源投資和佔有的成效如何評判，是一個非常棘手的問題。本書在沒找到更適合的標準之前，暫以科舉及第量（率）爲依據。誠然，唐代士子科舉及第與否，影響因素良多，遠非教育資源優劣可以決定一切。然而，既然唐代士子求學，讀書入仕幾乎是唯一目標；而且，除了科舉及第量（率），目前也不可能有更完善的指標反映士子教育投資和佔有的成效，因此，只能姑且如此。

　　科舉及第量（率）必須進行數理統計方可得，這又面臨另一個棘手的難題，即在中國中古所遺留下來的各種數據相當不完備的條件下，是否適合用數理統計的研究方法。事實上，將量化研究引進中國中古史學園地的第一人毛漢光，由於統計資料主要來自墓誌碑銘，其研究方法及部分論斷已經遭到質疑〔註16〕。本書充分意識到了數理統計在中國中古史研究中的局限性，之

〔註15〕　參閱韓昇：《中古社會史研究的數理統計與士族問題──評毛漢光先生〈中國中古社會史論〉》，《復旦學報》2003 年第 5 期。

〔註16〕　參閱盧建榮：《欠缺對話的學術社群文化──二十世紀石刻史料與中國中古史的建構（一九三九～一九九七）》，收入《中華民國史專題論文集》（第四屆討

所以仍然採用這種分析方法，並非出於無奈，而是有其考慮。其一，社會科學研究中有很多領域運用到數理統計法，但即便在信息科技如此發達的現代社會，也極少有進行完全統計的做法，相反，研究者應用最多的仍然是抽樣或隨機調查的方法。可見，完全統計並非必須。其二，本書自信所搜集、爬梳的史料，幾乎囊括了正史、筆記小說、唐人詩文、墓誌碑銘，也就是說，這種全面的搜羅，絕不可能萬無一失，但也至少十得七八，大致與抽樣或隨機調查的涵蓋面相當，這種資料背景下進行統計分析，應當可行。須特作說明的是，唐代省試每年各科錄取總數僅百來人，相對於數以萬計的讀書人而言，科舉及第量（率）極低。故本書統計所得某種教育形式的科舉及第量（率）數據，及科舉及第量（率）高、較高、很高的說明性語言，並不一定是當時的歷史真實，僅具比較分析的意義。

　　基於以上考慮，本書引進社會學有關資源的理念和分析方法，對唐代士子教育資源進行研究，力圖在教育資源的新視野下，挖掘和發現新的資料，考察因出身階層不同導致的士子個人和社會資源佔有的差別，以及這種差別導致的優質教育資源佔有水平的高低不同；探討不同的教育資源佔有水平對士子讀書成效的影響；揭示入仕機會形式平等的表象下，不同的教育資源佔有製造事實不平等的作用機制；勾勒唐代近三百年間不同階層不同地域士子教育資源佔有情況消長變化的大致線索，發現其演變規律，以期為理解唐宋歷史發展趨勢提供一個新的視角。

論會）第一冊，（臺北）國史館 1998 年版。韓昇：《中古社會史研究的數理統計與士族問題——評毛漢光先生〈中國中古社會史論〉》，《復旦學報》2003年第 5 期。韓昇：《南北朝隋唐士族向城市的遷徙與社會變遷》，《歷史研究》2003 年第 4 期。

上　篇

第二章 唐代官學的盛衰

　　所謂官學，《唐律疏議》卷 23《鬥訟》：「即毆傷見受業師，加凡人二等。死者，各斬。」本條注云：「謂伏膺儒業，而非私學者。《疏》議曰：非私學者，謂弘文、國子、州縣等學。私學者，即《禮》云「家有塾，遂有序」之類。」可知學生之毆師罪，以師生俱屬官學為要件，而當時所謂官學，乃相對於私學而言，具體指國立和州縣所立之學。參照相關記載，唐代官學有如下特徵：由國家興辦；教師由吏部或地方政府選拔；對學生有入學身份、年齡、員額、在學年限的明確規定；有明確的學規、學禮和嚴格的考試選拔制度等〔註1〕。參考上引律疏，可知凡興辦者為國家各級政府機關，師資由各級政府配備，其招生、分配及其教學活動受國家相關法規約束的教學實體即為官學，否則即為私學，後者據吳霓先生的界定：「從廣義上來說，不由政府主持，而且不納入國家學校制度之內的教學活動都應屬於私學的範疇」〔註2〕。本書即據上述界定展開相關討論。

　　唐代官學的盛衰演變，歷來都是中國古代教育史研究的重要內容之一，其基本情況，史學界和教育界已有充分的論述，成果頗豐〔註3〕。本書首列此

〔註1〕參閱〔唐〕李林甫等撰、陳仲夫點校：《唐六典》卷 21《國子監》、卷 30《三府都護州縣官吏》，中華書局 1992 年版；〔唐〕杜佑撰、王文錦等點校：《通典》卷 27《國子監》，中華書局 1988 年版；〔後晉〕劉昫：《舊唐書》卷 44《職官三·國子監》，中華書局標點本；〔宋〕歐陽修、宋祁：《新唐書》卷 44《選舉志上》，中華書局標點本；〔宋〕王溥：《唐會要》卷 35《學校》，中華書局 1955 年版。本書所引，均據以上版本。

〔註2〕吳霓：《中國古代私學發展諸問題研究》，中國社會科學出版社 1996 年版，第 1 頁。

〔註3〕關於唐代官學的發展演變，學界討論已經非常深入，成果豐厚，僅唐代教育

章，著重討論與本書主旨即教育資源有重大關係的問題，特別是其中學界尙有爭議者，具體問題有：開元十五年（727）「省司定限」與唐代官學由盛轉衰的關係；唐代四門俊士的興衰演變；唐代鄉學的性質及其演化。

第一節　「省司定限」與唐代官學的由盛轉衰

　　玄宗開元十七年（729）國子祭酒楊瑒所上《諫限約明經進士疏》，尤其疏中所謂「省司定限」說，幾爲研究唐代學校與貢舉者所必引。耐人尋味的是，「省司定限」從什麼時候開始？唐政府出於何種考慮而採取「定限」的舉措？定限對唐代官學的發展造成了何種影響？至今似未見有人做專門的研究。然而，種種迹象表明，這恰恰是理解唐代官學由盛轉衰的關鍵﹝註4﹞。本節通過辨析史料、鈎沉史實，擬在究明相關問題的基礎上，探討「省司定限」與唐代官學由盛傳衰的關係，併兼及唐代官學的職能與唐後期州縣學的存在形態。

一、「省司定限」及其原因

　　《通典》卷17《選舉五‧雜議論中》載楊瑒上言：「伏聞承前之例，每年應舉常有千數，及第兩監不過一二十人。（後略）」《冊府元龜》卷 639《貢舉部‧條制》、《太平御覽》卷 629《治道部十‧貢舉下》、《唐會要》卷 75《貢

專著就有劉海峰：《唐代教育與選舉制度綜論》，（臺灣）文津出版社 1991 年版；宋大川：《唐代教育體制研究》，山西教育出版社 1998 年版；韓鳳山：《唐宋官學制度研究》，吉林攝影出版社 2005 年版。此外，高明士：《東亞教育圈形成史論》，上海古籍出版社 2003 年版；吳宗國：《唐代科舉制度研究》，遼寧大學出版社 1992 年版；傅璇琮：《唐代科舉與文學》，陝西人民出版社 2003年版，亦有專章探討唐代官學的發展及嬗變。對唐代官學演變規律進行專門研究的代表性論文有張邦煒：《唐代學校的盛衰》（《四川師院學報》1985 年第 2 期）；任爽：《科舉制度與唐代教育危機》（《中國史研究》1994 年第 3 期）等。至於從各方面論述唐代官學具體情況的單篇論文，則更是難以計數，此不贅列。

﹝註 4﹞ 關於唐代官學由盛轉衰的原因，已有很多研究者進行過專門的探討，比較有代表性的是前揭劉海峰：《唐代教育與選舉制度綜論》第三章第二節《(學校)消長變化的原因與影響》；吳宗國：《唐代科舉制度研究》第六章《學校與科舉》；任爽：《科舉制度與唐代教育危機》。主要從科舉制的發展與官學興衰之間的關係立意進行研究，提出了眾多富有見地的見解，對本書的研究頗具啓發。但幾乎所有的研究，似乎都對「省司定限」與官學衰敗之間的關係，未予關注或措意不多。

舉上・帖經條例》、《文獻通考》卷 29《選舉考二・舉士》所載略同〔註5〕，大致出自同一史源，即楊瑒上疏之節文。由於一些極爲重要的信息被略去，所謂「及第兩監不過一二十人」，極易被誤讀爲唐建國以來的慣例〔註6〕，其實不然。楊瑒全文見載於《冊府》卷 604《學校部・奏議第三》：

> 楊瑒爲國子祭酒，開元十七年三月上言曰：「伏聞承前之例，監司每年應舉者常有千數，簡試取其尤精，上者不過二三百人，省司重試，但經明行修，即與擢第，不限其數。自數年以來，省司定限天下明經、進士及第每年不過百人，兩監惟得一二十人。若常以此數而取，臣恐三千學徒虛廢官廩，兩監博士濫麋天祿。臣竊見流外入仕、諸色出身每歲尚二千餘人，方於明經進士多十餘倍，自然服勤道業之士，不及胥吏浮虛之徒，以其效官，豈識於先王之禮義。國家大啓庠序，廣置教道，厚之以政始，訓之以事術，豈徒然哉，將有以也。陛下設學校，務以勸進之；有司爲限約，務以黜退之。臣之微誠，實所未曉。臣伏見承前以來，制舉遁迹丘園、孝悌力田者，或試時務策一道，或通一經，粗明文義即放出身，亦有與官者，此國家恐其遺才。至於明經、進士，服道日久，請益無倦，經策既廣，文辭極難，監司課試，十已退其八九，考功及第，十又不收其一二，若長以爲限，恐儒風漸墜，小道將興。若以出身人多，應須諸色都減，豈在獨抑明經、進士也。」玄宗甚然之。〔註7〕

《全唐文》收錄，題爲《諫限約明經進士疏》〔註8〕。茲據上引楊瑒全文討論相關問題。

〔註5〕　〔宋〕王欽若：《冊府元龜》，中華書局 1960 年版；〔宋〕：李昉：《太平御覽》，中華書局 1960 年版；〔元〕馬端臨：《文獻通考》，中華書局 1986 年版。按：《資治通鑑》卷 213 玄宗開元十七年三月條（中華書局 1956 年版第 6784 頁）亦載此事，内容被裁減得已與兩監的發展情況無關，不具。本書所引，均據以上版本。

〔註6〕　惟《新唐書》卷 130《楊瑒傳》載爲：「唐興，二監舉者千百數，當選者十之二，考功覆校以第，謂經明行修，故無多少之限。」不失楊瑒原文之本義。第 4496 頁。

〔註7〕　〔宋〕王欽若：《宋本冊府元龜》卷 604《學校部・奏議第三》，中華書局 1989 年版，第 1856 頁。

〔註8〕　《全唐文》卷 298 楊瑒《諫限約明經進士疏》，中華書局 1983 年版，第 3027 頁。

　　所謂「省司」，此時爲吏部，開元二十四年（736）後爲禮部〔註9〕。所謂「數年以來」，只能指開元十七年（729）上推二至九年，即開元八至十五年（720～727）間。按開元八至十四年（720～726）張說爲相，「喜延納後進，善用己長，引文儒之士，佐祐王化」〔註10〕，七年間平均每年錄取進士達35人〔註11〕，比有唐平均每年25人之數增出10人之多〔註12〕，限制和降低科舉錄取數目的可能性不大。開元十五年（727）李元紘入相，元紘乃吏能之臣，「既知政事，稍抑奔競之路，務進者頗彈之」〔註13〕，檢《文獻通考》卷29《選舉二》所附《唐登科記總目》，當年進士及第僅19人，此後數年，省試進士錄取數均在低位徘徊。鑒於此，推測「省司定限」錄取總量，在李元紘入相後的可能性極大。而且，「省司定限」效果的顯現，當年即可見之，故楊瑒上疏應是針對一、二年內發生的事，由此推之，開元十五年（727）恰爲其時。

　　玄宗大力振興官學之時，「省司定限」即限制錄取規模，正如楊瑒所云，跟「出身人多」有重大關係。「出身人多」，指已有出身等待吏部銓選補官者太多。按武德中，天下兵革方息，官不充員，故「至則授官，無所退遣」；貞觀年間，「求者漸多，方稍有沙汰」，開始出現選人多於員缺的矛盾，當時「參選者七千人，而得官者六千人」，落選者往後積累，越積越多；高宗麟德之後，已是「不勝其弊」〔註14〕。高宗時每年參選者已達萬人，至武后朝，銓注失衡，更多至數萬人之眾〔註15〕。面對選人多而員缺少的矛盾，統治者採取了一些應對措施意圖緩解：裴行儉在高宗總章二年（669）定州縣等級，以擴大官員名額；武后、中宗、睿宗時，更增置試官、員外、檢校等。然而，前者相對於增加的新選人數目來說，只是粥少僧多，解決不了大問題；後者不僅無補於矛盾的化解，更是一種剜肉補瘡的做法〔註16〕。

〔註9〕　《唐六典》卷2《尚書吏部‧考功‧員外郎》「員外郎掌天下貢舉之職」條下注，第44頁。

〔註10〕　《舊唐書》卷97《張說傳》，第3057頁。

〔註11〕　數據據《登科記考補正》相關年份進士及第數統計，因開元十三年（725）進士數不存，故實際取除此年外的其他六年平均數。

〔註12〕　據《文獻通考》卷29《選舉二》所附《唐登科記總目》統計，有唐290年，共開科取士268榜，登進士第者共6646人，平均每榜約25人。

〔註13〕　《舊唐書》卷98《李元紘傳》，第3074頁。

〔註14〕　《通典》卷15《選舉三》，第362～363頁。

〔註15〕　參閱王勳成：《唐代銓選與文學》，中華書局2001年版，第105頁。

〔註16〕　參閱王勳成：《唐代銓選與文學》，第106～114頁。

　　玄宗開元年間，人多員少的現象更加突出，已是「八、九人爭官一員」，據統計，「由高宗顯慶二年內外官總數一萬三千四百六十五員，到玄宗開元末年內外官總數一萬八千零八十五員，八十多年官位只增加了四千六百二十員。而每年赴京城參選的人員，由貞觀年間的數千人，至武后垂拱年間的五萬人，五十年間增加了近十倍」〔註17〕。矛盾的激化使統治者不得不採取更為有效的應對舉措。吏部一方面著手限制每年「出身人」的增量，通過延長充事執役、積累資歷的時間，控制門蔭出身予選、流外入流的數量〔註18〕；開元十五年（727）又通過「省司定限」錄取總量，控制科舉入仕規模。另一方面，設法增加員闕，裴光庭於開元十八年（730）創立「循資格」的銓選原則，在員闕總量絕對數無法改變的情況下，意圖以官僚的守選時間換取員闕的相對增加，從而擴大每個選人的補闕機會，進而「比較有效地長遠地緩解選人多而員闕少所引發的社會矛盾」〔註19〕。總之，「省司定限」錄取總量，不過是吏部解決選人多、官闕少矛盾的諸多手段之一，似乎並非特別針對兩監，為何楊瑒會認為是「獨抑明經、進士」？

　　原因在於，「省司定限」的舉措，直接導致了兩監生徒「惟得一二十人」，僅占錄取總量 20%的結果〔註20〕。但「省司定限」影響的是所有貢舉人，為何兩監所受影響尤大？有學者認為：「各級學校，由於教學內容和科舉考試日益脫節，特別是和社會現實及社會需要嚴重脫節，其衰落是必然的。」〔註21〕若從唐代學校與科舉消長變化的長時段來看，上述見解庶幾近乎理，但卻無法解釋何以吏部一旦定限，兩監生徒及第率即急遽降低，以至於國子祭酒楊瑒不得不將其作為一個極為嚴重的問題提出來，希望統治者設法解決。

　　原來兩監「惟得一二十人」，是吏部給予兩監的錄取配額數，並非當時生徒的競爭力不如鄉貢。楊瑒疏云：「至於明經、進士，服道日久，請益無倦，經策既廣，文辭極難，監司課試，十已退其八九，考功及第，十又不收其一二，若長以為限，恐儒風漸墜，小道將興。若以出身人多，應須諸色都減，豈在獨抑明經、進士也。」按「監司課試」者只能是兩監生徒，故這兩句完

〔註17〕參閱王勳成：《唐代銓選與文學》，第105～106頁。
〔註18〕參閱樓勁、李華：《唐仕途結構述要》，《蘭州大學學報》1997年第2期。
〔註19〕王勳成：《唐代銓選與文學》，第114頁。
〔註20〕考慮到楊瑒國子祭酒的身份和立場，此處取最高值20人進行估算，應是更接近實際。
〔註21〕吳宗國：《唐代科舉制度研究》，第131頁。

整的表述應該是「至於〔兩監〕明經、進士，……豈在獨抑〔兩監〕明經、進士也」。如此，楊瑒其實已經明言所謂「省司定限」，是指定限錄取總額的同時定限生徒、鄉貢的配額。楊瑒特意將「省司定限」前後的兩監錄取情況進行比照，意在強調如果省司不限配額，僅依考試成績定去留，以兩監生徒的競爭力，根本不可能出現「兩監惟得一二十人」的情形，故惋惜之情溢於言表。

「省司定限」生徒、鄉貢的配額，必須放在舊士族殘餘勢力地位下降、參政權開放的趨勢，自武后臨朝以來進一步加速的背景下理解。唐前期舊士族殘餘勢力尚強，兩監二館的入學資格等級森嚴，教育、選舉資源嚴重向士族子弟傾斜（本書在第三章有專述）。武后臨朝後，殘酷鎮壓不同政見者，又大量起用新興科舉晉身的官僚，使舊士族勢力殘餘客觀上遭到了更為沉重的打擊〔註22〕。因此，此時「省司定限」生徒、鄉貢的配額，從某種程度上來說，既是士族殘餘勢力進一步衰退的結果，又是對士族殘餘勢力的沉重打擊。

所可注意者，即便兩監「惟得一二十人」，僅得錄取總量的 20%，省試錄取仍然是向廣義士族子弟傾斜，只是相對於唐前期的高度傾斜，幅度大為縮小而已。大和九年（835）十二月，「中書門下奏：奉進止，令減下諸色入仕人。其宏文館學生見定十六人，今請減下一人。敕旨：依奏。」〔註23〕按弘文館生員定額 30 人，以錄取配額 15 人計，占生員總數的一半。崇文館定額 20 人，如果錄取配額也是一半，則有 10 人。在唐後期官學衰落的背景下，二館配額合計已達 25 人，可以想見，唐前期官學興盛之時，二館生錄取配額只會更多。開元時二館和兩監定員總計為 2460 人〔註24〕，若以二館配額 30 人計，加上兩監 20 人，已占去開元十五年（727）錄取總量 100 人的 50%；州縣學定員 60710 人〔註25〕，加上數目不詳但肯定不少的私學生〔註26〕，保守估計不下十萬人，卻只能獲得另外 50% 的錄取配額，

〔註22〕關於武則天的用人與酷吏政治，歷來為武則天研究之重，分歧亦大，但無論持肯定或否定態度者，均承認一個事實，即武則天對政敵的殘酷鎮壓確實客觀上打擊了舊族勢力。參胡戟等主編：《二十世紀唐研究》第一章小目「武則天的政績」，中國社會科學出版社 2002 年版，第 39～41 頁。

〔註23〕《唐會要》卷 77《宏文崇文生舉》，第 1403 頁。

〔註24〕《通典》卷 15《選舉三》，第 362 頁。

〔註25〕《通典》卷 15《選舉三》，第 362 頁。

〔註26〕《新唐書》卷 198 上《孔穎達傳附馬嘉運傳》：「貞觀初，累除越王東閣祭酒。退隱白鹿山。諸方來授業至千人。」《新唐書》卷 196《盧鴻傳》：開元時盧鴻

錄取配額向誰傾斜一目了然。雖然如此，相對於開元以前錄取配額的幾乎
90%歸屬於二館和兩監的情況〔註27〕，50%畢竟是大幅降低了，因此才有前
引國子祭酒楊瑒的上奏。

　　玄宗對楊瑒上疏中提出的問題，雖然「甚然之」，卻由於選人多、官缺少
的矛盾無法得到根本解決，不能改變定限的既有政策。而且，此後各朝也不
能改變。德宗貞元十八年（802）五月，敕「明經進士，自今已後，每年考試
所拔人，明經不得過一百人，進士不得過二十人，如無其人，不必要補此數」
〔註28〕；文宗大和九年（835）十二月，中書門下奏「今月九日，閣內面奉進
止，令條流進士數，及減下諸色入仕人等，準太和四年格，及第不得過二十
五人，今請加至四十人。明經準太和八年正月勅，及第不得過一百一十人，
今請再減下十人」〔註29〕；武宗會昌三年（843）正月，敕進士「每年止於二
十五人」〔註30〕。以上各代錄取總量的規定，相較於開元十五年的定限總量，
只是略有調整而已；雖然均未載各種生員的配額，但據前引大和九年（835）
十二月中書門下奏，「奉進止，令減下諸色入仕人。其宏文館學生見定十六人，
今請減下一人」，推測應該是有的。由此可見，開元十五年（727）開始的「省
司定限」措施依然延續下去。

　　總之，開元十五年「省司定限」錄取總量及兩監、鄉貢配額，是唐玄宗
開元以來選人多、官缺少的矛盾不斷激化，舊士族殘餘勢力加速下降背景下
的產物。定限的措施一旦實施，原則上再也沒有改變，對唐代官學的發展產
生了重大影響。

　　　隱於嵩山，「廣學廬，聚徒至五百人」。當時的私人講學，動輒授徒成百上千，
　　　可以推知私學生的數目不在少數。
〔註27〕王定保《唐摭言》卷1《鄉貢》舉咸亨五年、開耀二年、永淳二年、光宅元年、
　　　長安四年、景龍元年六榜爲例，證明景雲（710）之前鄉貢極少及第。劉海峰
　　　據以製《唐前期生徒占進士及第總數比例舉例表》進行分析，認爲景龍元年
　　　（707）之前，生徒多占進士及第總數的90%以上。參氏著《唐代教育與選舉
　　　制度綜論》，第62頁。按：據《登科記考補正》所考，開耀二年（682）雍思
　　　泰、劉穆二人鄉貢，永淳二年（683）元求仁、嚴識玄二人鄉貢，景龍元年（707）
　　　李欽讓、權澈二人鄉貢，王定保之說可能有誤，劉文結論尚可修正。但即便
　　　如此，亦不能根本改變期間生徒所佔比例近90%的事實。
〔註28〕《唐會要》卷76《緣舉雜錄》，第1384～1385頁。
〔註29〕《唐會要》卷76《進士》，第1381～1382頁。
〔註30〕《唐會要》卷76《進士》，第1382頁。

二、「省司定限」與唐代官學由盛轉衰

總體而言，唐前期的國學，生員數量多、教學水平高、生員地位和錄取配額也高，處於興盛階段〔註31〕。大抵於開元十五年（727）「省司定限」後，官學發展進入下降通道，逐漸走向衰敗。官學的衰敗主要表現爲生員的大量離散，以及由此導致的規模萎縮、職能偏廢。

開元十五年（727）「省司定限」，「兩監惟得一二十人」。兩監生徒配額由原來的約 50%變成了 20%〔註32〕，急遽下降了 30%；鄉貢卻由原來的 10%變成了 50%，急速上昇了 40%。這一降一升對唐代官學的發展造成了極其重大的影響。此後，雖然國子監在社會上尚有一定的地位，李華、蕭穎士、邵軫、趙曄（又作驊）、顏眞卿、柳芳，均在開元十五年後以國子監生徒進士及第，直至天寶中，尚「常重兩監」〔註33〕。但一方面兩監生徒配額僅得 20%，及第之艱難必然會促使較多可以憑資蔭獲得出身者脫離學校改走門蔭一途；另一方面士子科舉入仕並非僅有生徒一途，鄉貢一途不僅可以自由報考，還得配額之 50%；此外，武后朝以來即已存在的，官學教育內容與考試、社會脫節的消極作用〔註34〕，此時也因錄取配額優勢喪失而急速放大，官學的競爭力急遽下降。諸種因素的合力作用，直接導致國子監生員大量向鄉貢流散，官學教育面臨著前所未有的嚴重危機。

爲了挽救生徒離散的兩監，玄宗於開元二十一年（733）五月，敕「諸州縣學生〔年〕二十五已下，八品、九品子弟若庶人，並年二十一已下，通一經已上，未及一經而精神聰悟、有文詞史學者，每年銓量，舉送所司簡試，

〔註31〕 參閱《唐摭言》卷 1《兩監》、《鄉貢》及王定保後「論」諸條。又參劉海峰：《唐代教育與選舉制度綜論》，第 62 頁；吳宗國：《唐代科舉制度研究》第六章《學校與科舉》；宋大川：《唐代教育體制研究》第二章第二節《中央和地方兩級制教育體制的確立》。又按：雖然武后臨朝後官學發展出現了二十來年的逆轉局面，但這並不對唐代前半期官學興旺的總體認識構成嚴重威脅。

〔註32〕 按開元以前二館和兩監佔據了錄取總量的 90%。二館定員爲 50 人，在大和九年官學已經嚴重衰敗時，政府尚且給予其 25 人的配額，則開元以前官學興盛時至少在 30 人以上，故大致估計 90%的配額比例中，二館約占 40%，兩監約占 50%。

〔註33〕 參《唐摭言》卷 1《兩監》，同卷王定保後「論」；《舊唐書》卷 190《文苑下》《李華傳》，《蕭穎士傳》，卷 187《忠義下·趙曄傳》，卷 128《顏眞卿傳》，《新唐書》卷 132《柳芳傳》，邵軫事見《新唐書》卷 202《文藝中·蕭穎士傳》。各人及第年份據《登科記考補正》。

〔註34〕 參閱吳宗國：《唐代科舉制度研究》，第 127～131 頁。

聽入四門學，充俊士」〔註35〕。此前，除律學生限年十八以上、二十五以下外，其餘官學生皆限年十四以上、十九以下〔註36〕。玄宗於開元二十一年（733）放寬俊士入學年限、力圖填補四門俊士的員闕，本身就說明，開元十五（727）年「省司定限」後，在短短不到六年的時間內，兩監生員的離散情況可能已演變得非常嚴重，以至於非得政府出臺新的舉措，方有可能挽回局面。這種措施並非全無作用，因爲兩監食宿免費，對欲科舉入仕卻因家境貧寒無力負擔的士子而言，吸引力確實不小。

　　然而，兩監學生本因錄取配額受限而大量流散，而且期間並未見有增加兩監錄取配額，改革官學教育內容的措施出臺，此情此境之下，指望通過放寬俊士入學年限的方式，挽救生徒離散的兩監，終究不大現實。

　　天寶九載（750）七月，玄宗「詔於國子監別置廣文館，以舉常修進士業者」，目的很顯然，正如王定保所云，「斯亦救生徒之離散也」〔註37〕。但只要兩監錄取配額不能增加，一切皆爲徒勞。天寶十二載（753）七月，在諸種舉措皆無法挽救兩監生徒離散的情況下，玄宗迫於無奈，「詔天下舉人，不得充鄉試（賦），皆須補國子學生及郡縣學生，然後聽舉。四門俊士停」〔註38〕。玄宗將官學學歷與科舉考試資格強行捆綁，是對開元十五年（727）「省司定限」的反正，看似挽救生徒離散的良方，實則毫無可操作性。因爲，此詔暗含一個當時根本不可能實施的前提：取消官學入學資格的等級限制，意味著所有讀書人無論貴賤、尊卑，皆可補入各級官學爲生徒。由此可見，即便此時不發生任何變故，鄉貢的恢復也只是時間問題。嗣後安史亂興，「兵革一動，生徒離散」〔註39〕，故兩三年後，依前鄉貢〔註40〕，一切恢復原軌。

〔註35〕〔五代〕王定保：《唐摭言》卷1《兩監》，中華書局1959年版，第6頁。按「年」字據《唐會要》卷35《學校》（第634～635頁）補。

〔註36〕《新唐書》卷44《選舉志上》，第1160頁。

〔註37〕《唐摭言》卷1《廣文》，第8頁。

〔註38〕《冊府元龜》卷640《貢舉部·條制第二》，第7674頁。《舊唐書》卷24《禮儀四》、《通典》卷53《禮十三·大學》載此詔略同。惟《唐會要》卷76載此詔缺「四門俊士停」一句。按「鄉試」一詞不大可能在唐、五代出現，顯然是「鄉賦」之誤。《宋本冊府元龜》卷640此條即作「鄉賦」，惟「然」與「聽舉」間缺「後」字。陸心源《唐文拾遺》卷2玄宗《舉人不得充鄉賦詔》錄自《冊府》，亦作「鄉賦」。

〔註39〕《舊唐書》卷190《文苑中·賈曾傳附賈至傳》，第5031頁。

〔註40〕《新唐書》卷44《選舉志》稱「十四載（755）復鄉貢」。《唐會要》卷76《緣舉雜錄》載：「至德元年(756)以後，依前鄉貢」。《冊府元龜》卷640《貢舉部·

動亂平息後，代宗決定「投戈而講藝」〔註41〕，廣德二年（764），「制京兆府進士，並令補國子〔監〕生」，大曆二年（767）正月又令諸道節度、觀察、都防禦等使及宰相朝官、六軍諸將子弟補國子學生肄業。〔註42〕然而，兩監錄取配額既未見增加，鄉貢又不能取消，一切只能枉然。德宗貞元年間，官學的衰敗終成定局，無可挽回。李肇《國史補》卷下：

> 天寶中，則有劉長卿、袁成用分爲朋頭，是時常重東府西監。

至貞元八年，李觀、歐陽詹猶以廣文生登第，自後乃群奔於京兆矣。
王定保《唐摭言》卷1《兩監》據此，在敘述到天寶中「常重兩監」後，云「爾後物態澆漓，稔於世祿，以京兆爲榮美，同、華爲利市，莫不去實務華、棄本逐末；故天寶十二載敕天下舉人不得言鄉貢，皆須補國子及郡學生」。把貞元八年（792）以後才有的，舉子群奔京兆、同、華的現象，置於天寶十二載（753）廢鄉貢之前，幾乎將玄宗開元天寶間振興官學的努力抹殺於無形，大誤〔註43〕。然而，無論玄、代兩朝如何努力挽救，生員離散的局面終究無可挽回，貞元十年（794）後，進士「殆絕於兩監」〔註44〕，京師國學最終走向衰落。

晚唐尚有要求士子補官學方可貢舉之詔令敕文。武宗會昌五年（845）正月，敕「公卿百僚子弟及京畿內士人寄修明經、進士業者，並隸名太學；外州寄學及土人並宜隸名所在官學；仍永爲常制」〔註45〕；三月，中書門下奏「貢舉人並不許於兩府取解，仰於兩都國子監就試」。但宣宗大中元年（847）六月，中書門下即奏「貢舉人取解，宜準舊例，於京兆、河南府集試」，宣宗「從之」〔註46〕，依舊鄉貢，振興官學的努力旋興即廢，關鍵就在於兩監錄取配額既不能增加，鄉貢又不能取消。王定保《唐摭言》卷1《兩監》總結唐

條制第二》云：「至德二載（757）以後，依前鄉貢」。

〔註41〕〔宋〕宋敏求：《唐大詔令集》卷105《崇儒·崇太學詔》，中華書局2008年版，第539頁。

〔註42〕《唐摭言》卷1《兩監》，第5頁，《舊唐書》卷11《代宗本紀》，第281頁。按國子學入學身份限制極嚴，須三品以上子孫方可補入，此處云京兆府進士俱「補國子生」，恐爲「補國子監生」之脫誤。

〔註43〕按唐代官學雖然自開元十五年「省司定限」始步入下降通道，但玄宗在開元天寶間一系列挽救官學的舉措，確實有一定的成效，至少部分延緩了此期官學衰敗的速度，詳見本書第三章第三節相關論述。

〔註44〕《唐摭言》卷1《兩監》，第5頁。

〔註45〕《唐摭言》卷1《兩監》，第6頁。

〔註46〕《唐會要》卷76《進士》，第1382～1383頁。

政府拯救官學失敗的原因：「奈何人心既去，雖拘之以法，猶不能勝。矧或執大政者不常其人，所立既非自我，則所守亦不堅矣。」不謂無理，但並未看到導致唐代官學衰敗的關鍵所在。

當此變局中，作爲國學枝葉的州縣學，其衰敗自然不可避免。《唐摭言》卷 1《鄉貢》：「有唐貞元（筆者按：「貞元」當作「開元」〔註47〕）已前，兩監之外，亦頗重郡府學生，然其時亦由鄉里所升，直補監生而已。」據之，開元以前的州縣學，曾經興盛一時，是兩監的預備階段和重要生源地。然而，隨著開元十五年（727）「省司定限」，兩監生徒錄取配額大幅減少，生徒離散，至天寶時，作爲兩監重要生源地的州縣學亦隨之走向衰落，逐步喪失其教學職能，而淪爲行禮之所了。宋人談鑰《吳興志》卷 11「學校」：

> 天寶中，州助教博士及學徒會食師資，詔廢，惟留州補助教一
> 人，學生二人，備春秋二社，歲賦鄉飲酒而已。〔註48〕

湖州（吳興）屬上州，天寶時，其州學尚且僅留下一個助教和兩個學生以備行禮，則其他中下州的州縣學，其境況之不堪自可想見。《封氏聞見記》卷 1《儒教》：

> 玄宗時，兩京國學有明經進士，州縣之學，絕無舉人，於是敕
> 停鄉貢，一切令補學生然後得舉。無何，中原有事，乃復爲鄉貢，
> 州縣博士學生惟二仲釋奠行禮而已。

檢《封氏聞見記·序》，封演天寶十五載（756）太學進士及第，以上乃其親所聞見。據之，至少天寶十二載（752）前，州縣舉貢者中已絕無「舉人」，即州縣學的生徒〔註49〕，而主要是「懷牒自列於州縣」的鄉貢，表明此前的州縣學已甚少教學活動，逐步喪失教學實體的存在意義，「州縣博士學生惟二仲釋奠行禮而已」，其實不待安史亂興，而是早已有之。

安史亂興，州縣學連維持存在都成問題，肅宗至德三載（758）詔「州縣

〔註47〕此「貞元」當爲「開元」之誤，事關四門俊士的存廢時間和唐代官學發展規律的認識，詳考見本章第二節《唐代四門俊士的興衰》。
〔註48〕〔宋〕談鑰《吳興志》卷11「學校」條，《宋元方志叢刊》第五冊，中華書局1990年版，第4731頁。
〔註49〕唐朝規定士子通過地方政府（州縣）考試而報上中央應試的，叫鄉貢，或貢士，或貢人；學生（生徒）通過學校（包括地方與中央）考試而報上中央應試，以及皇帝臨時詔舉的，叫舉人。參高明士：《隋唐貢舉制度》「導言」，〔臺灣〕文津出版社1999年版，第1頁。

學生放歸營農，待賊平之後，任從例程」〔註50〕，此時的州縣學已基本停頓。動亂平息後，代宗勵志興學，大曆年間，地方上曾經出現了一個興學的小高潮，如大曆初李棲筠在常州，二年蕭定在袁州，五年張鎰在濠州，八至十二年獨孤及在常州，八年後李錡在福州，九年王綱在崑山縣，大曆中盧沔在巴州化成縣，李某在韶州等〔註51〕。但此時的所謂興學，除了張鎰、獨孤及、王綱尚留意州縣學的教學活動、注意培養當地貢舉人才外，其他均以修葺孔廟、恢復其行禮職能爲急務，所謂的州縣學，多數隻剩下用於行禮的孔廟。

德宗貞元以後，州縣學生員不充，基本不再是教學實體，《封氏聞見記》卷 1《儒教》：

> 今上登極，思宏教本，吏部尚書顏眞卿奏請改諸州博士爲文學，品秩在參軍之上。其中、下州學一事已上，並同上州。每令與司功參軍同試貢舉，並四季同巡縣點檢學生，課其事業。博士之爲文學，自此始也。

按《唐會要》卷 69《判司》載「諸州府學博士，改爲文學」的時間，爲「大曆十四年十二月五日」，代宗崩於大曆十四（779）年五月，則「今上」即德宗無疑〔註52〕。諸州博士本來職掌「以五經教授諸生」〔註53〕，純屬教職，大曆十四年改爲文學之後，教授之外，兼與司功參軍同試貢舉，及一年四季

〔註50〕《冊府元龜》卷 87《帝王部・赦宥第六》、卷 640《貢舉部・條制第二》，第 1038、7674 頁。

〔註51〕參《新唐書》卷 146《李棲筠傳》；《文苑英華》卷 814 蕭定《袁州文宣王廟記》；《舊唐書》卷 125《張鎰傳》；《全唐文》卷 518 梁肅《陪獨孤常州觀講論語序》；《全唐文》卷 390 獨孤及《福州都督府新學碑銘》；《全唐文》卷 519 梁肅《崑山縣學記》；《全唐文》卷 356 喬琳《巴州化成縣新移文宣王廟頌》；《全唐文》卷 531 鄭叔齊《新開石崖記》。

〔註52〕徐松《登科記考》卷 28《別錄上》據兩《唐書・顏眞卿傳》以爲「今上」指代宗。吳宗國據《資治通鑒》卷 225 載代宗去世後，大曆十四年五月顏眞卿以吏部尚書判度支，及《新唐書》卷 49 下《百官志四》「德宗即位，改博士曰文學」的記載，以爲「今上」指德宗。參氏著《唐代科舉制度研究》第 136 頁。按《封氏聞見記》之敘事，所謂「今上」實指德宗甚明。如本書卷 4《尊號》條說「肅宗號『光天文武』。代宗號『寶應元聖文武』。今上號『聖神文武』」；同書同卷《降誕》條說「肅宗因前事以降誕日爲天平地成節。代宗雖不爲節，猶受諸方進獻。今上即位，詔公卿議。吏部尚書顏眞卿奏……」云云。以上兩例之「今上」俱指德宗無疑。孟二冬氏《補正》未作修正，亦承徐松之誤。

〔註53〕《唐六典》卷 30《三府督護州縣官吏》，第 750 頁；《新唐書》卷 49 下《百官志四》，第 1314 頁。

到所轄各縣點檢學生，原來單純進行教學的博士變成了主要進行教育行政管理的文學。這在唐人墓誌中得到印證，柳宗元《故殿中侍御史柳公墓表》述其叔父某：

> 觀藝靈臺，貢文有司。射策合程，遂冠首科。休有令問，群士羨慕。居數年，授河南府文學。教勵生徒，選擇貢士。儒黨相賀，庶人觀禮。〔註54〕

按柳某進士及第，釋褐任河南府文學，「秩滿」後入渭北節度使論惟明幕，時在貞元二年（786），正常情況下，「秩滿」為四年，故其首任河南府文學當在德宗建中三年（782）。據墓表文，柳某職掌一為「教勵生徒」，二為「選擇貢士」，正是兼具教授與教育行政雙重職能，故所謂「庶人觀禮」之「禮」，當為釋奠先聖之禮和為貢舉人舉行的鄉飲酒禮。

德宗提升州文學品秩，增強其行政職能以挽救州縣學的舉措，本身就表明此時的州學已經沒有多少生員可教，主要不再是教學實體。州學尚且如此，則所謂的「巡縣點檢學生」，恐怕只能是有其名而無其實了。至憲宗元和年間，唐政府連這點虛名都不想保留，《新唐書》卷 49 下《百官志四》云「元和六年（811），廢中州、下州文學」，不載原因，大致是由於此時的州縣學既無生員更無庸說教學，文學的存在全無必要，至此，州縣學即便存在，除了極少數地方尚有教學活動外，絕大多數州縣學恐怕只能依賴孔廟的行禮視化以體現其價值。

唐代官學恰恰是在玄宗開元中重新走向繁榮時，由於開元十五年（727）「省司定限」，兩監生徒錄取配額大幅降低，使官學陷入空前的危機，雖歷經玄、代、德幾代統治者的努力，但定限之制不能取消，鄉貢繼續大行，官學的頹衰趨勢終究不能挽回，最終在德宗貞元間不可避免地走向衰敗，不再是一個教學實體，而主要是一個行禮視化的場所。

三、唐代官學的職能與唐後期州縣學的存在形態

元和六年（811）廢中州、下州文學，吳宗國據以認為「文學變成了一種可有可無的職務，州縣學事實上也就不復存在」〔註55〕。按貞元以後州縣學

〔註54〕〔唐〕柳宗元：《柳宗元集》卷 12，中華書局 1979 年版，第 313 頁。按其事又見於同書同卷《故叔父殿中侍御史府君墓版文》（第 317 頁），云：「自進士高第，調補河南府文學。」

〔註55〕吳宗國：《唐代科舉制度研究》，第 137 頁。

的教學職能基本喪失，從這個意義上說，吳文的論斷自然是正確的，但之後州縣官學釋奠先聖，行禮視化的職能似乎並未完全喪失，而且我們在唐代文獻中依然可以找到一些州縣官學存在的例證。元和九年（814）薛伯高出爲道州刺史，重修孔廟以弘揚儒學，「於是《春秋》師晉陵蔣堅、《易》師沙門凝鼚、助教某、學生某等來告，願刻金石，明夫子之道及公之勤」〔註56〕；宣宗大中十年（856）前後韋宙爲永州刺史，「立學官，取仕家子弟十五人充之」〔註57〕；元和中後期，封州人莫宣卿「入郡庠，從遊於梁明甫先生」，至乾符元年（874），其孫莫立之亦「郡之庠生也」〔註58〕。按道州、永州爲中州，封州屬下州〔註59〕。可見元和六年後州學並未廢去，只是其教學職能缺失，大致只剩下行禮視化的職能以撐危局。之所以如此，與唐代官學自身的職能有密切關係。

相關材料表明，唐朝政府勸學時，既注意儒學教育，重視官僚後備人才的培養，更強調其行禮視化的作用。高祖武德元年五月〔註60〕，初令置國子學、太學、四門學及不同級別的郡縣學，生若干員，次年即下詔「令有司於國子學立周公、孔子廟各一所，四時致祭」〔註61〕。武德七年（624）二月詔「州縣及鄉，各令置學。官僚牧宰，或不存意，普更頒下，早遣立修。……又釋奠之禮，致敬先師，鼓篋之義，以明遜志，比多闕略，更宜詳備。仲春釋奠，朕將親覽，所司具爲條式，以時宣下」，並幸國子學親臨釋奠〔註62〕。

〔註56〕〔唐〕柳宗元：《柳宗元集》卷5《道州文宣王廟碑》，第120～122頁。時間據郁賢皓：《唐刺史考全編》，安徽大學出版社2000年版，第2471～2472頁。

〔註57〕《新唐書》卷197《循吏·韋丹傳附韋宙傳》，第5631頁。時間據《唐刺史考全編》，第2483頁。

〔註58〕《全唐文》卷816白鴻儒《莫孝肅公詩集序》，第8590～8591頁。按莫宣卿大中六年（852）制舉登科，故推測其入封州州學在元和六年後（811），當不爲過。又，《集序》稱乾符五年，莫立之請白鴻儒作序，「五年」恐爲「元年」之誤。參《登科記考補正》頁911，《唐刺史考全編》，第3218頁。

〔註59〕分見《舊唐書》卷40《地理三》，第1616、1615頁，卷41《地理四》，第1719頁。

〔註60〕按此處武德元年五月，《舊唐書》卷189上《儒學傳·序》載爲義寧三年五月，當誤。《舊唐書·高祖本紀》和《資治通鑑》卷185高祖武德元年五月條，俱稱義寧二年五月甲子，唐高祖李淵登基，改隋義寧二年爲唐武德元年，《資治通鑑》卷185高祖武德元年五月條又接敘：「壬申，……置國子、太學、四門生，合三百餘員，郡縣學亦各置生員。」可見興學是武德元年之事。

〔註61〕《舊唐書》卷189上《儒學傳·序》，第4940頁。

〔註62〕《冊府元龜》卷50《帝王部·崇儒術第二》，第557頁。

太宗繼位，貞觀二年（628）「停以周公爲先聖，始立孔子廟堂於國學」〔註63〕，四年（630）即「詔州、縣學節作孔子廟」〔註64〕，更將孔廟推廣於州縣學。可見，從興學之初，唐統治者即已有目的的要把國學和州縣學建設成爲一個兼人才培養和行禮視化之所。

唐初統治者這種辦學初衷爲後來各朝所承，此後的勸學詔令制敕，除了申明重學的意圖，亦往往強調官學行禮視化的職能，故較常見者多爲廟、學並舉。如高宗咸亨元年（670）五月，詔「諸州縣孔子廟堂及學館有破壞並先來未造者，遂使生徒無肄業之所，先師缺奠祭之儀，久致飄露，深非敬本。宜令所司速事營造」〔註65〕；中宗光復後，欲恢復武后臨朝以來遭破壞的國學，神龍元年（705）二月五日即位赦文中即涉及國學，云「其京都學館及先聖廟堂，所有破壞未營造者，逐要修葺，速令畢功，不得浪有勞擾」〔註66〕；睿宗景龍四年（710）七月十九日敕「先聖廟及州縣學，即令修理。春秋釋菜，使敦講誦之風」〔註67〕；代宗意圖復興安史亂後疏於經略的國學，大曆二年（767）正月下制：「今宇縣乂寧，文武並備，方投戈而講藝，俾釋菜以行禮。使四科咸進，六藝復興，神人以和，風化浸美，日用此道，將無間然。」並令諸道節度、觀察、都防禦等使及宰相朝官、六軍諸將子弟補國子學生肄業〔註68〕。

重學崇儒的官僚在疏奏中提及勸學時，亦不乏廟、學並舉者。如武后時，韋嗣立《請崇學校疏》針對武后臨朝後「國學廢散，冑子衰缺」的局面，建議「廣開庠序，大敦學校，三館生徒，即令追集。王公已下子弟，不容別求仕進，皆入國學，服膺訓典。崇飾館廟，尊尚儒師，盛陳奠菜之儀，宏敷講說之會，使士庶觀聽，有所發揚，弘獎道德，於是乎在」〔註69〕；憲宗元和十三年（818），國子祭酒鄭餘慶以太學荒廢日久，生徒不振，遂奏請率文官

〔註63〕《舊唐書》卷189上《儒學·序》，第4941頁。
〔註64〕《新唐書》卷15《禮樂五》，第373頁。
〔註65〕《舊唐書》卷5《高宗本紀》，第94頁。
〔註66〕《唐大詔令集》卷2《中宗即位赦》，第6頁。〔宋〕李昉等編：《文苑英華》卷463《神龍開創制》，中華書局1966年版，第2364頁。
〔註67〕《文苑英華》卷465《誡勵風俗敕四首》；《唐大詔令集》卷110《誡勵風俗敕四道》。按二者均繫年於唐隆元年，實爲睿宗繼位後發佈之敕文，徐松氏考曰：「按是月庚戌朔，十九日爲戊辰，在改元前一日。故《文苑英華》、《詔令集》載此制皆作唐隆元年。」參《登科記考補正》，第180頁。
〔註68〕《舊唐書》卷11《代宗本紀》，第281頁。
〔註69〕《舊唐書》卷88《韋思謙傳附韋嗣立傳》，第2866～2867頁。

俸祿修廣兩京國子監，次年又奏「請京見任文官一品以下九品以上，及外使兼京正員官者，每月所請料錢，請率計每貫抽一十文，以充國子監修造先師廟，及諸室宇繕壁」〔註70〕。此外，地方官在實際行政中倡導教育時，亦常廟、學並舉，與此相關的史料散見於正史、方志、唐人文集、出土文獻中，爲數不少，已有研究者進行了全面的收集和詳盡的臚列，此不贅舉〔註71〕。

唐前期官學的職能，事實上也是教學與行禮並重。關於其教學職能，開元以前科舉及第者以兩監生徒爲主，本身就是中央官學注重教學職能的最佳證明；至於州縣學，開元以前是兩監的預備階段和重要生源地，自然不能不重視其教學職能。關於其行禮職能，前舉勸學諸例無不提及釋奠、釋菜，即是明證。此外，國學的釋奠活動，尚可參閱《唐會要》卷35《釋奠》諸條，不贅。至於州縣學，唐代令文更是明確規定：「諸州縣學生，習本業之外，仍令兼習吉凶禮。公私有禮事，令示儀式，餘皆不得輒使。」〔註72〕行禮乃其必備職責。

無論中央政府的詔令制敕文，重學崇儒官僚的勸學疏奏，還是地方官的實際行政，均表明統治者的初衷是要把官學建設成爲兼具科舉人才培養、官僚後備，和尊孔崇儒、行禮視化雙重職能的場所。事實上，至少在玄宗開元以前，官學職能也是教學與行禮並重的〔註73〕。

然而，自天寶始，出現了《封氏聞見記·儒教》所云「州縣博士學生惟二仲釋奠行禮而已」的局面。而且，唐後期很多地方官倡導教育時，並非著眼於轄區官學教學活動的有無，而是感於孔廟的破敗，多以營修孔廟爲急務。如大曆二年（767）蕭定在袁州、大曆九年（774）王綱在崑山縣、建中初（780）劉濟在涿郡范陽縣、貞元五年（789）渾瑊在河中府、元和九年（814）薛伯高在道州、元和十年（815）柳宗元在柳州之修葺孔廟，無不如此〔註74〕。對

〔註70〕《冊府元龜》卷604《學校部·奏議第三》，第7254頁。
〔註71〕相關材料可參閱呂思勉：《呂思勉讀史札記》736「孔子廟」條唐代部分，上海古籍出版社2005年版，第1394～1396頁；高明士：《東亞教育圈形成史論》所製《唐朝地方廟學實例表》及相關論述收羅尤爲詳盡，第81～91頁。
〔註72〕《唐會要》卷35《學校》，第634～635頁；《唐摭言》卷1《兩監》，第6頁。
〔註73〕張邦煒《唐代學校的盛衰》（《四川師院學報》1985年第2期，第38～39頁）認爲州縣學「主要是行禮之處而非就學之所」，至少是不符合開元以前州縣學的實際情況。
〔註74〕分見《文苑英華》卷814蕭定《袁州文宣王廟記》，第4300頁；《全唐文》卷519梁肅《崑山縣學記》，第5275頁；《全唐文》卷480韋挺《涿州新置文宣王廟碑》，第4905頁；《全唐文》卷531常仲儒《河中府新修文宣王廟碑》，

上述現象，歐陽修《襄州穀城縣夫子廟記》云：「隋唐之際，天下州縣皆立學，置學官、生員，而釋奠之禮遂以著令。其後州縣學廢，而釋奠之禮，吏以其著令，故得不廢。學廢矣，無所從祭，則皆廟而祭之。」〔註 75〕但立學與釋奠皆著於令，為何學校不興，而孔廟獨存、釋奠之禮不廢呢？馬端臨按語云，「自唐以來，州縣莫不有學，則凡學莫不有先聖之廟矣」，然考之前賢文集，「皆言廟而不及學，蓋衰亂之後，荒陋之邦，往往庠序頹圮、教養廢弛，而文廟獨存，長吏之有識者，以興學立教，其事重而費巨，故姑葺文廟，俾不廢夫子之祠」〔註 76〕。以為地方財政的窘迫，使興學立教與修廟行禮兩者不能兼顧，故「有識」之地方官只能權舍其學而姑存其廟。劉禹錫感於天下學校荒廢，奏記宰相，以為春秋釋奠先師，本來僅止於京師之辟廱、泮宮，州縣皆春秋釋奠，與古禮不合，只因李林甫任相時著於令，致使每年天下州縣釋奠之用，「凡費四千萬，適資三獻官飾衣裳，飴妻子，於學無補也」，故「今室廬圮廢，生徒衰少，非學官不振，病無貲以給也」，因而建議「罷天下州縣牲牢衣幣」，省其費用，以興學校〔註 77〕。亦是從財政角度探求學校廢敗之因。但正如前述，早在天寶時期，官學的教學職能即已逐步喪失，而開天盛世的地方財政狀況，終歸要好過安史亂後天下動蕩的唐後期，從財政角度理解唐代州縣學的衰敗，不無可取之處，但有其局限。

　　呂思勉曾考察過古代學校的職能，指出古代學校皆重行禮視化，而非讀書講學問，及漢武帝元朔年間猶是如此。然而，嗣後漢魏學校教育的實例卻證明，學校所治者，「皆博士弟子之業，非所謂導民以禮，風之以樂，以崇鄉黨之化者也」，故政府勸學「本欲以行禮視化」，而「而其後來者，皆以讀書治學問為務也」。並認為出現這種學子所求非政府所期的局面，就在於「士大夫孰不欲富貴？既設科射策，勸以官祿矣，孰肯舍是路而不由哉」〔註 78〕？其認識可謂深刻，同樣適用於理解唐代州縣學興衰的原因。開元以前，兩監生徒佔據著省試錄取總量的大多數，作為兩監預備階段和重要生源地的州縣學，自然會重視教學職能，故教學與行禮並行。開元十五年「省司設限」，兩

　　　　頁 5394；《全唐文》卷 587 柳宗元《道州文宣王廟碑》，第 5927 頁；《全唐文》卷 587 柳宗元《柳州新修文宣王廟碑》，第 5928～5929 頁。
〔註 75〕《文獻通考》卷 43《學校四》，第 410 頁。
〔註 76〕《文獻通考》卷 43《學校四》，第 411 頁。
〔註 77〕《新唐書》卷 168《劉禹錫傳》，第 5130 頁。
〔註 78〕參閱呂思勉：《呂思勉讀史札記》（增訂本）735「學校由行禮變為治經」條、737「鄉飲射禮」條，第 1393～1394 頁、1398 頁。

監生徒在省試中的錄取配額急劇下降，生徒不再在科舉中佔據優勢，鄉貢地位上昇，州縣學學生大量向鄉貢流散，遂喪失了作爲教學實體存在的主體和依據。因此，像湖州州學那樣，僅留下一二學生和助教以備行禮，恐怕就成爲唐後期州縣學的普遍存在形態。

鑒於上述，唐後期官學職能雖然與統治者所期已相去甚遠，偏於尊孔崇儒、行禮視化，但如果因此而認爲州縣學完全消亡，獨以名存，未免偏頗。其實，行禮作爲官學職能之一，其作用的繼續發揮本身就說明，官學並未廢去，只是地位下降、職能偏廢而已。

大體言之，開元以前的官學雖有武后臨朝後二十年間的短暫逆轉，但基本處於興旺階段。開元十五年（727）「省司定限」，成爲唐代官學由盛轉衰的轉折點。關鍵即在於吏部定限錄取總量的同時定限了生徒、鄉貢的配額，「兩監惟得一二十人」。官學既然喪失了此前的配額優勢，遂使生徒脫離學校大量流向鄉貢，官學的衰敗也就在所難免。此後雖經玄、代、德幾代統治者的努力，但德宗貞元間，官學衰敗局面已定，無可挽救。即便如此，唐後期的官學並非蕩然無存，它們雖然不再是教學實體，但仍以釋奠尊孔、行禮視化的職能苦撐危局，勉力維護著自己的存在。

第二節　唐代四門俊士的興衰

上世紀末本世紀初，《中國史研究》上曾有過一次唐代「俊士科」存在與否及相關問題的論爭〔註79〕，之後不見有新的研究專文面世。但四門俊士的研究並非題無餘義，有些問題尚須做深入探討。本節不擬涉及「俊士科」有無的問題，主要從唐代官學演變的角度，重新解讀《唐摭言·鄉貢》，在已有研究的基礎上進一步探討俊士生的生源構成及選拔方式，以及四門俊士的廢止時間，以從一個側面加深對唐代官學嬗變的認識。

一、《唐摭言·鄉貢》所見四門俊士的興旺

五代王定保《唐摭言》卷1《鄉貢》：

> 鄉貢里選，盛於中古乎！今之所稱，蓋本同而末異也。今之解
> 送，則古之上計也。漢武帝置五經博士，太常選民年十八已上好學

〔註79〕 參閱侯力：《唐代俊士科考論》，《中國史研究》1999年第1期；劉海峰：《唐代俊士科辨析》，《中國史研究》2000年第2期。

者，補弟子；郡國有好文學，敬順於鄉黨者，令與計偕，受業太常，如弟子。一歲輒課通經藝，補文學掌故。上第爲郎。其秀異等，太常以名聞；其下材不事學者，罷之。若等雖舉於鄉，亦由於學。兩漢之制蓋本乎《周禮》者也。有唐貞元巳前，兩監之外，亦頗重郡府學生，然其時亦由鄉里所升，直補監生而已。爾後膏梁之族，率以學校爲鄙事。若鄉貢，蓋假名就貢而已。景雲之前，鄉貢歲二三千人，蓋用古之鄉貢也。咸亨五年，七世伯祖鸞臺鳳閣龍石白水公，時任考功員外郎，下覆試十一人，内張守貞一人鄉貢。開耀二年，劉思元下五十一人，内雍思泰一人。永淳二年，劉廷奇下五十五人，内元求仁一人。光宅元年閏七月二十四日，劉廷奇重試下十六人，内康庭芝一人。長安四年，崔湜下四十一人，李溫玉稱蘇州鄉貢。景龍元年，李欽讓稱定州鄉貢附學。爾來鄉貢漸廣，率多寄應者，故不甄別置於榜中。信本同而末異也明矣。

述唐代鄉貢之始末甚詳，爲治唐代貢舉者常所徵引。然而，或許是現存《唐摭言》的殘缺所致，或許是王定保在記述此節時本來就有誤，上引材料給人的總體感覺是矛盾歧出，疑竇重生，解讀異常困難。因以《鄉貢》題名，後人往往把它作爲貢舉材料進行解讀，其中隱藏的關於唐代四門俊士的重要信息，則至今隱而不顯，有重新解讀之必要。

細繹全文，王定保意識裏其實糾纏著兩種不同類型的「鄉貢」。大體言之，「鄉舉里選……蓋用古之鄉貢也」一段所述，是與漢代博士弟子相類的「雖舉於鄉，亦由於學」的「鄉貢」，王氏認爲其在唐代則以州縣學學生「由鄉里所升，直補監生而已」的形式體現，稱之爲「古之鄉貢」；「咸亨五年……信本同而末異也明矣」一段所述，是唐代「懷牒自列於州縣」之鄉貢，爲論述方便有所區別計，姑且稱之爲「唐之鄉貢」。但其中又間有糅雜，如前一段「若鄉貢，蓋假名就貢而已」，句中「鄉貢」實指「唐之鄉貢」，所謂「假名就貢」，指有鄉貢之名而無其實，也就是說假「古之鄉貢」之名而行「唐之鄉貢」之實。王氏認爲「古之鄉貢」才是眞正的鄉貢，持贊許和留戀的態度；「唐之鄉貢」則非鄉貢之本義，内心深處多有牴觸。

按唐代貢舉有二途，「由學館者曰生徒，由州縣者曰鄉貢」〔註80〕。所謂由學館者，指中央崇文、弘文二館及國子、太學、四門、律、書、算六學（還

〔註80〕《新唐書》卷44《選舉志一》，第1159頁。

包括開元二十九年所置崇玄館、天寶九載所置廣文館）及地方州縣學經選拔有資格參加省試的生徒；所謂由州縣者，指「懷牒自列於州縣」，經州府長吏考試合格舉送至省的鄉貢，這才是唐代本來意義上的鄉貢，爲治唐史者所熟知。王氏不顧漢代察舉制與唐代貢舉制本質上的差別〔註81〕，只因唐代州縣學學生考補監生時「由鄉里所升」的選送形式，與漢代博士弟子在「雖舉於鄉，亦由於學」上有相似之處，而簡單地將二者等同；又因過於留戀漢制而泥古不化、刻舟求劍，牴觸「唐之鄉貢」而好尚「古之鄉貢」。

鑒於上述，王氏所謂「景雲（710～711）之前，鄉貢歲二三千人，蓋用古之鄉貢也」，其實並非唐代真正意義上的鄉貢，而與州縣學學生「由鄉里所升，直補監生而已」的意義一致。由於州縣學學生以八品九品子孫及庶人爲之〔註82〕，四門學學生的出身要求爲「文武官七品已上及侯、伯、子、男子之爲生者，若庶人子爲俊士生者」〔註83〕，故州縣學學生經地方選拔至京師考補國子監者，皆入四門學充俊士〔註84〕。又，張說《四門助教尹先生墓誌銘》：「長安之初，大開貢舉，考功是歲千五百餘人，召先生課覈淑慝，時稱無滯矣。」〔註85〕把長安初歲（701）千五百餘人的規模（內含兩監歲二三百人及州縣學數目不詳之生徒〔註86〕）稱爲「大開貢舉」，則之前的鄉貢只能更少。亦從另一側面證明，「景雲（710～711）之前，鄉貢歲二三千人」，確非「唐之鄉貢」，而是王定保所云「古之鄉貢」。要之，「有唐貞元以前……蓋用古之鄉貢也」其實應從《鄉貢》中析出，作爲四門俊士的材料進行解讀。

而所謂「有唐貞元已前，兩監之外，亦頗重郡府學生，然其時亦由鄉里所升，直補監生而已」，「貞元」（785～804）實爲「開元」（713～741）之誤。

其一，從《唐摭言‧鄉貢》敘事的時間邏輯來看，「開元」比「貞元」更恰當。按「有唐貞元已前」句後緊接「景雲（710～711）之前」句，如改

〔註81〕 按此與科舉制的起源問題密切相關，但無論主漢代說、隋代說、唐代說者，均不否認漢代察舉與唐代貢舉二者之間有本質差別。詳參何忠禮：《二十世紀的中國科舉制度史研究》，《歷史研究》2000年第6期。

〔註82〕 《通典》卷53《禮十三‧大學》，第1468頁。

〔註83〕 《唐六典》卷21《國子監》，第561頁。

〔註84〕 《唐摭言》卷1《兩監》，第6頁；《唐會要》卷35《學校》，第634頁。

〔註85〕 《全唐文》卷231張說《四門助教尹先生（守貞）墓誌銘》，第2343頁。

〔註86〕 開元十七年（729）楊瑒云：「伏聞承前之例，監司每年應舉者常有千數，簡試取其尤精，上者不過二三百人，省司重試，但經明行修，即與擢第，不限其數。」《宋本冊府元龜》卷604《學校部‧奏議第三》，第1856頁。

「貞元」爲「開元」則時間上恰好契合。又文末敘述到「景龍元年（707），
李欽讓稱定州鄉貢附學」後，接敘「爾來鄉貢漸廣，率多寄應者，故不甄別
置於榜中」，「爾來」即是景雲、開元間；所謂「寄應」，指寄居異地，而非
本貫取解應試〔註87〕，多見於開元之後〔註88〕，亦證「開元」較「貞元」更
可取。

其二，與《唐摭言》同卷《兩監》所敘內容進行對照，改「貞元」爲「開
元」更合王氏的敘事邏輯和當時的實際。《兩監》云「開元已前，進士不由兩
監者，深以爲恥」，「爾後（天寶後〔註89〕）物態澆漓，稔於世祿，以京兆爲
榮美，同、華爲利市，莫不去實務華，棄本逐末」。也就是說，開元之前，兩
監生徒佔據了省試及第總量的大多數，此時，作爲兩監重要生源地的州縣學，
其學生自然樂意被選拔進國子監就讀。而當開元十五年「省司定限」後，兩
監生徒錄取配額陡然下降，兩監生員離散，改走鄉貢一途，紛至京兆、同州、
華州等地取解，此時再期望州縣學學生大量選拔進入國子監就讀，就只能是
緣木求魚。故「兩監之外，亦頗重郡府學生」，在「開元已前」比在「貞元已
前」更近乎理。

其三，時人的親聞親見證明，選拔大量州縣學學生進入國子監就讀，只
能是出現在「開元」而非「貞元」以前。《封氏聞見記》卷1《儒教》：

> 玄宗時，兩京國學有明經進士，州縣之學，絕無舉人，於是敕
> 停鄉貢，一切令補學生然後得舉。無何，中原有事，乃復爲鄉貢，
> 州縣博士學生惟二仲釋奠行禮而已。

據天寶十五載（756）太學進士及第封演親所聞見，「州縣博士學生惟二仲釋
奠行禮而已」的情況，其實不待安史亂興，已於天寶十二載（752）前出現。
而釋奠行禮有二三學生足矣，宋人談鑰云天寶中湖州州學「惟留州補助教一

〔註87〕劉海峰云：「所謂寄應，即身爲鄉貢，爲求及第而託身附寄於國子監學習，然
後選送，景龍元年及第的李欽讓，便是『定州鄉貢附學』」，參氏著《唐代教
育與選舉制度綜論》，第62頁。按劉文所論顯然與開元十五年（727）之後，
省試中國子監生徒競爭力下降，鄉貢占盡優勢的實際情況不符，臆測成分居
多。
〔註88〕《唐會要》卷76《緣舉雜錄》載開元十九年（731）敕：「諸州貢舉，皆於本
貫籍分信明者。然依例，不得於所附貫便求申送。如有此色，所由州縣即便
催科，不得遞相容許。」既是「依例」，則此前舉子皆須本貫取解；但開元十
九年予以重申，又表明此前舉子「寄應」——異地取解的情況已經不少。
〔註89〕此「爾後」依王定保原文指天寶後，其實是王定保對李肇《國史補》卷下相
關條目理解有誤，詳考俱前。

人，學生二人，備春秋二社，歲賦鄉飲酒而已。」〔註90〕即是明證。天寶時，州縣學學生既然如是之少，自然毋庸說選拔學生入國子監就讀了，故大量州縣學學生「由鄉里所升，直補監生」，只能在「開元已前」。

綜上，《唐摭言‧鄉貢》所謂「有唐貞元已前，兩監之外，亦頗重郡府學生，然其時亦由鄉里所升，直補監生而已」，「貞元」乃「開元」之筆誤〔註91〕。所謂「景雲之前，鄉貢歲二三千人，蓋用古之鄉貢也」，指大量州縣學學生經地方選拔至京師考補國子監四門俊士，非爲唐代本來意義上的鄉貢〔註92〕，四門俊士的興旺主要出現在開元之前。

二、四門俊士的選拔

唐代四門學淵源於北魏、北齊，但北魏、北齊的四門學屬於小學性質。隋文帝爲滿足新政權對人才的需要，擡高四門學的地位，將之升格與國子學、太學同爲國學之一，並隸國子寺〔註93〕。唐承隋制，高祖武德元年（618）初置學，「國子學置生七十二員，取三品已上子孫；太學置生一百四十員，取五品已上子孫；四門學生一百三十員，取七品已上子孫」〔註94〕。從四門學學生數目及資蔭看來，此時尚未招收四門俊士。武德七年（624）二月詔：「其吏民子弟，有識性明敏，志希學藝，亦具名申送，量其差品，並即配學。州縣及鄉，並令置學。」〔註95〕由於唐代國子、太學、四門生入學皆有出身限

〔註90〕　〔宋〕談鑰《吳興志》卷 11「學校」條，《宋元方志叢刊》第五冊，第 4731 頁。

〔註91〕　四庫本《唐摭言‧鄉貢》「貞元已前」作「貞觀已前」。按武德年間京師國學剛剛興建，生員不充，州縣學也才剛剛起步；武德五年始行貢舉且參加者以鄉貢和隋代官學生徒爲主，此時大量州縣學學生升入國子監的可能性很小，故作「貞觀」顯然也是誤筆。總之，無論當初王定保撰寫《鄉貢》條時作何種寫法，「開元」皆比「貞元」或「貞觀」更合邏輯和當時現實。

〔註92〕　按樓勁《論科舉制的幾個問題》云：「人稱景雲以前，鄉貢『歲二三千人』，加上國學生徒應省試者不下數百，其貢舉總量已達 3000 人上下。」（《學術月刊》1994 年第 10 期第 45 頁）吳宗國亦云：「而鄉貢之大行，則在武則天長安（701～704）之後……《唐摭言》也說：『景雲（710～711）之前，鄉貢歲二三千人。』」（《唐代科舉制度研究》第 42～43 頁）恐怕均是誤把王氏「古之鄉貢」當「唐之鄉貢」看待。

〔註93〕　《隋書》卷 28《百官志下》，中華書局 1973 年版，第 777 頁。

〔註94〕　《舊唐書》卷 189 上《儒學‧序》，第 4940 頁。

〔註95〕　《舊唐書》卷 24《禮儀志四》，第 916 頁。按最早提到唐代「俊士」者，當屬《唐摭言》卷 1《統序科第》所載高祖武德四年敕文，「敕諸州學士及早有明經及秀才、俊士、進士，明於理體爲鄉里所稱者，委本縣考試，州長重複，

制，故「吏民子弟」所配之學爲四門學，所充之員只能爲俊士生，此時四門學生員已有四門生與四門俊士之分。「俊士」之名，其來有自，源自周制。《唐六典》卷21《國子監》「四門博士掌教文武官七品已上及侯、伯、子、男子之爲生者，若庶人子爲俊士生者」條注云：

> 《禮記・王制》曰：「命鄉論秀士，升之司徒，曰『選士』；司徒論選士之秀者，升之學，曰『俊士』。」《隋書・志》曰：「舊國子學處士以貴賤，梁武帝欲招來後進，五館生皆取寒門俊才，不拘員數。」即今之『俊士』也。

則其鄉舉里選，由地方升入京師國學；生源主要出自寒門俊才等特點，亦早已有之。

四門俊士的選拔條件，所述最詳者爲開元二十一年（733）五月敕：

> 諸州縣學生〔年〕二十五已下，八品、九品子弟若庶人，並年二十一已下，通一經已上，未及一經而精神聰悟、有文詞史學者，每年銓量，舉送所司簡試，聽入四門學充俊士。即諸州貢人省試下第，情願入學者，聽。〔註96〕

具體規定了四門俊士的選拔對象及其年齡、智商與學歷水平，以及選拔的方式等。

四門俊士的選拔對象部分遵從古制，以從地方選拔低下級官吏子弟及寒門俊才爲特點。就空間範圍而言，是從地方選拔讀書人至京師四門學就讀；就等級維度而言，是從低下級官吏子弟及庶人中選拔優秀的讀書人入四門學充俊士，大體言之，來源有三。一，州縣學學生。前考《唐摭言・鄉貢》云：「有唐貞（開）元已前，兩監之外，亦頗重郡府學生，然其時亦由鄉里所升，

取其合格，每年十月隨物上貢」。侯力《唐代俊士科考論》即以此爲主要依據，論定是爲唐代「俊士科」之始。劉海峰《唐代俊士科辨析》認爲此條僅見於《摭言》和出自《摭言》的《新唐書・選舉志》，其他所有唐代職官典志及記載唐代貢舉的詔令、奏章等文獻都不見有俊士科貢舉，侯文觀點難以盡信，並進而論定俊士科並非唐代貢舉常科，而是面向庶民的四門學部分學生的入學選拔考試科目，只是具有某些科舉屬性而已。筆者大致同意劉文的觀點，但對俊士既然並非貢舉科目，《唐摭言・統序科第》卻將其與明經、秀才、進士並列這一矛盾現象無法通釋，本書不擬涉及「俊士科」之有無，爲免在此問題上糾纏，故不徵引。

〔註96〕《唐摭言》卷1《兩監》，第6頁。按《唐會要》卷35《學校》（第634頁）所載略同，惟「精神聰悟」作「精神通悟」，「諸州貢人」作「諸州人」。又，「年」字據《唐會要》補。

直補監生而已。……景雲之前，鄉貢歲二三千人，蓋用古之鄉貢也。」由每年二三千人的舉送規模，可知州縣學與四門學之間有直接的銜接關係，開元以前州縣學確實是兩監的重要生源地，寶應二年（763）賈至云「今西京有太學，州縣有小學」〔註97〕，有其歷史依據。二，一般有一定學業基礎的低級官吏和庶民子弟。前引武德七年二月詔，所謂「其吏民子弟，有識性明敏，志希學藝，亦具名申送，量其差品，並即配學」，即屬此種類型。三，省試下第情願入學之鄉貢。此不見於之前各朝，當爲開元新制〔註98〕。但鄉貢所補不限於四門俊士，亦有直補太學生者〔註99〕。

　　四門俊士的入學年齡。依唐令，此前除律學生限年十八以上、二十五以下外，其餘官學生入學皆限年十四以上、十九以下〔註100〕。而開元二十一年敕所定年齡要求，凡州縣學學生二十五歲以下，一般低級官吏和庶民子弟二十一歲以下，均可考補四門俊士，省試不第之鄉貢，則根本不見有年齡的限制，可見四門俊士的年齡限制有逐步寬鬆的傾向。

　　但並非符合年齡要求的以上三種來源者均可依令直補四門俊士。四門俊士的定額最初爲八百人〔註101〕，高宗龍朔二年（662）正月，「東都置國子監丞、主簿、錄事各一員，四門博士、助教，四門生三百員，四門俊士二百員」〔註102〕，東西兩監共定額四門俊士一千人。由於有員額限制，有闕才補，爲免因選補者過多而增加負責考補機關的工作量，就需擡高其入學門檻。

　　首先，對要求入學者提出了智商和學歷要求。州縣學學生和省試下第情願入學之鄉貢自不用論，他們都是經過地方政府層層選拔出來的。即便一般低級官吏和庶民子弟，武德七年（624）詔要求的是「識性明敏，志希學藝」

〔註97〕　《舊唐書》卷190《文苑中·賈曾傳附賈至傳》，第5031頁。《舊唐書》卷119《楊綰傳》、《文苑英華》卷765賈至《貢舉議並序》作「今京有太學，州縣有小學」。

〔註98〕　《唐摭言·鄉貢》云「景龍元年，李欽讓稱定州鄉貢附學」，可能即是省試下第的鄉貢補四門俊士的情況，只是當時並未在律令上予以肯定，不確，俟考。

〔註99〕　如《宣室志》卷1云吳郡陸顗「從本郡貢於禮部。既下第，遂爲生太學中」，不繫年，但既云貢之禮部，至少也在開元二十四年吏部考功試改爲禮部試後。《唐代墓誌彙編》貞元076《王公（仲堪）墓誌銘並序》：「自鄉賦西遊太學，……大曆七年，進士擢第。」王仲堪亦是鄉貢進士落第直補太學生。

〔註100〕　《新唐書》卷44《選舉志上》，第1160頁。

〔註101〕　《唐六典》卷21《國子監》，第556頁；《通典》卷53《禮一三·大學》，第1468頁。

〔註102〕　《通典》卷53《禮一三·大學》，第1468頁。

者，開元二十一年（733）敕要求的是「通一經已上，未及一經而精神聰悟、有文詞史學者」。所謂「識性明敏」與「精神聰悟」意思大致相同，都要求補選者聰慧有悟性，有較高的智商。武德時天下兵革方息，讀書人絕少，對學歷沒有特別要求，補四門俊士非常容易〔註103〕。開元時，承平既久，讀書人很多，「太平君子唯門調戶選，徵文射策，以取祿位」，「五尺童子，恥不言文墨」〔註104〕，故要求入學者須通一經以上，未通經者則須能屬文撰詞，並有相當史學知識，總之，有一定的文史修養是其前提。

其次，考試以定去留，即「所司簡試」以「量其差品」。國子、太學、四門生有資蔭限制，其補充依家庭官階、門蔭據律選補即可，不用考試，至多是入監後依考試成績給廚、房而已〔註105〕。四門俊士的補充則有別於前者，由於無資蔭限制，要求選補者極多，但員闕有限，在沒有明確可操作的補充原則可依憑的情況下，監司只能考試選拔。至於考試的內容和形式，資料闕如，無從稽考，估計與省試差不多。

總之，僅就令文而言，四門俊士的選拔頗為嚴格，寒庶士子要成功考補四門俊士，確有較大難度，尤其開元以前，兩監生徒佔據了錄取配額的絕大多數，功名利祿的強烈誘惑之下，地方庶民士子考補四門俊士的競爭就更為激烈，《唐摭言·鄉貢》云「景雲之前，鄉貢歲二三千人，蓋用古之鄉貢也」，是當時競爭慘烈之最佳見證。然而，當開元十五年（727）「省司定限」後，一切門檻都只是看上去很高。此後，官學日益衰落，不僅「膏粱之族，率以學校為鄙事」，庶民士子也以鄉貢為佳選，除非經濟困窘到影響習業求舉，他們並不情願入國子監求學，曾經一度輝煌的四門俊士，最終在天寶十二載（753）被玄宗下詔廢止。

三、四門俊士的廢止

天寶十二載（753），在諸種舉措皆無法挽救兩監生徒離散的情況下，玄宗迫於無奈，詔：「天下舉人，不得充鄉賦，皆須補國子學生及郡縣學生，然

〔註103〕高祖武德初初置學，國子學生七十二員，太學生一百四十員，四門學生一百三十員，生共三百四十二員（《舊唐書》卷189上《儒學·序》），武德七年《置學官備釋奠禮詔》尚稱「凋弊之餘，澄替日多，學徒尚少，經術未隆」（《唐大詔令集》卷105《崇儒》）。可見當時讀書人之少，官學滿員之難，故當時入學較易。
〔註104〕《通典》卷15《選舉三·歷代制下》，第358頁。
〔註105〕詳考見本書第三章《唐代官學的教育資源》。

〔後〕聽舉。四門俊士停。」〔註106〕意圖通過強行捆綁官學學歷與科舉考試資格，來挽救兩監生徒離散的危機。因其不具操作性，加以安史亂興，「兵革一動，生徒離散」〔註107〕，兩三年後，依舊鄉貢〔註108〕。耐人尋味的是，此後的唐代詔敕制令文中不見恢復四門俊士的記載，唐人卻又間有言及四門俊士者。於是，爲何在天寶十二載（753）意圖拯救官學之時停廢四門俊士？此後四門俊士是否尚存？就成爲研究者不能迴避的問題。

四門俊士被停廢的原因，劉海峰志在否定俊士科於天寶十二載（753）實際廢止的觀點，認爲「應該是在規定所有貢舉人都必須入國子監及郡學就讀然後聽舉的情況下停止招收四門俊士，不可能是將已在學的四門俊士遣散出監」〔註109〕，言下之意，既然所有貢舉人都必須入國子監及郡學就讀，四門俊士自然沒有存在的必要了。但正如前述，唐代地方庶民秀士（尤其大量州縣學學生）歷來就是通過四門俊士入國子監就讀，既然如此，天寶十二載的要求與四門俊士招生並不必然衝突，四門俊士被停與此關係其實不大，劉文此說欠妥。侯力云「究其實義，只有一種解釋。那就是，因寒士不樂入四門學爲俊士，四門俊士形同虛置，故廢之」〔註110〕，庶幾近乎當時實際。究其根本，在於開元十五年（727）「省司定限」，使兩監生徒錄取配額陡然下降，直接導致了兩監生徒的大量流散。玄宗雖然採取降低招生門檻，擴大招生對象的措施以圖拯救，在兩監生徒錄取配額不能增加的背景下，期望大量庶民秀士選擇四門俊士而放棄鄉貢，顯然不大現實，朝廷的努力不見成效也就勢所必然。故天寶十二載前，四門俊士其實已經遠不能充員，形同虛設，當年被玄宗下詔廢止自然就在情理之中。

天寶十二載後，唐人亦間有言及四門俊士者，如貞元中後期柳宗元《四門助教廳壁記》：「四門學之制，掌國之上士、中士、下士凡三等，侯伯子男凡四等，其子孫之爲冑子者，及庶人、庶人之子爲俊士者，使執其業而居其

〔註106〕《宋本冊府元龜》卷640《貢舉部·條制第二》，第2101頁。「後」字據通行中華書局《冊府元龜》同卷同條補。又參本章第一節所引本詔令之注解。

〔註107〕《舊唐書》卷190《文苑中·賈曾傳附賈至傳》，第5031頁。

〔註108〕《新唐書》卷44《選舉志》稱「十四載（755）復鄉貢」。《唐會要》卷76《緣舉雜錄》載：「至德元年(756)以後，依前鄉貢」。《冊府元龜》卷640《貢舉部·條制第二》云：「至德二載（757）以後，依前鄉貢」。

〔註109〕劉海峰：《唐代俊士科辨析》，《中國史研究》2000年第2期，第164頁。

〔註110〕侯力：《唐代俊士科考論》，《中國史研究》1999年第1期，第77頁。

次。」〔註111〕貞元十五年（799），四門助教歐陽詹《太學張博士講〈禮記〉記》：「國子師長序公侯子孫自其館，太學師長序鄉大夫子孫自其館，四門師長序八方俊造自其館，廣文師長序天下秀彥自其館。」〔註112〕對此，侯力基於四門俊士止於天寶十二載的判斷，認爲柳宗元只是追述舊制、歐陽詹則是沿襲舊稱。相反，劉海峰則認爲柳宗元不僅是追述，也反映了當時實際；歐陽詹以四門助教的身份說出來的話應該可信〔註113〕。顯然，因柳、歐陽兩文語焉不詳，如僅依其言進行判斷，天寶十二載後四門俊士的存否，只能在模棱兩可之間。

中唐後，對國子三學的變化瞭解甚詳、深有體會者當屬首任四門博士，次遷國子博士，再任國子博士，又拜國子祭酒，前後四官學省之韓愈〔註114〕。《請復國子監生徒狀》：

> 國子監應三館學生等準《六典》。國子館學生三百人，皆取文武三品巳上及國公子孫從三品巳上曾孫補充；太學館學生五百人，皆取五品巳上及郡縣公子孫從三品巳上曾孫補充；四門館學生五百人，皆取七品巳上及侯伯子男子補充。右國家典章，崇重庠序，近日趨競，未複本源，至使公卿子孫，恥遊太學，工商凡冗，或處上庠。今聖道大明，儒風復振，恐須革正，以贊鴻猷。今請國子館並依《六典》；其太學館量許取常參官八品巳上子弟充；其四門館亦量許取無資蔭有才業人充；如有資蔭不補學生應舉者，請禮部不在收試限，其新補人有冒蔭者，請牒送法司科罪。緣今年舉期已近，伏請去上都五百里內，特許非時收補；其五百里外，且任鄉貢，至來年春，一時收補。其廚糧度支，先給二百七十四人，今請準新補人數，量加支給。謹俱如前，伏聽處分。〔註115〕

此狀作於長慶元年（821），此時韓愈爲國子祭酒，《六典》當是其案頭必備。按《六典》所載除四門生五百人外，四門館還有「庶人子爲俊士生者」八百

〔註111〕〔唐〕柳宗元：《柳宗元集》卷26《四門助教廳壁記》，中華書局1979年版，第692頁。
〔註112〕《文苑英華》卷816歐陽詹《太學張博士講〈禮記〉記》，第4310頁。
〔註113〕上揭侯力：《唐代俊士科考論》，第77頁；劉海峰：《唐代俊士科辨析》，第164～165頁。
〔註114〕《文苑英華》卷976李翱《韓愈行狀》，第5138～5140頁。
〔註115〕屈守元、常思春主編：《韓愈全集校注》，四川大學出版社1996年版，第2443～2444頁。

人，以韓愈之身份和識見，尤其四官學省的經歷，自然不會遺漏。故韓狀有意截去此八百人而不取〔註116〕，就恰是四門俊士廢止後不再恢復的最有說服力的證據。此其一。

韓愈針對「公卿子孫，恥遊太學，工商凡冗，或處上庠」的現實，「請國子館並依《六典》；其太學館量許取常參官八品已上子弟充；其四門館亦量許取無資蔭有才業人充」。其中太學、四門學學生資蔭較《六典》的規定有大幅降低。依此建議，原來只能補四門學者均可入太學就讀，原來只能屈居四門俊士者也可堂堂正正的以四門生居。「所謂『無資蔭有才業』，便是庶民之俊異者，也就是俊士」的結論〔註117〕，對《六典》明載八百俊士生，韓愈卻有意截之不取的隱情全然不顧，未免武斷。韓愈的建議乃據當時實情，所謂「四門館亦量許取無資蔭有才業人充」，必然早已行之。易言之，此時的四門生有《六典》四門生之名而非其實，究其實質，「無資蔭有才業人」確是「庶民之俊異者」，但所任並非四門俊士，而是四門生。有鑒於此，歐陽詹云「四門師長序八方俊造自其館」，恰是當時四門學門檻降低，四門生主要由原本只能任四門俊士的庶民之俊異者構成的現實；柳宗元雲四門學有「庶人、庶人之子為俊士者」，確實不過是追述而已。此其二。

中唐之後，兩監生徒省試及第率一直在低位徘徊不起，故生員不充，辦學規模日見趨小。元和二年（807）有司奏請兩監定額時，「兩京諸館學生總六百五十員」，「西京學生五百五十員」，東監一百員〔註118〕，已是很少。韓愈任國子祭酒之長慶元年（821），據「其廚糧度支，先給二百七十四人，今請準新補人數，量加支給」之語，當時國子監實際所管學生已僅有 274 人，就更見衰缺。為了勉強維持朝廷尊孔崇儒的姿態，保持國子三學的正常運作，統治者就只能默許兩監諸學入學門檻的事實降低，以使兩監諸學尚能掙扎維持。由於「公卿子孫，恥遊太學」，故八品以上低級官吏子弟可以考補太學生。而所謂「工商凡冗，或處上庠」，則是「庶民之俊異者」直接考補四門生。總之，中唐後的四門生已經取而代之，事實扮演著四門俊士曾經的角色，四門俊士根本就沒有繼續存在的意義。此其三。

〔註116〕按不錄四門俊士乃韓愈有意為之，已為侯力所識，並據以補證其柳宗元只是追述舊制、歐陽詹則是沿襲舊稱的看法。參前揭《唐代俊士科考論》，第 77 頁。

〔註117〕劉海峰：《唐代俊士科辨析》，第 164 頁。

〔註118〕《唐摭言》卷 1《西監》、《東監》，第 6～7 頁。

　　兩監生徒及第率很低時，尚有少部分所謂的「工商凡冗」願意入四門學就讀。原因在於，一，唐代律令，「凡習學文武者爲士」，「工商之家不得預於士」〔註119〕，工商子弟是不能入各級官學習業的。而且唐代商人也視此爲當然，登州商人馬行餘就曾說「熟詩書明禮律者，其唯士大夫乎，非小人之事也」〔註120〕。對眞正的工商子弟而言，能入國子監任四門生，就是政治、社會地位提高的體現，正是之前求之而不得的好事。二，對來自偏陬僻壤者而言，京師重地，名人眾多，入四門學就讀自然有其偏鄉僻野不可能有之便利，倘能因緣際會，攀結上京中一二名人達宦，有他們請託通榜，自能增加及第成算，何樂而不爲。三，最可注意者，至穆宗長慶年間，國子監已經演變爲舉子在京師的落腳處所，科舉的附屬物〔註121〕，故所謂「工商凡冗」，可能大半是貧寒士子，他們入四門學任四門生，主要不在眞的求學，而是借國學的「廚、房」——免費食宿〔註122〕，暫爲休整以備將來取解應試。此其四。

　　綜上，無論其後詔敕制令文中未提及恢復四門俊士這一事實，還是中唐後國子監衰敗的實情，或是韓愈狀文中所隱藏的信息，均表明四門俊士在天寶十二載（753）被廢止後就不再恢復。開元以前曾經熱鬧一時的四門俊士在天寶十二載歸於沉寂，再次證明《唐摭言·鄉貢》中「貞元已前」乃「開元已前」之誤，大量州縣學學生考補國子監四門俊士只是開元之前的現象。一言以蔽之，只要因兩監生徒錄取配額降低導致的生徒離散趨勢——玄宗最終廢止四門俊士的關鍵因素——在之後各朝不能得到根本的改善，四門俊士就不可能恢復。

　　開元以前，兩監諸學佔據了省試及第總量的絕大多數，地方庶民秀士主要是通過四門俊士及第入仕，當時的四門俊士選拔熱鬧一時，每年參加考補的州縣學學生達二三千人之多，其規模甚至超過省試。開元十五年

〔註119〕《唐六典》卷3《尚書户部·郎中員外郎》，第74頁；《舊唐書》卷43《職官二·户部郎中員外郎》，第1825頁。

〔註120〕《雲溪友議》卷上「夷君誚」條，《唐五代筆記小說大觀》，上海古籍出版社2000年版，第1272頁。更有甚者，認爲士、商之間有一道天然的鴻溝。如《太平廣記》卷328引《廣異記》「閻庚」條：「張仁亶，幼時貧乏，恒在東都北市寓居。有閻庚者，馬牙荀子之子也，好善自喜，慕仁亶之德，恒竊父資以給其衣食，亦累年矣。荀子每怒庚，云：『汝商販之流，彼才學之士，於汝何由，而破產以奉。』」

〔註121〕吳宗國：《唐代科舉制度研究》，第142頁。

〔註122〕《冊府元龜》卷604《學校部·奏議第三》，第7254頁；《唐會要》卷66《國子監》，第1160頁。

（727）「省司定限」以後，兩監生徒配額大幅下降，庶民秀士多走鄉貢一途，四門俊士失去曾有的吸引力，招生規模日見趨小，數不充員。雖然開元二十一年（733）玄宗以降低門檻，擴大對象的手段力圖挽救，但配額既不能增加，一切努力不過是徒勞，四門俊士至天寶間已是形同虛設，十二載（753）玄宗下詔將其廢止，雖見其無奈，其實也是因應現實之舉。此後，文獻中不見恢復四門俊士的詔敕制令文，唐人雖間有言及者，也不過是追述舊制或沿用舊稱，四門俊士成為歷史的陳迹，四門生雖降格扮演著四門俊士曾經的角色，也主要是發揮著為少部分庶民秀士提供免費食宿的落腳地的作用。

第三節　鄉學的性質及其演化

關於唐代鄉學的性質及其演變，由於史書記載過於簡略，後人已不易明瞭，故研究者往往意見不一，甚至截然對立〔註123〕。唐代鄉學究竟屬於官學體系，還是屬於私學？其性質在唐代是否有變化？鄉學與鄉校是兩個內涵不同的範疇，還是僅僅名稱有異？本節擬圍繞這些問題，通過對相關資料的重

〔註123〕目前，研究者對唐代鄉學性質的認識分歧較大。以傅璇琮、宋大川、王素三位為代表，認為鄉學是唐代地方官學體系的一環。傅先生：「有唐一代，除了州縣學以外，還有為數眾多的鄉學。……鄉學一般是官府辦的。」（《唐代科舉與文學》，第486頁。）宋先生：「從武德初到開元末，經過一百多年的發展，唐代的地方教育終於形成了州、縣、鄉、里四級制和經學、醫學雙軌制的完整體系。」（《唐代教育體制研究》，第69頁。）王先生：「鄉、里之學名義上由百姓創立經營，稱為私學、義學，實際上還是靠朝廷資助策劃，甚至擇師教授。既為正式官學的替代或補充，則至少應屬非正式官學。」（張弓主編：《敦煌典籍與唐五代歷史文化》，中國社會科學出版社2006年版，第92～93頁。該書《儒學章·儒典》部分由王素執筆。）而以呂思勉、劉海峰、吳霓三位為代表的學者則認為鄉學屬於私學的範疇。呂先生：「鄉學雖或由官立，實以人民自設者為多。」（氏著《隋唐五代史》，上海古籍出版社2005年版，第1070頁。）劉先生：「文獻中有關唐代『鄉學』的記載，大多指鄉村學校。」（氏著《唐代鄉村學校與教育的普及》，《教育評論》1990年第2期，第61頁。）吳先生：「唐代除州、縣學外，還有許多鄉學，這類鄉學，主要是國家給政策，鼓勵興辦，但具體實施仍是由地方單位或鄉里眾人集體興辦，帶有民辦官助的性質。屬特殊意義的私學。」（氏著《中國古代私學發展諸問題研究》，中國社會科學出版社1996年版，第182頁。）此外，萬軍傑沿用了吳霓的觀點（參閱萬軍傑：《試析唐代的鄉里村學》，《史學月刊》2003年第5期，第29～35頁）。

新考釋，在前人基礎上進一步釐清唐代鄉學的性質及其演變規律，並試圖對唐代中後期鄉學私學化的意義有所探討〔註124〕。

一、唐前期的鄉學

唐代置鄉學的最早記載見於武德七年（624）二月置學詔。《通典》卷 53《禮十三・大學》：

> （武德）七年，詔「諸州縣及鄉，並令置學」。

該詔文還見於其他文獻。《舊唐書》卷 24《禮儀志四》、《新唐書》卷 44《選舉志上》、《資治通鑑》卷 190 高祖武德七年二月條均載有此詔，除文字稍異外，內容均與《通典》同。此詔頒佈時間，《舊唐書・禮儀志》及《通鑑》繫於武德七年二月己酉。但以上文獻所載詔書，顯係節文，而其全文尚存，見載於《冊府元龜》卷 50《帝王部・崇儒術第二》、《唐大詔令集》卷 105《崇儒》及《全唐文》卷 3。《詔令集》題爲《置學官備釋奠禮詔》，《全唐文》則題爲《令諸州舉送明經詔》〔註125〕。詳釋詔書全文，內容有四：其一，指出隋代儒教「闕而不修」，學校「泯焉將墜」；其二，「朕受命膺期」，「思弘至道」，故詔令諸州舉送明經；其三，「吏民子弟」中「志希學藝」者，「申送入京」，「並即配學」，同時令「州縣及鄉，各令置學」；其四，「釋奠之禮」，「比多闕略，更宜詳備」，「朕將釋奠，朕將親覽」。然而值得注意的是，關於地方政府置學，以上文獻均稱「州、縣及鄉」三級政府機構，獨《詔令集》爲「州縣及鄉里」，多出一個「里」來，於是州縣以下之學是「鄉」學，還是「里」學，就似乎成爲一個問題。

今比對《冊府》、《詔令集》所載詔書全文，二者字句幾乎雷同，其史源相同應無疑問。其不同之處，如前者（《冊府》）「庠塾之義」，後者（《詔令集》）「庠塾之儀」，前者「敦尚風範」，後者「敦尚風軌」，前者「湮替日久」，後者「湮替日多」，前者「亦具名狀」，後者「亦具名」，雖多因音形相同致異，無關宏旨，但詳考上下文，仍以《冊府》所載爲長（亦有文字相異而以

〔註124〕本節曾經刪減以《唐代鄉學性質考論》爲題發表於《社會科學戰線》2008 年第 4 期，但因篇幅所限，未能充分展開論述。

〔註125〕據《舊唐書・禮儀志》，武德七年二月己酉下詔後，「丁酉，幸國子學，親臨釋奠」，按是月辛丑朔，月內無丁酉。而《舊唐書》本紀將「幸國子學，親臨釋奠」事繫於七年二月丁巳，丁巳爲十七日，當是，上揭《通鑑》、《冊府》亦繫此事於丁巳，《唐會要》卷 35《釋奠》繫於二月十七日，可爲其證，據之，《詔令集》所擬詔目最爲切題。

－43－

《詔令集》爲長者）。況且《冊府》「又釋奠之禮，致敬先師」句，《詔令集》
「釋奠」誤爲「釋菜」，又脫「致敬先師」一句。「鼓篋之義」句下《詔令集》
原注「下闕」，而《冊府》有「以明遜志」四字。因此《冊府》所載此詔，
似較《詔令集》所錄，更接近於原始詔文〔註 126〕。就詔文形式而言，通觀
全篇，均四字成句（句首虛詞、助詞等除外），對比二者：「州縣及鄉，各令
置學」與「州縣及鄉里，並令置學」，「亦具名狀」與「亦具名」，即可知道
後者有衍、脫。又兩《唐書》中，往往「鄉里」聯稱，或指鄉，或指里，或
兼指鄉、里，故《詔令集》「鄉里」置學，不宜簡單地理解爲鄉、里各置學
（詳考見下文）。

　　然而，武德七年二月置學詔過於簡略，據之，我們僅能確知初唐鄉學由
地方政府主持興修。如果依本書唐代官、私學的界定進行判斷，則初唐鄉學
的性質處於官、私學兩可之間。所幸我們尚可從出土文書中找到雖然極其有
限卻足資佐證的材料，推斷初唐鄉學屬於地方官學體系。阿斯塔那 179 號墓
出土有學童習字共十三片，其中九片爲學生令狐慈敏習字，其他四片爲學生
和闍利習字。《吐魯番出土文書》錄有存字較多的令狐慈敏題記兩片。茲移錄
如下，其一：

　　　　〔前缺〕三月（筆者按：「月」爲武周新字，下同）十七日令狐
　　　　慈敏放（仿）書。

其二：

　　　　〔前缺〕三月（「月」爲武周新字）十九日（「日」爲武周新字）

　　學生令狐 慈 敏

這兩件文書雖無紀年，但其中出現了武周新字，故整理者推斷其時間在武周
時期〔註 127〕。按敦煌吐魯番遺書殘卷後的題記，出自私學生者往往要在「學
生」之前加上「義」字或「私」字以正名分。而出自官學生者逕署「學生」，

〔註 126〕《冊府》成書於宋眞宗大中祥符六年（1013），當時唐「實錄、國史以及唐令、
　　　　詔敕奏疏、諸司吏牘等尚在」，「輯纂諸臣皆一時淹貫之士」，「校核討論務臻
　　　　詳愼」（參黃永年《唐史史料學》，上海書店出版社 2002 年版，第 262 頁），《詔
　　　　令集》脫稿於宋神宗熙寧三年（1070），撰者以私人之力因「機務之隙」而纂
　　　　集（宋敏求序），又《四庫全書總目提要》云「其書世無刊本，輾轉抄傳，僞
　　　　誤頗甚」，亦證《冊府》所錄唐代詔令的相對可靠性。
〔註 127〕國家文物局古文獻研究室、新疆維吾爾自治區博物館、武漢大學歷史系編：《吐
　　　　魯番出土文書》（第七冊），文物出版社 1986 年版，第 120 頁，72TAM179：
　　　　18／8；第 121 頁，72TAM179：18/9。

「學生」之前不須加一「官」字，因爲官學生被認爲是「正宗」學生〔註128〕。上錄文書中令狐慈敏習字第二片在「學生」前未加「義」或「私」字，由此可以推知令狐慈敏和和闍利均屬官學生。他們是學童，應該就讀於較低級的官學，即鄉學〔註129〕。如此，則西州鄉學屬於地方官學體系。

　　既然比中原落後的西州地區在武周時期即已有了完整的州、縣、鄉三級地方官學體系〔註130〕。武德七年二月置學詔中又明確指出由地方政府主持興修州、縣、鄉學。而且史籍中亦確有期間鄉學存在的記載，如貞觀、永徽年間，河南緱氏人張簡「曾爲鄉學講《文選》」〔註131〕；咸亨四年（673），陳子昂「嘗從博徒入鄉學，慨然立志，因謝門客，專精墳典」〔註132〕，可見武德七年置學詔並非具文。因此，即使無法明瞭鄉學經費出自及教師選授詳情，我們依然可以推知初唐從地方官學興建開始，就是州、縣、鄉三級制。這種三級學校體制歷經初盛唐，至德宗時代始終不變。

二、盛中唐之鄉學

　　玄宗開元二十六年（738）正月，又頒佈了新的置鄉學詔，內容比武德七年詔具體。《通典》卷53《禮十三・大學》：

　　　　其天下州縣，每一鄉之內，里別各置一學，仍擇師資，令其教授。

〔註128〕參閱李正宇：《唐宋時代的敦煌學校》，《敦煌研究》1986年第1期，第41頁。又參姚崇新：《唐代西州的私學與教材——唐代西州的教育之二》，《西域研究》2005年第1期第1～2頁。

〔註129〕這點已爲姚崇新揭出，見氏著《唐代西州的官學》，《新疆師範大學學報》2004年第1期，第65頁。惟姚文推測兩位學童可能屬於「鄉學或里學」生。可見姚文亦以爲初唐地方官學有鄉學與「里學」之分。然唐代「里學」的存在是頗可懷疑的，詳見本節第二部分「盛、中唐之鄉學」的考析。

〔註130〕關於西州地區州、縣官學的詳情，參李正宇：《唐宋時代的敦煌學校》，《敦煌研究》1986年第1期；高明士：《唐代敦煌的教育》，《漢學研究》第4卷第2期，1986年，收入《中國教育大系：歷代教育制度考》，湖北教育出版社1994年版，第608～626頁；前揭姚崇新《唐代西州的官學》。惟李文亦誤把鄉學列入私學的範疇（第41頁）。

〔註131〕《太平廣記》卷447「張簡」條引《朝野僉載》，第3658頁。按本條不繫年，之前爲「狐神」條，繫年於唐初，之後爲「僧服禮」條，繫年於永徽中。據《廣記》分類別依時間前後敘事的書法，推測張簡教授於鄉學在貞觀、永徽年間。

〔註132〕《文苑英華》卷793盧藏用《陳子昂別傳》，第4191頁。按《新唐書》卷107本傳云陳子昂年十八嘗入鄉校，聖曆初（698）卒，時43歲，推測其入鄉學在咸亨四年（673）。

不繫日。該詔又見於《唐大詔令集》卷 73《敕親祀東郊德音》、《冊府元龜》卷 85《帝王部・赦宥第四》、《冊府元龜》卷 639《貢舉部・條制》，均繫日於丁丑（初八）。《唐會要》卷 35《學校》錄此詔繫日於正月十九日（戊子），當誤。按各書與《通典》所錄內容略同，惟在「里別各置一學」的記載上稍有文字出入，《詔令集》與《冊府》卷 85 為「別各置學」，《冊府》卷 639 為「里別各置學」，《會要》為「各里置一學」。所謂每鄉之內，「里別各置一學」、「里別各置學」、「各里置一學」（「別各置學」，顯是「別」前脫一「里」字），其意甚明，均指以里為單位，各興辦一所學校。又《通鑑》卷 214 玄宗開元二十六年正月條載此詔：

丁丑（初八）……令天下州、縣、里別置學。

如不深究，極易被誤讀為唐政府詔令州、縣、里分別置學。按《通鑑》所錄與前引《通典》、《詔令集》、《冊府》、《會要》同出一源，但此處省去「里別置學」前「每一鄉之內」，遂使句意晦澀，極易引起歧義。中華書局標點本《通鑑》整理者句逗時，點斷「州縣」，又在「縣」與「里」間著「、」而非「，」，恐怕就是不明其中關節，偶有失察所致。事實上，唐政府明令，各府州縣依其級別高低，置府學、州學、縣學，均為一所〔註 133〕，根本不可能州別置學、縣別置學。故《通鑑》所載詔令，如補入「每一鄉之內」，則文氣通暢，內容與上引《通典》等略同。

據上，各書所載開元二十六年置鄉學詔，雖有文字上的出入，但其內容基本相同。總之，唐朝廷明令，在州縣以下，每一鄉都設置學校，並由官府配備師資，教授生徒。依本書唐代官、私學的界定，此學校性質屬於官學，非常明確〔註 134〕。而且，有充分的證據表明，詔令所置之學雖然在里中，但就唐代地方學校體制而言，是鄉學而非有些學者所理解的「里」學。

《舊唐書》卷 9《玄宗本紀》載此置鄉學詔，繫日於丁丑（初八），非常簡潔明確：

〔註 133〕《唐六典》卷 30《三府都護州縣官吏》，第 740～753 頁。
〔註 134〕依吳霓對私學性質的界定，中唐之鄉學顯然不能歸入私學的範疇，卻不知吳文為何稱鄉學為「特殊意義的私學」？參《中國古代私學發展諸問題研究》，第 182 頁。又，呂思勉稱「鄉學雖或由官立，實以人民自設者為多」，（《隋唐五代史》，第 1070 頁。）劉海峰稱「文獻中有關唐代『鄉學』的記載，大多指鄉村學校」，（《唐代鄉村學校與教育的普及》，第 61 頁。）但均未給出其判斷的依據和理由。據本書正文論述可知，呂、劉二位的結論依據不足。

天下州縣，每鄉一學，仍擇師資，令其教授。

即明白無誤地載爲州縣以下置鄉學。而且，就鄉學的數量而言，恐怕也是《舊唐書》所載「每鄉一學」的規模更近乎唐代實際。按唐代地方行政規劃是「百戶爲一里」「五里爲一鄉」，依當時的教育發展水平，要達到前引《通典》、《詔令集》、《冊府》、《會要》、《通鑒》所云每里一鄉學的規模，實難置信。此其一。

開元二十九年（741）十月，玄宗遣使分巡天下，詔：「其天下道學，固已有置者，並鄉學等，此並切於生人，比來興置，蓋爲教導，各宜敦勸，使有成益。」〔註135〕詔令遣使敦促地方政府興辦「道學」與鄉學。關於鄉學，顯然是對開元二十六年正月置學詔的重申，值得注意的是，詔令只稱鄉學不及「里」學。天寶三載（744），爲了讓百姓皆讀《孝經》，玄宗下制令天下家藏《孝經》一本，「鄉學之中，倍增教授，郡縣官史（「史」當爲「吏」之誤），明申勸課。」〔註136〕依然只稱鄉學不及「里」學。天寶七載（748）五月大赦天下，詔：「古者鄉有塾，黨有庠，所以明尊卑之儀，正長幼之序，風化之道，義在於茲。先置鄉學，務令敦勸。」〔註137〕仍然只稱鄉學不及「里」學。據天寶七載勸學詔，鄉學此前已在各地大量興建，可見玄宗開元二十六年興鄉學詔，與武德七年置學詔一樣，並非僅爲具文〔註138〕。總之，在短短的十來年時間內，唐政府連續頒佈詔制令文，重申開元二十六年正月置學詔，均只云鄉學不及「里」學，足見唐代地方學校體制建設規劃本來就是州、縣、鄉學三級制，沒有所謂的更低級別的「里」學。此其二。

此外，史書中確實有盛唐人就讀於鄉學的記載，如開元中後期，王栖曜曾「遊鄉學」〔註139〕；也有盛唐人助鄉學的記載，如天寶六載（747），苗

〔註135〕《舊唐書》卷9《玄宗本紀下》，第214頁；《冊府元龜》卷162《帝王部・命使第二》，第1956頁。《唐大詔令集》卷104《遣使黜陟諸道敕》略同，第532頁。惟《冊府》繫於五月，誤。

〔註136〕《唐大詔令集》卷74《親祭九宮壇大赦天下制》，第417頁。

〔註137〕《冊府元龜》卷86《帝王部・赦宥第五》，第1022頁；卷59《帝王部・興教化》，第662頁。《唐大詔令集》卷9《天寶七載冊尊號敕》，第52頁。

〔註138〕按呂思勉認爲「此等法令，皆成具文」，恐過於悲觀。參《呂思勉讀史札記（增訂本）》《郡縣鄉里之學下》條，第1187頁。

〔註139〕《舊唐書》卷152《王栖曜傳》，第4068頁。按：據本傳，王栖曜卒於貞元十九年，天寶末曾爲牙將，推測其遊鄉學的時間當在玄宗開元中後期。

晉卿請歸鄉里,「出俸錢三萬爲鄉學本,以教授子弟」〔註140〕,表明了盛唐鄉學的事實存在。但文獻中卻未見有士子就讀於「里」學或興「里」學的記載〔註141〕。不僅如此,《唐會要》卷 35《學校》載德宗貞元三年(787)正月,右補闕宇文炫上疏:「請京畿諸縣鄉村廢寺,並爲鄉學。」雖未被採納,但宇文炫要求變鄉村廢寺爲鄉學而非「里」學;又《全唐文》收有兩篇出自貞元中後期的《對爲其師掃判》〔註142〕,判題爲:「甲爲鄉學生,爲其師掃。或詰之失禮,訴云:『有近賓將至。』」亦只云鄉學而非「里」學。可見盛、中唐人的觀念中,縣學以下只有鄉學,沒有官學意義的「里」學。此其三。

綜上所述,前引《通典》、《詔令集》、《冊府》、《會要》、《通鑒》稱各里置學,強調的是鄉學置於里中的事實,符合當時實情,因爲唐代「鄉」爲虛設,「里」才是實體〔註143〕;《舊唐書》稱「每鄉一學」,更得開元二十六年置鄉學詔之精義,因爲唐代地方學校體制本來就是州、縣、鄉學三級制。兩種記載其實並不矛盾,後人不明就裏,將鄉學置於里中的實情,與唐代縣學下只設鄉學的學校體制混爲一談,理解爲鄉學下置「里」學,卻是對唐代地方學校體制的失察〔註144〕。

〔註140〕《舊唐書》卷 113《苗晉卿傳》,第 3350 頁。

〔註141〕李商隱《樊南文集》卷 8《雜記·齊魯二生》「程驤」條云其破產之後,「甚苦貧,就里中舉負,給薪水灑掃之事,讀書日數千言,里先生賢之,時與饘糗布帛,使供養其母」。對此,劉海峰、萬軍傑二位均認爲文中所謂「里先生」即里學教師(參《唐代鄉村學校與教育的普及》,第 61 頁;《試析唐代的鄉里村學》,第 31 頁)。按:如他們所說的里學係指私學範疇的里塾而言,當無異議。如指官學性質的里學,則恐是誤解,因爲中唐後鄉學的性質即已由官學演變成了私學,更毋庸說並不存在的官學意義的里學了。

〔註142〕按:一般而言,唐代在如下情況下才有試判:舉人禮部試及第後參加吏部關試;士子參加制舉書判拔萃科;前資官守選期滿冬集。而兩判文作者之一李應,貞元十一年進士第。另一作者盧嶠,貞元四年官永州司馬(俱見《全唐文》作者小傳,第 6218、6268 頁)。故推測此判題當出於貞元中後期。

〔註143〕參閱孔祥星:《唐代里正——吐魯番、敦煌出土文書研究》,《中國歷史博物館館刊》第 1 期,1979 年版,第 48~61 頁。見前揭張弓主編:《敦煌典籍與唐五代歷史文化》,第 92 頁注②。在該注中,王素又加按語云:「趙呂甫認爲唐代的『鄉』有職有權,地位不輕。見《從敦煌、吐魯番文書看唐代『鄉』的職權地位》,《中國史研究》1989 年第 2 期,第 9~19 頁。但屬誇飾,並不可信。」本書認同王文的意見,採孔文之說。

〔註144〕宋大川《唐代教育體制研究》據上引《通鑒》、《唐會要》所載,以爲:開元末,唐代的地方官學終於形成了州、縣、鄉、里四級制(第 69 頁)。按:宋氏無據,即使按照《通鑒》、《唐會要》所載,也只能得出州、縣、里三級制的結論。

　　貞元以後，文獻中不再有唐政府置鄉學的記載，推測唐代鄉學自此演變成屬於私學範疇的鄉里村學，不再是地方官學州、縣、鄉三級制中的鄉學。作此推測的理由：其一，唐代州縣官學自高祖武德年間開始興建，到玄宗朝時即已顯露出衰敗之象，雖然之後幾代統治者均力圖恢復，仍無可挽回，德宗貞元間已不再是一個教學實體，而主要是一個行禮視化的場所。既然較高級別的州縣學已是如此不堪，等而下之，寄希望於地方政府興辦鄉學自然更不可能。其二，貞元以後文獻中不再有唐政府置鄉學的記載，本身就說明之後的中央和地方政府已經放棄對官辦鄉學的努力，轉而放任自流，任其向私學方向發展，鄉學遂融入已有鄉里村學中。

　　總之，就唐代國家學校體制建設層面而言，唐初至德宗時代的地方官學體系一直是州、縣、鄉三級制，並不存在更低級別的「里」學，儘管鄉學亦是在里中興辦。大致在貞元時，鄉學融入已有鄉里村學中，已然私學化，時人習慣上不再稱其爲鄉學而多稱鄉校。值得注意的是，鄉校的含義較鄉學更爲豐富，不能簡單等同。

三、鄉校與鄉學之異同

　　唐代文獻中與鄉學意義相近而出現頻率更高的一個詞是鄉校。但其含義遠比鄉學豐富，並非僅如有些研究者所說的與鄉學「同實而異名」，均屬私學的範疇〔註145〕。耐人尋味的是，鄉校一詞不見於制敕詔令文中，而多見於唐人碑誌和文集。茲大致依其內涵，對散見於唐代各個時期的文獻和碑刻資料中的鄉校材料，歸類分析。

　　（一）與鄉學同實異名，屬於唐代地方官學州、縣、鄉三級制的鄉學範疇。如《新唐書》卷107《陳子昂傳》載其「十八未知書，以富家子，尚氣決，弋博自如。他日入鄉校，感悔，即痛修飭。文明初，舉進士」。《文苑英華》卷793盧藏用《陳子昂別傳》卻稱其「嘗從博徒入鄉學，慨然立志，因謝門客，專精墳典」。可見陳子昂所入之鄉校即鄉學。又《文苑英華》卷489載元和三年皇甫湜《對賢良方正直言極諫策》，針對乾元以來士人遊寄，有司難曉投牒自舉者鄉貫的實情。皇甫湜在其對策文中提出的解決辦法是：

─────────────

〔註145〕吳霓以爲：「與鄉學同實而異名的有村學、鄉校、村校、鄉塾、小學等名稱，有的是設學於鄉村間，有的則在城市中城郊，但性質都是相同的，屬於童蒙階段的私學。」《中國古代私學發展諸問題研究》，第183頁。

> 置鄉校縣學州庠，以教訓其子弟，長育其才志，自鄉升之縣，
> 自縣升之州，自州升之禮部，公卿子弟長於京輦者，則使之必由太
> 學，然後登有司。

廢除鄉貢，推行由官學逐級選送生徒的貢舉政策，只是對天寶十二載（753）七月「敕停鄉貢，一切令補學生然後得舉」詔令的舊話重提〔註146〕。其中明確提到地方官學的鄉、縣、州三級系統，可知他所說的鄉校即鄉學。

（二）沿用古義，鄉校爲州、縣官學的代稱。這種用法多見於隋唐以前，呂思勉已有詳細的臚列〔註147〕。唐代亦有此類用法。開元時書判拔萃科有《坐於左塾判》，題云「里胥坐於左塾，鄉長怒而逐之，縣科無禮，鄉長訴非失」，盧昌判詞：

> 詩書禮樂，列聖巨儒之教行；孝慈忠良，父子君臣之義備。是
> 以國學宏建東序西序，鄉校大起左塾右塾。聞詩以言，執禮而動，
> 遵夫子之善誘，仰先師之至德。里胥末役，鄉人是賴。公門鞠躬，
> 未彰於嘉躅；黌塾促膝，便乖於令典。〔註148〕

盧昌此處將「鄉校」與國學對應，有如賈至所云「今西京有太學，州縣有小學」〔註149〕，故其「鄉校」指州縣學無疑。建中初，常袞爲福建觀察使，《新唐書》卷150《常袞傳》：

> 設鄉校，使作爲文章，親加講導，……（福建）歲貢士與內州等。

常袞以福建觀察使的身份，親自到所設立的鄉校講授，則此鄉校斷不可能爲鄉里學校，而應當是州、縣級別的地方官學。韓愈元和十四年潮州刺史任上有《潮州請置鄉校牒》：

> 此州學廢日久，……趙德秀才，……請攝海陽縣尉爲衙推官，
> 專勾當州學以督生徒，興愷悌之風。刺史出己俸百千，以爲舉本，
> 收其贏餘，以給學生廚饌。〔註150〕

〔註146〕《封氏聞見記校注》卷1《儒教》，第2頁。
〔註147〕《呂思勉讀史札記（增訂本）》《郡縣鄉里之學下》條，第1190～1191頁。
〔註148〕《文苑英華》卷509盧昌《對坐於左塾判》，第2606頁。按此處「里胥末役，鄉人是賴」，原作「里胥莫從，鄉心是類」，殊難解，今據《全唐文》卷398盧昌《對坐於左塾判》（頁4060）改。
〔註149〕《舊唐書》卷190《文苑中・賈曾傳附賈至傳》，第5031頁。《舊唐書》卷119《楊綰傳》、《文苑英華》卷765賈至《貢舉議並序》作「今京有太學，州縣有小學」。
〔註150〕屈守元、常思春主編：《韓愈全集校注》，四川大學出版社1996年版，第2312頁。

據牒文可知，韓愈所謂鄉校就是指潮州州學。

（三）內涵難以確定。此類例子爲數甚多，茲依時間先後臚列如次：

1、《唐故處士王君（慶）之碣》：「七歲能自致於鄉校，乃心專經，篤意儒業，……享年八十有五。皇唐開元二祀十有二月，卒於柏古裏之第。」〔註151〕據之，推算王慶自致鄉校大致在貞觀十年（636）。

2、王維《大薦福寺大德道光禪師塔銘並序》：「（大師）家苦乏絕，去旨鄉校，見周孔書，曰：『世教耳，誓苦行求佛道。』……春秋五十二，凡三十二夏，以大唐開元二十七年五月二十三日，入般涅槃於薦福僧坊。」〔註152〕據之，推算道光和尚入鄉校大致在武周時期。

3、呂溫《南嶽彌陀寺承遠和尚碑》：「甫志學，始遊鄉校，驚《禮》《樂》之陷阱，覺《詩》《書》之桎梏，忽忽不樂，未知所逃。……（貞元十八年）恬然化滅，報齡九十有一，僧臘六十有五。」〔註153〕據之，推算承遠和尚遊鄉校大致在中宗朝至開元初。

4、陳簡甫《宣州開元以來良吏記》稱裴曜卿爲宣州刺史時，「削煩苛，布寬惠，簡易得而庶務修，愷悌行而群心化，赭衣墨面者知禁，鄉校黨序者胥勸，自是宣人始服教矣」〔註154〕。按裴曜卿刺宣州在開元十四年至十八年間（726～730）〔註155〕。

5、白居易自云：「臣本鄉校豎儒，府縣走吏，委心泥滓，絕望煙霄。豈意聖慈，擢居近職……」〔註156〕此處稱「鄉校豎儒」，述其貞元十六年（800）進士及第前的求學經歷。按白居易建中二年（781）十歲，解讀書，之後隨父季庚至徐州、衢州等地，至貞元七年（791）二十歲，其讀書求學多在江南一帶〔註157〕。

6、權德輿《唐羅公（珦）墓誌銘並序》：「廬江劇部，號爲難理，強家占田，而窶人無告，鄉校廢落，而冗吏猥多，……（公）修起經師弟子以理庠

〔註151〕周紹良等：《唐代墓誌彙編》開元105，上海古籍出版社1992年版，第1226頁。

〔註152〕〔唐〕王維撰，陳鐵民校注：《王維集校注》，中華書局1997年版，第753頁。

〔註153〕《文苑英華》卷866，第4569頁。

〔註154〕《文苑英華》卷830，第4380頁。

〔註155〕郁賢皓：《唐刺史考全編》，第2219頁。

〔註156〕《舊唐書》卷166《白居易傳》，第4341頁。

〔註157〕參閱朱金城：《白居易年譜》，上海古籍出版社1982年版，第9～15頁。

塾，每歲以廉茂計偕者，倍於他邦。」〔註 158〕按盧珀刺廬州約在貞元十二年至十八年間（796～802）〔註 159〕。

7、白居易《與元九書》：「自長安抵江西三四千里，凡鄉校、佛寺、逆旅、行舟之中，往往有題僕詩者，士庶、僧徒、孀婦、處女之口，每每有詠僕詩者。」〔註 160〕按是文作於元和十年（815）十二月白居易江州司馬任後〔註 161〕。

8、皮日休《傷嚴子重序》：「余爲童在鄉校時，簡上抄杜舍人牧之集，見有與進士嚴惲詩……」〔註 162〕按皮日休咸通八年（867）進士及第，推測其入鄉校的時間大致在武、宣年間。此鄉校極可能是私學性質的鄉村學校。

9、來鵠，豫章人。大中末、咸通中，文名頗盛，舉進士不中〔註 163〕。作《聖政紀頌》，序曰：「有鄉校小臣來鵠，居山澤間，常私心重惜史臣……」云云〔註 164〕。然此處不稱「民」或「儒」，而稱「臣」，頗疑其時鵠爲學官，鄉校即州縣學之謂，不確，俟考。

據上引例證可知，從時間分佈來看，初唐至晚唐均有鄉校的存在。但文獻記載過於簡略，這些鄉校的性質已無從得知。他們或爲鄉學，或爲州縣學，或爲屬於私學範疇的鄉里學校，不能確知。總之，唐代鄉校的含義比較豐富，並非均指私學範疇的鄉里學校，研究者在利用相關史料時應仔細甄別，以免誤讀。

綜上，就國家學校體制建設而言，唐代不存在屬於地方官學體系的「里」學，自武德初至貞元年間的地方官學體系是州、縣、鄉學三級制，設在鄉、里中的鄉學處於最低層；大致在憲宗元和以後，鄉學就演變成了私學的一部分，與鄉里村學已沒有區別。唐代文獻中鄉校的含義遠較鄉學豐富，可指官學範疇的鄉學，亦可指州、縣學，更多情況下可能指的是私學性質的鄉里村學，依具體情形而不同。

總之，鄉學的私學化，是唐代地方學校體制崩潰的產物和表現，昭示著

〔註 158〕《全唐文》卷 506，第 5148 頁。

〔註 159〕郁賢皓：《唐刺史考全編》，第 1762 頁。

〔註 160〕〔唐〕白居易作，顧學頡校點：《白居易集》，中華書局 1979 年版，第 963 頁。

〔註 161〕前揭《白居易年譜》，第 63 頁。

〔註 162〕〔宋〕計有功撰，王仲鏞校箋：《唐詩紀事校箋》卷 66《嚴惲》，中華書局 2007 年版，第 2226 頁。

〔註 163〕《唐摭言》卷 10《海敘不遇》，第 113 頁。

〔註 164〕《全唐文》卷 811 來鵠《聖政紀頌》，第 8530 頁。

政府對地方教育控制的減弱甚至放棄。鄉學的私學化一方面自然會增加鄉里村學的數量，另一方面，因入學條件變得寬鬆，反而擴大了其教育範圍，容納了更多的教育對象，從而在一定程度上促進唐代基礎教育的進一步普及〔註165〕。這就能使更多的庶民士子得到受教育的機會，從而爲庶民秀士完成學業後經鄉貢途徑及第、登科，最終晉身統治階層打下基礎。從這個意義上說，鄉學的私學化對教育對象的擴大、文化教育的普及，進而中晚唐社會階層的流動，均不無促進作用。

本章小結

　　本章截取了唐代官學發展的三個側面，力圖從不同視角對唐代官學發展規律進行解讀。

　　開元以前，唐代官學總體處於上昇通道，生員多、地位高、錄取配額高。由於官學入學資格等級森嚴，官學的興盛其實就意味著，舊士族殘餘壟斷官辦教育的局面尚未眞正打破。玄宗開元以來，歷經武后朝的打擊，舊士族勢力殘餘已經嚴重削弱；武后朝銓注失衡，又使選人多、員闕少的矛盾至此嚴重激化。在此背景下，以控制科舉入仕規模爲出發點，開元十五年（727），「省司定限」錄取總量，又定限生徒、鄉貢的錄取配額。這一舉措打破了舊士族殘餘壟斷官辦教育的局面，嚴重影響了唐代官學的發展走向。

　　吏部定限後，此前官學生徒錄取配額的絕對優勢自此喪失，鄉貢配額則由原來的微不足道上昇至幾近一半。定限措施直接導致了兩監生員的大量離散，作爲兩監預備機構的州縣學，其生員亦紛紛脫離官學，改走鄉貢一途，唐代官學面臨著前所未有的嚴重危機。面對危機，玄宗、代宗曾出臺一系列措施，如降低入學門檻、擴大招生範圍，甚至取締鄉貢等，意圖挽救。然而，生徒、鄉貢錄取配額比既不能有重大改變，鄉貢又無法取消，最終一切努力都只能徒勞，至德宗貞元中，士子群趨京兆、同、華，官學的衰敗終成定局。

　　官學的衰敗首先表現爲規模的萎縮。開元以前，四門俊士是庶民士子進入國子監讀書的主要途徑，每年申請考補者達二三千人之多，競爭激烈，盛極一時；隨著「省司定限」的實施，兩監吸引力下降，庶民士子多走鄉貢一

〔註165〕關於唐代鄉里村學對教育的普及作用，可參前揭劉海峰《唐代鄉村學校與教育的普及》；萬軍傑《試析唐代的鄉里村學》。

途，四門俊士遂數不充員，天寶十二載（753），玄宗取締四門俊士，從此不再恢復。唐前期地方官學體系中尚有鄉學，由各級政府配備師資，教授生徒；與官學教育衰落相適應，大致在德宗貞元中，政府放棄了官辦鄉學的努力，致使鄉學私學化，從而擴大了受教育的範圍，有利於教育的普及。

官學的衰敗還表現爲職能的偏廢。唐代官學興盛之時，儒學教育和行禮視化的職能並重。隨著官學對讀書人的吸引力下降，其教學職能日益萎縮。大致在憲宗元和以後，州縣學已基本不再是教學實體，僅剩釋奠尊孔、行禮視化的職能證明自己的存在和價值。穆宗長慶以後，兩監也成爲舉子在京師的落腳處所，科舉的附屬物。

唐代官學發展前後反差之大，前不見於漢魏，後不見於宋迄明清。究其根本，在於唐代教育與貢舉的過渡性特徵。一方面，唐代士族殘餘尚有勢力，官學入學資格等級森嚴，學校不能向廣大庶民充分開放，自然也就不能像宋以後各朝那樣，將科舉與學校完全結合。另一方面，應運而生的鄉貢適應新形勢的需要，有自由報考的便利，又無出身和學歷的限制。唐前期錄取配額嚴重傾向官學生徒，科舉與學校事實上是結合在一起的，此時雖有鄉貢，但錄取者絕少，對讀書人吸引力不大。然而，一旦玄宗開元間因應現實之需，限制錄取總量，重新分配錄取配額，提升鄉貢的額度，學校與科舉就走向分離。從此，官學不僅不再是士子讀書入仕的最佳選擇，而且由於諸多限制和轉折，反而不如鄉貢有吸引力，官學生員遂大量向鄉貢流散，各級官學走向衰落也就在所難免。

第三章　唐代官學的教育資源
及其等級性

　　開元以前，官學興旺，省試錄取配額偏重於生徒，入官學讀書無疑是唐代士子求學的最佳選擇。開元十五年（727）「省司定限」以後，官學開始走向衰落，「膏粱之族，率以學校爲鄙事」，士子散處各類私學，入官學讀書不再令人豔羨，但官學並未廢棄，仍然爲部分讀書人提供習業場所。然而，官學依級別不同，入學資格等級森嚴，教育資源差異顯著，並非所有人都可隨意入學。那麼，哪些士子能進入官學讀書？他們通過什麼方式進入？官學有怎樣的教育資源？教育資源依官學級別的高低有何差別？哪些士子更能獲得官學的優質教育資源？什麼因素對士子獲得優質教育資源起關鍵作用？隨著時代的演變，官學的入學資格、教育資源又有何變化？官學教育資源對士子讀書入仕的意義，階層差別有多大？本章以唐代官學的教育資源爲研究對象，不擬全面探討官學制度和官學教育制度〔註1〕，擬通過上述問題，探討影響士子進入官學、獲得官學教育資源的關鍵因素及其時代性，探明不同級別官學教育資源的差異程度，以及這種差異導致的士子求學成效的階層與時代性差異，揭示政治資源佔有水平對士子佔有和獲得官學教育資源的意義及作用機制。

〔註 1〕 關於唐代官學教育制度，學界討論已經非常深入，成果豐厚，不論各種中國古代教育制度通史中的唐代部分，僅唐代教育專著就有劉海峰：《唐代教育與選舉制度綜論》，宋大川：《唐代教育體制研究》，韓鳳山：《唐宋官學制度研究》（吉林攝影出版社 2005 年版）。此外，高明士：《東亞教育圈形成史論》，吳宗國：《唐代科舉制度研究》，傅璇琮：《唐代科舉與文學》亦有專章探討唐代官學的發展及嬗變。至於從個方面論述唐代官學具體情況的單篇論文，則更是難以計數，此不贅列。

第一節　官學的入學資格及其等級性

　　唐代各級官學的差別，主要不在學業的深淺，而在於學生入學資格的高低〔註2〕，入學資格高者地位亦高，兩館高於國子，國子高於太學、太學高於四門、四門高於州縣學。所謂入學資格，係指官學按級別高低不同，依員闕補充學生，對學生家庭出身、入學年齡等方面的限制。本節擬考察官學對出身限制、法定員額、入學年齡、修業年限等方面的具體要求，以及這些要求隨著時代變化的基本軌迹；探討不同階層士子補入官學的方式及其難易程度，以及難易轉化的時代軌迹；探明影響士子進入不同級別官學的資源背景及其作用機制。

一、官學入學資格的等級限制

　　關於唐代京師國學入學的等級要求，《唐六典》卷21《國子監》、《通典》卷53《禮十三·大學》、《舊唐書》卷44《職官三·國子監》、《新唐書》卷48《職官三·國子監》均有記載，《新唐書》卷44《選舉志上》綜合諸書內容，最爲集中和簡潔，茲迻錄之：

> 國子學，生三百人，以文武三品以上子孫若從二品以上曾孫及勳官二品、縣公、京官四品帶三品勳封之子爲之；太學，生五百人，以五品以上子孫、職事官五品期親若三品曾孫及勳官三品以上有封之子爲之；四門學，生千三百人，其五百人以勳官三品以上無封、四品有封及文武七品以上子爲之，八百人以庶人之俊異者爲之；……門下省有弘文館，生三十人；東宮有崇文館，生二十人。以皇緦麻以上親，皇太后、皇后大功以上親，宰相及散官一品、功臣身食實封者、京官職事從三品、中書黃門侍郎之子爲之。

以上爲兩館、國子三學入學資格的要求。律學、書學、算學屬技術性學校，學生不以進士、明經爲目標，本書不擬討論，故未迻錄。關於崇玄館與廣文館，同書同卷：

> （開元）二十九年，始置崇玄學，習《老子》、《莊子》、《文子》、《列子》，亦曰道舉。其生，京、都各百人，諸州無常員。官秩、蔭

〔註2〕按貞元以前的鄉學亦屬官學，進行基礎性教育，目前沒有資料表明鄉學對入學有什麼特別的要求，有關鄉學的情況已見本書第二章第三節，本章所論不包括鄉學。

第同國子，舉送、課試如明經〔註3〕。天寶九載，置廣文館於國學，
以領生徒爲進士者〔註4〕。

據之，兩館爲貴族學校，只有皇室和皇后、皇太后的近親，宰相、功臣及三
品以上高官的兒子，才有入學的資格；國學、太學則只有三品、五品以上子
孫，或從二品、三品以上曾孫，或勳官三品以上子，才有入學資格；崇玄學
官階、門蔭與國子學同；四門學則允許七品以上、勳官四品以上子入學，以
上各學均對入學學生家庭的官階、門蔭有明確而嚴格的要求，非廣義士族子
弟不能入學。國學中對學生家庭官階、門蔭沒有要求，對庶民士子開放者，
只有四門俊士及廣文館，以及不受重視的專科學校律學、書學、算學。

　　州縣學則對大部分庶民開放，《通典》卷53《禮十三‧大學》載：

　　　　四曰律學，生徒五十人；（原注：以八品九品子孫及庶人之習法
　　　　令者爲之。）……州縣生徒有差。（原注：州縣學生門蔭與律、書、
　　　　算學同。）

據之，文武八品、九品以上子孫及庶人，依令皆可入州縣學讀書。州郡亦有
崇玄學，「無常員」〔註5〕，入學資格當與州學同。值得注意的是，唐代「凡
習學文武者爲士」〔註6〕，但「工商之家不得預於士」，庶人中的工商子弟依
律令不能入各級官學習業。而且，唐代商人也視此爲當然，登州商人馬行餘
就曾說「熟詩書明禮律者，其唯士大夫乎，非小人之事也」〔註7〕。因此，所
謂四門俊士、廣文館、州縣學對庶民開放，僅限於士、農階層。

　　至於具體實施時是否完全按照這些律令執行，限於史料，唐代前期情況
不得而知。既然此時官學興旺，士子群趨，申請補入者眾，估計其執行是比
較嚴格的。唐中葉以後，官學衰落，數不充員成爲各級官學的常態，故管理
機構對入學資格的要求事實降低，並不嚴格按律令規定執行。韓愈《請復國
子監生活狀》：

　　　　國家典章，崇重庠序，近日趨競，未復本源。至使公卿子孫，

〔註3〕《唐會要》卷50《尊崇道教》略同，第866頁。
〔註4〕參《唐摭言》卷1《廣文》，第8頁；《舊唐書》卷9《玄宗本紀下》天寶九載
　　　條，第224頁。
〔註5〕《新唐書》卷44《選舉志上》，第1164頁。
〔註6〕《唐六典》卷3《尚書戶部‧郎中員外郎》，第74頁；《舊唐書》卷43《職官
　　　二‧戶部郎中員外郎》，第1825頁。
〔註7〕《雲溪友議》卷上「夷君誚」條，《唐五代筆記小說大觀》，第1272頁。

恥遊太學；工商凡冗，或處上庠〔註8〕。

作於長慶元年（821），韓愈時爲國子祭酒，親歷其事，當爲實錄。據之，至少憲宗元和以來，即便是對入學資格有嚴格等級限制的太學，也已有部分工商子弟入學就讀。表明國學對士子入學的身份限制，已經放鬆很多。至於州縣學，本就對庶民士子開放，此時允許工商子弟入學也就不足爲怪。只是早在天寶十二載（753）前，州縣學已是「絕無舉人」〔註9〕，故所謂工商子弟入州縣學讀書，恐怕只限於理論上的推測，實際上已經很少有人願意入學讀書了。

二、官學的法定員額

唐代建國初期，即十分重視學校建設，武德初下令建立各級官學，並具體規定了其員額，《舊唐書》卷189上《儒林傳‧序》：

> 國子學置生七十二員，取三品已上子孫；太學置生一百四十員，取五品已上子孫；四門學生一百三十員，取七品已上子孫。上郡學置生六十員，中郡五十員，下郡四十員。上縣學並四十員，中縣三十員，下縣二十員。

此時尚屬戰爭時期，興學並非急務，故此興學令恐怕主要是一個重儒學的姿態。而且，由於讀書人絕少，此時國子三學招生，法定員額雖少，也很難滿員。至武德七年，唐高祖仍然興歎，「凋弊之餘，澆替日多，學徒尚少，經術未隆」〔註10〕，是爲明證。國學尚且如此，等而下之，州縣學恐怕更不能充員。

貞觀以後，各級官學迅速發展，極盛之時，國學招生數目曾達到八千餘人〔註11〕，各級官學法定員額較唐初均有擴充，《通典》卷53《禮十三‧大學》：

> 龍朔二年，東都置國子監、丞、主簿、錄事各一員，四門博士、助教、四門生三百員，俊士二百員。置弘文館於上臺，生徒三十人。置崇文館於東宮，生徒二十人。西京國子監領六學：一曰國子學，

〔註8〕屈守元、常思春主編：《韓愈全集校注》，四川大學出版社1996年版，第2443～2444頁。
〔註9〕《封氏聞見記》卷1《儒教》，第3頁。
〔註10〕《唐大詔令集》卷105《崇儒》載武德七年《置學官備釋奠禮詔》，第490頁。
〔註11〕按此數目包括屯營飛騎附學，以及周邊諸蕃，高麗、百濟、新羅、高昌、吐蕃諸國酋長子弟，爲非常時期的特殊情況，並非法定員額數。參《通典》卷53《禮十三‧大學》，第1468頁。

生徒三百人；二曰大學，生徒五百人；三曰四門學，生徒千三百人；
四曰律學，生徒五十人；五曰書學，生徒三十人；六曰算學，生徒
三十人。凡二千二百一十人。州縣生徒有差。（原注：京都八十員，
大都督、中都督府、上郡各六十員，下都督府、中郡各五十員，下
郡四十員，京縣五十員，上縣四十員，中縣三十員，下縣二十員也。）

參照勒成於開元二十六年（738）的《唐六典》卷 21《國子監》及卷 30《三
府督護州縣官吏》，所載各學員額俱同，可視爲開元末的法定員額〔註12〕。

又龍朔二年（662）東都置國子監時，唯有四門學，諸書所載與上引同。
惟《新唐書》卷 48《職官三‧國子監》於諸學下加注補載東都學生人數，極
易誤解爲龍朔二年東都國子監已六學俱全，並有相應的員額規定。其實注中
所補員額數皆爲元和二年（807），而非龍朔二年兩京國子各學的定額〔註13〕。

開元十五年（727）「省司定限」，國子各學錄取配額急劇下降，致使生徒
流散，官學日見衰敝。天寶後，「學校益廢，生徒離散」〔註14〕，官學數不充
員。適應當時現實，元和二年（807）定額兩京諸館學生總六百五十員，《新
唐書》卷 44《選舉志上》：

西京國子館生八十人，太學七十人，四門三百人，廣文六十人，
律館二十人，書、算館各十人；東都國子館十人，太學十五人，四
門五十人，廣文十人，律館十人，書館三人，算館二人而已。〔註15〕

然而，此法定員額其實也很難滿員。前引韓愈《請復國子監生活狀》云：「其
廚糧度支，先給二百七十四人，今請準新補人數，量加支給。」表明長慶元
年（821）國子各學實際在校學生數目遠沒達到法定額。至於州縣學，貞元以

〔註12〕 參閱《舊唐書》卷 44《職官三‧國子監》、同卷《職官三‧州縣官員》，《新唐
書》卷 44《選舉志上》。
〔註13〕 按宋大川《唐代教育體制研究》即據《新唐書》卷 48 所載，云「龍朔二年，
唐高宗定國子監學生員額，國子學八十人，太學七十人，四門學三百人，……
將唐高宗龍朔學制與唐太宗貞觀學制相比，我們發現高宗時的中央國子監學
生人數大大低於貞觀時期」（第 65 頁），進而推導出「龍朔二年，唐朝財政吃
緊，李治一反其父大行儒學之道，極力壓縮教育規模，致使許多博學鴻儒回
到了鄉間，國子監各校學生也從貞觀時的三千多人減至爲五百餘人」的結論
（第 136 頁），誤。又按：東都國子監何時始六學俱全已不可考，故後表列國
子各學法定員額時，僅在元和二年一欄有東都國子、太學的具體員額。
〔註14〕 《新唐書》卷 44《選舉志上》，第 1165 頁。
〔註15〕 按《新唐書》不繫年，其事又見於《唐摭言》卷 1《西監》、《東監》兩條，繫
於元和二年。

後即非教學實體，保留一二學生和助教以備行禮之需乃爲其常態，已見前考，故諸書均不載其員額。

此外，《通典》卷 15《選舉三》又載開元末各級官學總員額：

> 弘文、崇文館學生五十員，國子、太學、四門、律、書、算凡二千二百一十員，州縣學生六萬七百一十員；兩京崇玄館學生二百員，諸州學不計。

也就是說，假定開元末所有官學滿員，不計各種技術性學校如太史曆生、天文生、太醫諸生、太卜諸生等的員闕，全國各級官學大致可以爲讀書人提供的絕對員闕數在六萬三千左右。

爲清眉目，茲據上述，列《唐代各級官學法定員額表》：

學校 ＼ 員額	唐初數目（人）	開元二十九年數目（人）	元和二年數目（人）
弘文館		30	
崇文館		20	
國子學	72	300	80
東都國子學			10
太學	140	500	74
東都太學			15
四門學	130	1300	300
東都四門學		500	50
崇玄館		100	
東都崇玄館		100	
廣文館			60
東都廣文館			10
京都學		70	
大都督府、中都督府、上郡學	60	60	
下都督府、中郡、京縣學	50	50	
下郡、上縣學	40	40	

中縣學	30	30	
下縣學	20	20	
總計		63060	

備註：因律、書、算三學不在本書討論範圍內，故上表未列其法定員額，總計中亦未
　　　將其員額計算在內。

三、學生的入學年齡及修業年限

　　無論國學還是州縣學，學生入學皆有年齡限制，「凡生，限年十四以上，
十九以下；律學十八以上，二十五以下」﹝註16﹞，如衛子奇「十歲能屬文，
十五入太學」﹝註17﹞，趙夏日「八歲善屬文，十八入大學，才名冠諸生，弱
冠以進士擢第」﹝註18﹞，李魚「九歲通周易，十歲明禮，十三精史漢，十五
能屬文，十七補國子生」﹝註19﹞。

　　但所定只是法定年齡，具體實施時恐怕會有變通，或低於或高於此限者
皆有。現存資料所見，尤以低於法定年齡入學者為多，如高宗儀鳳年間，崔
泰之「年十有二，遊昭文館對策高第」﹝註20﹞，崔孝昌「年甫十三，以門子
補修文生，明經上第」﹝註21﹞；開元間，蕭直「十三遊太學，十七舉明經上
第」﹝註22﹞，蕭穎士「四歲屬文，十歲補太學生」﹝註23﹞；天寶四載（745），
陳諸「年八歲，弘文館明經擢第」﹝註24﹞；永貞元年（805），渾侃「九歲由
弘文生擢孝廉第」﹝註25﹞；長慶間，田在下「九歲入大學」﹝註26﹞。高於法
定年齡入學者則較少見，筆者僅檢得李元軌一例，龍朔元年（661），元軌「年
廿四，補國子生」，次年進士及第﹝註27﹞。國學這種入學低齡化的情形反映了

﹝註16﹞《新唐書》卷44《選舉志上》，第1160頁。又參《通典》卷53《禮十三·大
　　　　學》，第1468頁。
﹝註17﹞《唐代墓誌彙編續集》開元100《衛府君（子奇）墓誌銘并序》，第523頁。
﹝註18﹞《唐代墓誌彙編》開元344《趙公（夏日）墓誌銘并序》，第1277頁。
﹝註19﹞《唐代墓誌彙編》開元113《李夫子（魚）銘并序》，第1232頁。
﹝註20﹞《唐代墓誌彙編》開元174《崔公（泰之）墓誌銘并序》，第1277頁。
﹝註21﹞《唐代墓誌彙編》太極003《崔府君（孝昌）墓誌銘并序》，第1137頁。
﹝註22﹞《全唐文》卷392獨孤及《蕭公（直）墓誌銘》，第3989頁。
﹝註23﹞《新唐書》卷202《蕭穎士傳》，第5767頁。
﹝註24﹞《唐代墓誌彙編》貞元064《陳府君（諸）墓誌銘并序》，第1883頁。
﹝註25﹞《全唐文》卷792路岩《渾公（侃）神道碑》，第8296頁。
﹝註26﹞《唐代墓誌彙編》會昌043《田府君（在下）墓誌銘并序》，第2242頁。
﹝註27﹞《唐代墓誌彙編》永淳009《李君（元軌）墓誌銘并序》，第690頁。

一個事實：士族家庭佔有的各種資源尤其教育資源較優，故子弟例早開蒙，常以低於法定的年齡入官學讀書，以便早日科舉及第入仕。

至於州縣學，入學要求沒國學嚴格，相信突破法定年齡入學者當不在少數。由於庶民士子一般開蒙較晚，且各種資源的佔有水平較差，恐怕以高於法定年齡入學者爲多，惜乎缺乏例證，僅檢得一例，亦事在隋代，僅作參考。邢弁，「河間人，秀才邢子才之後也。……年廿任州學生」〔註28〕，按邢弁貞觀八年（634）卒，年六十五，故其年二十入州學讀書，在隋文帝開皇九年（589）。

唐代官學爲了防止部分學生空占員闕而不修業，又規定了學生的修業年限。《唐六典》卷21《國子監・丞》述國子丞職責：「凡六學生有不率師教者，則舉而免之。其頻三年下第，九年在學及律生六年無成者，亦如之。」可知至少在開元二十六年（738）以前，國子各學學生的修業年限，除律生爲六年外，最長均爲九年。但如果學生有「不率師教」和「頻三年下第」兩種情形之任一種，國子丞有權隨時解退之。所謂「不率師教」，即舉止失禮、行爲不端、不尊師重教之類。所謂「頻三年下第」具體何指，則須求諸更詳細具體的記載。

> 《唐摭言》卷 1《兩監》：「每年國子監所管學生，國監試；州縣學生，當州試。並藝業優長者爲試官，仍長官監試。其試者通計一年所授之業，口問大義十條。得八已上爲上，得六已上爲中，得五已下爲下。類三不及，在學九年。（原注：律生六年不任貢舉者，並解退。其從縣向州者，數下第，並須通計；服闕重任者不在計限。）」
> 〔註29〕
> 《新唐書》卷44《選舉志上》：「歲終，通一年之業，口問大義十條，通八爲上，六爲中，五爲下。並三下與在學九歲、律生六歲不堪貢者罷歸。」

按「頻」，有屢、連續之義，「頻三年下第」，下文引冊府「頻經五年」之「頻」，皆同；「並」，有並列、一起之義；「類」有象、似之義。故所謂「頻三年下第」、「類三不及」、「並三下」者，指每年歲終各級官學內部考試，口問大義十條，合計有三年得五以下爲下第者。

然而，開元以前，一則國學生徒及第較爲容易，二則門蔭一途仍受重視，

〔註28〕《唐代墓誌彙編》貞觀 040《邢君（弁）墓誌銘》，第 34 頁。
〔註29〕《唐會要》卷 35《學校》所載略同，惟缺「類三不及」一句，第 634 頁。

高官子弟業成即以門蔭出仕者多，故以上修業年限在實施中似乎意義不大。由於進士只需試一經，參加明經試者則通常試兩經〔註30〕，「每歲，其生有能通兩經已上求出仕者，則上於監；堪秀才、進士者亦如之」〔註31〕，而律令並不限制學生提前修完諸經。因此，學生往往是學有所成後，當年補入國學即兼修二經，然後內部考試合格，求出仕或參加省試。如高宗朝，王易從「八歲工詞賦，十五讀典墳，十八歷涉代史，十九初遊太學，二十升甲科」〔註32〕；又，崔曉「年始登十，而黃門郎齊璿長己倍之，與公同受春秋三傳於成都講肄。公日誦數千言，有疑問異旨不能斷者，公輒爲之辯精，齊氏之子未嘗不北面焉」，「歲十有八，以門冑齒太學。明年，精春秋左氏傳登科」〔註33〕；李元軌「年廿四，補國子生」，次年進士及第〔註34〕。皆是早已學有所成，當年入學，次年及第，對他們而言，所謂修業年限，其實徒具形式。

　　唐中葉後，一方面門蔭出身遷轉較難，不受重視，高官子弟大多不情願從此途入仕。另一方面，官學生徒及第轉艱，在修業年限內順利及第入仕較難，故利用各種辦法延長修業年限的學生增多，最長九年的規定實際放寬。憲宗元和元年（806），國子祭酒馮伉上《科處應解補學生奏》，《冊府元龜》卷604《學校部·奏議第三》：

> 　　國家崇儒，本於勤學，既居庠序，宜在交修。其有藝業不勤，遊處非類，樗蒱六博，酗酒喧爭，凌慢有司，不修法度，有一於此，並請解退。又有文章、帖義，不及格限，頻經五年，不堪申送者，亦請解退。……又準格，九年不及第者，即出監。聞比來多改名卻入。起今以後，如有此類，請退送法司，準式科處。敕旨，從之。
> 〔註35〕

規定特殊情況下的解退條件：一爲言行舉止不端者，與《唐六典》「不率師教」大體一致，只是表述更爲明確具體；二爲學業不合格者，較《唐六典》「頻三年下第」的規定已大爲放寬，變爲「頻經五年」不及格限者。其中對修業年

〔註30〕《唐六典》卷2《尚書吏部·考功員外郎》，第45頁。
〔註31〕《唐六典》卷21《國子監·國子博士》，第559～560頁。按此條僅列秀才、進士，不見明經，疑有脫文。
〔註32〕《全唐文》卷258蘇頲《王公（易從）神道碑》，第2618頁。
〔註33〕《唐代墓誌彙編》大曆062《崔公（曉）墓誌》，第1802頁。
〔註34〕《唐代墓誌彙編》永淳009《李君（元軌）墓誌銘并序》，第690頁。
〔註35〕又參《唐會要》卷66《東都國子監》，第1159頁；《全唐文》卷438，第4472頁。

限最長九年的重申，則因學生期滿解退後「多改名卻入」，表明具體執行時，這一最長年限已形同虛設。韓愈《太學生何蕃傳》：

> 太學生何蕃入太學者廿餘年矣。歲舉進士，學成行尊，自太學諸生推頌，不敢與蕃齒，相與言於助教、博士，助教、博士以狀申於司業、祭酒，司業、祭酒撰次蕃之群行焯者數十餘事，以之陞於禮部，而以聞於天子。京師諸生以薦蕃名文說者，不可選紀。公卿大夫知蕃者比肩立，莫爲禮部；爲禮部者，率蕃所不合者：以是無成功。〔註36〕

此文作於貞元十五年（799），何蕃在校既有二十餘年之久，則其初入太學至少在大曆十四年（779）前。何蕃是通過何種途徑，是否以「改名卻入」的方式突破九年修業年限，既無從稽考，亦非關鍵。要之，國學學生的修業年限早在大曆貞元間即已放寬，是爲事實。

四、官學的補充及其等級性

　　唐代各級官學既有家庭出身、法定員額、入學年齡、修業年限的具體規定，士子自然須在符合相關規定的前提下，經過一定的程序，方可補入相應級別的官學讀書。

　　官學學生有闕則補，由專門機構負責，「國子監所管學生，尚書省補，祭酒統焉；州縣學生，州縣長官補，長史主焉」〔註37〕，弘文、崇文二館生亦由尚書省補〔註38〕，具體由禮部員外郎負責〔註39〕。

　　官學生員補署的原則。《唐會要》卷77《弘文崇文生舉》載貞元四年（788）正月敕：

> 應補宏文崇文學生，員闕至少，請補者多，就中商量，須有先後。伏請準建中三年十一月敕，先補皇緦麻已上親，及次宰輔子孫，仍於同類之內，所用蔭，先盡門地清華，履歷要近者，其餘據官蔭

〔註36〕《韓愈全集校注》，第1355頁。
〔註37〕《新唐書》卷44《選舉志上》，第1160頁。又參《通典》卷53《禮十三·大學》，第1468頁；《唐會要》卷35《學校》，第634頁；《唐摭言》卷1《兩監》，第6頁。
〔註38〕《通典》卷53《禮十三·大學》，第1468頁。
〔註39〕據《舊唐書》卷154《許孟容傳》、《舊唐書》卷158《韋貫之傳》，二人任禮部員外郎時，都曾經拒絕出身不合格令者請補二館生的要求，可見二館生的補署具體由禮部員外郎負責。

高下類例處分。

據之，弘文、崇文生的補充原則：先皇族、次宰相子孫；同等官階者，則依「先盡門地清華，履歷要近者」的原則選補。由以上二館生的補充原則，可知唐代官學的補充，貫徹的是既照顧舊門閥殘餘勢力，又有意向當代冠冕傾斜的主要精神。若無例外，這種依家庭官階高低，先高后低，同階者則以清、要、近者爲先的補充原則，應該適用於所有官學。

國學生員補署的具體流程。長慶二年（822）國子祭酒韋乾度上奏：

> 當監四館學生，每年有及第闕員，其四方有請補學生人，並不曾先於監司陳狀，便自投名禮部，計會補署。監司因循日久，官吏都不簡舉，但準禮部關牒收管，有乖大學引進之路。臣忝守官，請起今以後，應四館有闕，其每年請補學生者，須先經監司陳狀，請替某人闕。監司則先考試通牒，然後具姓名申禮部，仍稱堪充學生。如無監司解申，請不在收管之限。舊例，每給付廚、房，動多喧競。請起今以後，當監進士、明經等，待補署畢，關牒到監司，則重考試。〔註40〕

奏文中所謂當監四館，指國子、太學、四門（僅有四門生，不含已於天寶十二載廢止的四門俊士）、廣文四館。據之，長慶二年（822）前，國子四館的補充流程爲：每年春試過後，請補學生先投名禮部（開元二十四年前爲吏部考功），禮部則據兩監闕員數，量爲差補，關牒監司。監司但準禮部關牒收管候補學生，待重新考試後，以成績高低給廚給房〔註41〕。也就是說，當時國子監生員入學無須考試，僅依資蔭、員闕補署。弘文、崇文二館生的補充亦由尚書省負責，其補充流程當與國子監四館大同小異，只是二館爲貴族學校，員闕少，請補者多，故補充時對出身要求尤爲嚴格〔註42〕。

〔註40〕《唐會要》卷 66《東都國子監》，第 1160 頁。按此條又見於《冊府元龜》卷 604《學校部・奏議三》，惟「官吏都不簡舉」句，傳本冊府及宋本冊府皆作「官吏都簡舉」，漏一「不」字。

〔註41〕元和元年（806）國子祭酒馮伉亦曾云「其禮部所補學生，到日亦請準格帖試，然後給廚」。見《冊府元龜》卷 604《學校部・奏議三》，第 7253 頁；《唐會要》卷 66《東都國子監》，第 1160 頁。

〔註42〕《舊唐書》卷 154《許孟容傳》：許孟容爲禮部員外郎，「有公主之子，請補弘文、崇文館諸生，孟容舉令式不許。」《舊唐書》卷 158《韋貫之傳》：韋貫之爲禮部員外郎，「新羅人金忠義以機巧進，至少府監，蔭其子爲兩館生，貫之持其籍不與，曰：『工商之子不當仕。』忠義以藝通權倖，爲請者非一，貫之

　　韋乾度的奏請得到穆宗皇帝的首肯,「敕旨宜依」。此奏如果付諸實施,原來的補署流程,即禮部依資蔭、員闕直接補署,監司僅負責收管,將因而變成監司依員闕考試選補,申名禮部,禮部僅需簽署即可。這是否即意味著唐代國學生員的補充原則自此發生重大變化,由原來的依資蔭直接補署,變成依入學考試的成績選補?

　　韋乾度前任韓愈曾在長慶元年(821)上《請復國子監生活狀》。據之,入學不用考試的長慶元年,國子各學實際在校學生也僅 274 人,遠沒達到法定額的 650 人,故韓愈狀請降低國子監各學補署的資蔭標準,以維持國學的規模。長慶二年(822)韋乾度繼任國子祭酒,即便韓愈降低國學入學標準的請求即刻生效,國學生員因而有一定幅度的增加,也不至於達到必須以考試來限制入學規模的程度。他此時提出上述改革建議,是否有其他隱情,已無從稽考;穆宗皇帝敕旨「宜」依,至於「依」否,即韋乾度的建議是否以詔敕制令頒行並「永爲常式」,資料闕如。可以做出合理推測的是,韋乾度的建議明顯缺乏實際依據,付諸實踐的可能性幾乎爲零。況且,如此重大的改革舉措如果付諸實施,文獻中居然毫無痕迹可尋,也確實讓人難以置信。

　　總之,長慶以前,兩館和國子監生的補充純依家庭出身,合格者入,清、要、近者先,不用考試。高一級學校員闕用完,則往下一級學校遞補,換言之,只要本人願意,憑出身可入二館者,若當年因無闕不能補入,則可優先補入國子學,其餘依次類推。長慶二年以後,雖然韋乾度曾奏請以考試選補國學生員,並得到穆宗皇帝的首肯,但似乎並未付諸實施。

　　值得注意的是,以上原則和流程並不完全適用於所有官學生員的補署。四門俊士無資蔭限制,要求選補者極多,但員闕有限,故其補充另有法度,是以考試選拔四門俊士,已見前考。

　　州縣學亦無資蔭限制,既招收八、九品官員子弟,又「取郭下縣人替」〔註43〕,對庶民開放。對前者的收補,其原則當與國學一致,以出身爲依憑,合格者入,要、近者先,不用考試。至於後者,既然沒有明確具操作性的補充原則可依憑,而候補數量又極爲龐大,估計只能與四門俊士一樣,以考試定去留。

　　　持之愈堅。」一個是公主之子,一個是幸臣之子,皆被拒之於兩館門外,可見二館對出身要求之嚴格。參閱傅璇琮《唐代科舉與文學》第十六章《學校與科舉》,第 478~480 頁。
〔註43〕《唐摭言》卷 1《兩監》,第 6 頁。

　　據上述官學的補充原則和具體流程，可知影響士子入學最爲關鍵的兩個因素，一是士子的出身，二是學校的員闕。前述以開元末爲例作靜態推算的結果，各級官學可以提供的員闕總數爲 63000 人左右，對應於唐代內外官吏 18805 員的總數〔註44〕，假定當年所有官僚家庭均有一名子弟需要入學讀書，大致而言，官學基本可以滿足各級官僚子弟入學的需求。因此，當開元以前官學興盛之時，官僚子弟主要關心的，是如何進入更高級別的官學，而非能否進入官學讀書。庶民士子既不能憑出身自然補入官學，他們關心的，則是如何通過考試爭取到有限的官學入學資格，最好的結果當然是入四門學充俊士。唐代不同階層士子獲取官學教育資源的難易程度及其階層差別，由此可窺其一斑。

　　開元以前，庶民士子補入官學之難在現存出土墓誌中得到間接印證。如邢弁，河間人，「秀才邢子才之後也。……年廿任州學生；年卅五任郡司功」，貞觀八年（634）卒〔註45〕。邢弁是否出自唐初尚屬中等士族的河間邢氏，已難考知。其父既爲秀才，則邢弁至少應是出自士民階層。陳則，相州鄴縣人，祖仕隋爲虢州弘農縣令，父入唐爲滑州白馬縣功曹，「（則）年十八，任相州學生。……年廿一，州貢入京」，麟德二年（665）卒，年卅九，入州學在貞觀十八年（644）〔註46〕。陳泰，潁川人，「曾祖逸，祖暉，父方，並傳以仁義，富以詩書，……君惟良構，乃胤崇基，年甫弱冠，補州學生」，神龍二年（706）卒，年七十二，入州學在永徽五年（654）〔註47〕。張安吉，西州高昌人，父祖不詳，總章二年（669）以州學生卒，年廿一，墓誌題爲「□州學生張安吉」〔註48〕。據上引，無論墓主出自小姓還是庶民階層，其後人皆對先人能入州學讀書頗感自豪，故在誌文中特意標出「州學生」的履歷，這就從一個側面反映了唐前期庶民士子對入官學讀書的重視，間接印證了他們補入官學讀書之艱難。

　　總之，唐政府擡高官學入學門檻，又森嚴其等級，目的無外乎一個，即盡可能滿足新舊統治階層子弟的求學要求，引導他們習業講藝，紹襲家風，

〔註44〕《通典》卷19《職官一》，第 481 頁。
〔註45〕《唐代墓誌彙編》貞觀 040《邢君（弁）墓誌銘》，第 34 頁。按邢弁入州學雖在隋文帝開皇九年（589），但墓誌撰就於貞觀八年，反映的是貞觀時期的觀念，故亦不乏參考價值。
〔註46〕《唐代墓誌彙編續集》上元 025《陳君（則）墓誌銘序》，第 226 頁。
〔註47〕《唐代墓誌彙編》神龍 043《陳君（泰）墓誌銘並序》，第 1071 頁。
〔註48〕《唐代墓誌彙編續集》總章 007《□州學生張安吉墓誌並序》，第 176 頁。

是魏晉以來士族殘餘勢力之餘韻在教育和貢舉制度上的反映。因此之故，官學不僅集中了諸多私學不可比擬的優質教育資源，而且依級別高低不同而差異顯著。

第二節　官學的教育資源及其層級差異

　　唐代不同級別的官學，同種教育資源的質量差別較大，級別越高，優勢資源則越集中，本節主要圍繞對學生求學成效影響較大的教師資源、習業環境兩個方面進行討論，考察不同級別的官學在教育資源佔有上的具體差異，以及這種差異隨時間推移而變化的軌迹。

一、教師資源的層級差異

　　唐代依官學級別不同，其學官品秩高下有別。弘文、崇文二館有學士、直學士，掌詳正圖籍，教授生徒。學士無定員，自貞觀以來，皆簡選賢良之士爲之，五品以上爲學士，六品以下爲直學士，皆以他官兼任〔註49〕。

　　國子博士二人，正五品上；助教二人，從六品上。太學博士三人，正六品上；助教三人，從七品上。四門博士三人，正七品上；助教三人，從八品上〔註50〕。兩京崇玄博士、助教各一人，品秩不詳，估計與國子同〔註51〕。廣文館博士、助教各一人，品秩同太學〔註52〕。

　　至於州（府）縣學教師，據《唐六典》卷30《三府督護州縣官吏》，京兆、河南、太原三府、大都督府置經學博士一人，從八品上，助教二人；中都督府、上州置經學博士一人，從八品下，助教二人；下都督府置經學博士一人，從八品下，助教一人；中州置經學博士一人，正九品上，助教一人；下州置經學博士一人，正九品下，助教一人；縣學則無論高低，均各置博士、助教一人，皆無品秩。可見，州縣學教師中，除州（府）學博士有較低的級別不同的品秩外，州學助教和縣學博士、助教，皆無品秩。

〔註49〕　參閱《唐六典》卷8《弘文館學士》，第254頁；同書卷16《崇文館》，第665頁。
〔註50〕　《唐六典》卷21《國子監》，第559～560頁。
〔註51〕　《資治通鑑》卷215玄宗天寶五載（746）四月條，第6871頁。按《通鑑》將崇玄館建立時間載爲開元二十五年，「五」、「九」形似，當爲二十九年之誤。又，諸書不載崇玄博士、助教品秩，既然學生入學出身要求等同國子，推測其教師品秩亦與國子同。
〔註52〕　《舊唐書》卷24《禮儀志四》，第921頁；《唐會要》卷66《廣文館》，第1163頁。

　　各級學官的補署依唐代官吏任免之通則。二館學官因帶學士銜，故其補署俱由中書門下，或制授，或敕授，不一而足；國學博士、助教和州（府）學博士依其品秩，五品以上由中書門下制授，六品以下則由吏部旨授〔註53〕。州（府）學助教和縣學博士、助教，雖爲學官，但無品秩，故不由吏部補署，皆由州府自任〔註54〕。

　　各級學官品秩既有高下，補署亦有差別，其構成的多元和教學水平的差異自然也較明顯。

　　弘文、崇文二館學官的選任要求很高。如景龍二年（708）四月，弘文館「徵攻文之士以充之」，「二十三日，敕中書令李嶠、兵部尚書宗楚客，並爲大學士。二十五日，敕秘書監劉憲，中書侍郎崔湜，吏部侍郎岑羲，太常卿鄭愔，給事中李适，中書舍人盧藏用、李乂，太子中舍劉子玄，並爲學士。五月五日，敕吏部侍郎薛稷、考功員外郎馬懷素、戶部員外郎宋之問、起居舍人武平一、國子主簿杜審言，並爲直學士。十月四日，兵部侍郎趙彥昭、給事中蘇頲、起居郎沈佺期，並爲學士」〔註55〕。又，永隆二年（681），皇太子表請博延耆碩英髦之士爲崇文館學士，薛元超表薦「鄭祖元、鄧元挺、楊炯、崔融等並爲崇文學士」〔註56〕。再檢《舊唐書・儒學傳》，曾任二館者有：許淹、歐陽詢、朱子奢、李玄植、蓋文達、谷那律、蕭德言、許叔牙、許儒、劉伯莊、秦景通、邢文偉、高子貢、路敬淳、王元感、祝欽明、柳沖、尹季良。據之，弘文館、崇文館所任學士、直學士，俱「攻文之士」、「耆碩英髦之士」，並爲碩學名重之輩。

　　國子監四學學官的選任要求亦較高。高宗永徽（650）元年補授儒官詔：「儒官員缺，即宜補授，其館博士助教，節級賜物，三館學士，有業科高第景行淳良者，所司簡試，俱以名聞」〔註57〕。又，穆宗長慶元年（821）敕文：「天下諸色人中，有能精通一經，堪爲師法者，委國子祭酒選擇，具以名聞，將加試用。」〔註58〕時任國子祭酒韓愈牒：「準今年敕文，委國子祭酒選擇有

〔註53〕詳考參王勳成：《唐代銓選與文學》第六章《冊授及其他》，中華書局2001年版，第191～195頁。
〔註54〕參閱《封氏聞見記校注》卷1《儒教》，第3頁；《新唐書》卷49下《百官四下》，第1314頁。
〔註55〕《唐會要》卷64《宏文館》，第1116頁。
〔註56〕《唐會要》卷64《崇文館》，第1118頁。
〔註57〕《冊府元龜》卷50《帝王部・崇儒術》，第558頁。
〔註58〕《全唐文》卷66穆宗《南郊改元德音》，第703頁。

經藝堪訓導生徒者，以充學官。……伏請非專通經傳，博涉墳史，及進士五
經諸色登科人，不以比擬。其新受官，上日必加研試，然後放上，以副聖朝
崇儒尙學之意」〔註59〕。據上，唐代國子監學官的選任，均注重學識上「專
通經傳，博涉墳史」，德行上「堪爲師法」兩個方面的考察，但唐前期的要求
顯然比後期更高，如學歷上雖然前、後期皆要求科舉及第，但三館生比「天
下諸色人」的要求爲高；德行上「景行淳良」的要求亦比「堪爲師法」爲嚴。
再檢《舊唐書·儒學傳》曾任四學學官者：徐文遠國子博士，陸德明國子博
士，朱子奢國子助教，賈公彥太學博士，蓋文達國子助教，文懿歷任國子助
教、博士，谷那律國子博士、劉伯莊歷任國子助教、博士，羅道琮太學博士、
高子貢國子助教，尹知章國子博士，陸質國子博士，並爲一時之博學鴻儒。
可見，上述學官選任之條件，並非具文。當然，具體到某一階段，學官的選
任也並非嚴格按要求執行，如「武后稱制，以權道臨下，不吝官爵，取悅當
時。其國子祭酒，多授諸王及駙馬都尉」，「至於博士、助教，唯有學官之名，
多非儒雅之實」〔註60〕。上引韓愈牒文中亦提及當時國子監學官任命之弊，「近
年吏部所注，多循資敘，不考藝能，至令生徒不自勸勵」。但總體而言，正如
前述，唐前期官學興盛之時，國子監學官的選任還是比較注意學識和師範的
考量。

　　州縣學學官的選任依官學發展進程而有不同的變化。太宗、高宗朝官學
建設步入正軌後，多科舉正途出身解褐爲學官者，尤以明經居多。如錢元修，
「貞觀五年，策試通經，補長興縣博士」〔註61〕；畢粹，「貞觀五年，蒙召
預本州進士。一枝升第……其年（貞觀六年）遂授密州博士」〔註62〕；李諝，
「貞觀五年，以國子監明經舉策問高第，解巾蒙受常州博士」〔註63〕；賈玄
贊，「（貞觀）廿一年，以明經擢第，初任洛州博士」〔註64〕；劉壽，「麟德

〔註59〕韓愈《國子監論新注學官牒》，《韓愈全集校注》，第2446頁。又按《舊唐書》
　　　　卷149《歸崇敬傳》載：歸崇敬奏請改革學制，建議置五經博士，「所擇博士，
　　　　兼通《孝經》、《論語》，依憑章疏，講解分明，注引旁通，問十得九；兼德行
　　　　純潔，文詞雅正，儀形規範，可爲師表者」，但其建議因「習俗既久，重難改
　　　　作，其事不行」，故不予考慮。
〔註60〕《舊唐書》卷189上《儒學·序》，第4942頁。
〔註61〕《全唐文》卷897羅隱《錢氏大宗譜列傳·揚威將軍錢公（元修）列傳》，第
　　　　9367頁。
〔註62〕《全唐文補遺》第3輯《畢君（粹）墓誌銘並序》，第427頁。
〔註63〕《唐代墓誌彙編》龍朔043《李府君（諝）墓誌銘》，第364頁。
〔註64〕《唐代墓誌彙編》垂拱007《賈府君（玄贊）殯記》，第732頁。

二年，三經應舉，射策擢第，授常州博士」〔註65〕；姚處賢，「弱冠（顯慶二年）以明經及第，解褐坊州博士」〔註66〕；許伯會，「舉孝廉。上元中，爲衡陽博士」〔註67〕。

大曆十四年（779）之前，「博士無吏職，惟主教授，多以醇儒處之，衣冠俊乂，恥居此任」；當年改博士爲文學，文學的職責更多的是教育行政管理，既有「吏職」，且品秩與參軍同〔註68〕，故爲世所重之新及第進士釋褐亦有任學官者。如建中三年，柳宗元叔父某「自進士登高第，調授河南府文學」〔註69〕；貞元四年，盧璠「舉進士上第，補西府文學」〔註70〕；張季友貞元八年進士，「選爲河南府文學」〔註71〕；李逢貞元十四年進士，後補京兆府文學〔註72〕。以上四人任學官俱在德宗建中、貞元年間，其職責主要是「考試貢舉」而非教學〔註73〕。

唐初武德間官學初興，及安史亂後官學衰敗之時，學官的選任多無章法可循，各種未應舉或未及第但通經善文的士子亦任學官，多臨時委置。如武德中，馬周「少孤貧好學，尤精詩傳」，補博州助教〔註74〕；大曆九年，王綱爲崑山令，「以邑人沈嗣宗躬履經學，俾爲博士」〔註75〕；獨孤及大曆中爲常州刺史，「俾儒者陳生，……於郡學之中，率先講授」〔註76〕；韓愈元和十四年（819）爲潮州刺史，表稱趙德「沉雅專靜，頗通經，有文章，……請攝海陽縣尉，爲衙推官，專勾當州學，以督生徒」〔註77〕。

〔註65〕《全唐文補遺》第4輯《劉府君（壽）墓誌銘並序》，第394頁。
〔註66〕《唐代墓誌彙編》長安071《姚府君（處賢）墓誌銘並序》，第1041頁。詳見《登科記考補正》，第51頁。
〔註67〕《新唐書》卷195《孝友·許伯會傳》，第5583頁。
〔註68〕《封氏聞見記校注》卷1《儒教》，第3頁。
〔註69〕《柳宗元集》卷12《故叔父殿中侍御史府君墓版文》，第317頁。詳考見本書第二章第一節。
〔註70〕《唐代墓誌彙編》元和131《盧公（璠）墓誌銘並序》，第2042頁。詳見《登科記考補正》，第514頁。
〔註71〕韓愈《張府君（季友）墓誌銘》，《韓愈全集校注》，第2082頁。按張季友與韓愈同年（貞元八年）進士。
〔註72〕《全唐文》卷631呂溫《祭座主故兵部尚書顧公文》，第6370頁。按李逢與呂溫同年（貞元十四）進士。
〔註73〕《封氏聞見記校注》卷1《儒教》，第3頁。
〔註74〕《舊唐書》卷74《馬周傳》，第2612頁。
〔註75〕《全唐文》卷519梁肅《崑山縣學記》，第5275頁。
〔註76〕《全唐文》卷518梁肅《陪獨孤常州觀講論語序》，第5270頁。
〔註77〕韓愈《潮州請置鄉校牒》，《韓愈全集校注》，第2312頁。按潮州屬下州，自

　　唐後期，州縣學教師的選任更爲隨意，通儒僧侶亦有任學官者。如元和九年（814）薛伯高出爲道州刺史，重修孔廟以弘揚儒學，「於是《春秋》師晉陵蔣堅、《易》師沙門凝鞏、助教某、學生某等來告，願刻金石，明夫子之道及公之勤」〔註78〕。按道州屬中州，元和六年（811）廢中、下州文學，故此處不言文學而言經師，但唐代州博士均爲一員，疑蔣堅爲正員，沙門凝鞏由薛伯高臨時委置，不確，存此俟考。又，宣宗朝「敦煌管內釋門都監察僧正兼州學博士僧慧苑……領生徒坐於學校，貴服色舉以臨壇，若非出群之材，豈獲兼榮之授，勉宏兩教，用化新邦」〔註79〕，敦煌雖佛教發達，寺院中多有講習儒經之寺學〔註80〕，但僧慧苑任州學博士的情況亦屬鮮有，故以蘇軾之博識，《東坡志林》卷2《道釋・僧正兼州博士》亦僅列此一條〔註81〕。

　　如所周知，能勝任教職者，首先得有一定的專業文化知識和教育教學技能。此外，由於教職的特殊性，一般情況下，資歷高閱歷豐富者，教育經驗更豐富，教育水平更高，官學教育主要以內容艱深的儒家經典爲主，資歷和閱歷就顯得尤爲重要。有鑒於此，由學官的選任，大致可以推知不同級別官學學官的教學水平差異。

　　正如前述，州縣學學官的構成可謂林林種種，有僧侶，有非科舉正途者，一般而言，他們的經史、文學修養不會比科舉正途出身者更高。至於那些明經、進士出身者，州縣學學官乃是他們釋褐之首任，相信有知識而無教學經驗者居多。而任職國子監、二館學官者，多碩學名重之輩、「耆碩英髦之士」，較之州縣學學官，他們資歷更高，人生閱歷更豐富，教育經驗更老練，教學水平自然也就勝人一籌。此其一。

　　貞元時任四門助教的歐陽詹，曾感歎自己身爲閩人，京中無親朋以爲援引，遷轉甚難：

　　　　噫！四門助教，限以四考，格以五選，十年方易一官也。自茲

　　　　元和六年（811）廢中、下州文學（博士）後，已無州文學（博士）之設置，故韓愈特命趙德以縣尉、推官身份主持州學事務。
〔註78〕《柳宗元集》卷5《道州文宣王廟碑》，第120～122頁。
〔註79〕〔唐〕杜牧撰，陳允吉校點：《樊川文集》卷20《敦煌郡僧正慧苑除臨壇大德制》，上海古籍出版社1978年版，第305～306頁。
〔註80〕嚴耕望：《唐人習業山林寺院之風尚》，《嚴耕望史學論文選集》，中華書局2006年版，第237～239頁。
〔註81〕〔宋〕蘇軾撰，王松齡點校：《東坡志林》卷2《道釋・僧正兼州博士》，中華書局1981年版，第39頁。據之，杜牧此制撰寫於宣宗朝。

循資歷級，然得太學助教，其考選年數，又如四門。若如之，則二十年矣。自茲循資歷級，然得國子助教，其考選年數，又如太學。若如之，則三十年矣。三十年間，未離助教之官。人壽百歲，七十者稀。僕今四十年有加矣，更三十年於此，是一生不?高衢遠途矣。
〔註82〕

由此旁推，唐代各級官學學官，多從下級學校學官中選任。由地方學官陞遷爲國學學官者如張簡，「曾爲鄉學講《文選》」，後遷轉爲國子監助教〔註83〕；賈玄贊，明經及第後釋褐爲常州博士，後遷轉爲大學博士〔註84〕；褚沖，明經及第後先爲州博士，後爲國子助教〔註85〕。國子監內部由較低級學官遷轉爲較高級學官者如文懿，先任國子助教，後任國子博士；劉伯莊，亦先任國子助教，後任國子博士〔註86〕；韓愈，首任四門博士，次遷國子博士，再任國子博士，又拜國子祭酒，前後四官學省〔註87〕。弘文、崇文二館之學士、直學士，由他官兼任，亦多有國子監學官遷轉者，如蓋文達，「武德中，累授國子助教。太宗在藩，召爲文學館直學士。貞觀十年，遷諫議大夫，兼弘文館學士。十三年，除國子司業。俄拜蜀王師，以王有罪，坐免。十八年，授崇賢館學士」〔註88〕；谷那律，「貞觀中，累補國子博士。……尋遷諫議大夫，兼弘文館學士」〔註89〕；劉伯莊，「貞觀中，累除國子助教。……尋遷國子博士，其後又與許敬宗等參修《文思博要》及《文館詞林》。龍朔中，兼授崇賢館學士」〔註90〕。大致言之，同一學官由較低級別往較高級別官學遷轉，應以教學經驗不斷豐富，教學水平不斷提高，社會認可度越來越高爲前提。因而推之，官學級別越高，學官教學水平越高，應不爲過。此其二。

〔註82〕《文苑英華》卷668歐陽詹《上鄭相公書》，第3433頁。
〔註83〕《太平廣記》卷447「張簡」條引《朝野僉載》，第3658頁。
〔註84〕《唐代墓誌彙編》垂拱007《賈府君（玄贊）殯記》，第732頁。
〔註85〕《新唐書》卷146《李棲筠傳》載大曆時，李棲筠爲浙西都團練觀察使，「增學廬，表宿儒河南褚沖、吳何員等，超拜學官爲之師」《萬姓統譜》卷75《褚·唐·褚沖》：「字士和，通《禮》《易》，舉明經，授奉化主簿，辭歸。觀察使李棲筠復表授國子助教。」推測褚沖先爲州博士，然後被李棲筠表薦爲國子助教。
〔註86〕文懿、劉伯莊事見《舊唐書》卷189上《儒學》本傳。
〔註87〕《文苑英華》卷976李翱《韓愈行狀》，第5138～5140頁。
〔註88〕《舊唐書》卷189上《儒學·蓋文達傳》，第4951頁。
〔註89〕《舊唐書》卷189上《儒學·谷那律傳》，第4952頁。
〔註90〕《舊唐書》卷189上《儒學·劉伯莊傳》，第4955頁。

　　總之，無論就學官的選任程序和要求，還是就學官個體的遷轉過程而言，官學級別由低到高，學官的儒學修養、教育經驗、教學水平也相應更具優勢。

二、習業環境的層級差異

　　所謂習業環境，包括教學資源如教授內容與科舉考試的關聯度、教學管理等，財政資源如校舍營建與修繕、食宿保障的費用供給等，以及選舉資源等諸多方面。唐代官學中，這些資源的分佈有些比較均衡，不依級別高低而有多大差別，有些則依官學級別的高低而優劣互現，茲分別論述之。

　　教學資源　唐前期官學教學資源優勢之一，在於其所授與省試所考關聯度較高。有唐一代，各級官學的傳授內容，均以艱深的儒家經典爲主。《唐六典》卷21《國子監》：「凡教授之經，以《周易》、《尚書》、《周禮》、《儀禮》、《禮記》、《毛詩》、《春秋左氏傳》、《公羊傳》、《穀梁傳》各爲一經；《孝經》、《論語》、《老子》，學者兼習之。」〔註91〕同書卷30《三府都護州縣官吏》：州縣學「經學博士以五經教授諸生」，所謂「五經」，一般指《毛詩》、《尚書》、《禮記》、《周易》、《左氏春秋》〔註92〕。科舉考試內容則有個大致的變化，「國初，明經取通兩經，先帖文，乃按章疏試墨策十道；秀才試方略策三道；進士試時務策五道」〔註93〕。「貞觀八年（634）詔加進士試讀經史一部。至調露二年（680），考功員外郎劉思立始奏二科並加帖經」〔註94〕。開元二十五年（737）確立三場試，《唐六典》卷2《尚書吏部·考功員外郎》：

> 　　員外郎掌天下貢舉之職。……其明經各試所習業，文、注精熟，辨明義理，然後爲通。正經有九：《禮記》、《左傳》爲大經，《毛詩》、《周禮》、《儀禮》爲中經，《周易》、《尚書》、《公羊》、《穀梁》爲小經。通二經者，一大一小，若二中經；通三經者，大、中、小各一；通五經者，大經皆通。其《孝經》、《論語》並須皆習。……其進士

〔註91〕《舊唐書》卷44《職官三·國子監》（第1891頁）略同，惟無《老子》。

〔註92〕按孔穎達所撰《五經正義》之「五經」即是這五經。《唐會要》卷66《國子監》載「《左氏春秋》、《禮記》、《周易》、《尚書》、《毛詩》爲五經」；《新唐書》卷48《百官志三》亦載「《周易》、《尚書》、《毛詩》、《左氏春秋》、《禮記》爲五經」。唯《唐六典》卷21《國子監》載「五分其經以爲之業，習《周禮》、《儀禮》、《禮記》、《毛詩》、《春秋左氏傳》，每經各六十人，餘經亦兼習之。」

〔註93〕《封氏聞見記校注》卷3《貢舉》，第15頁。

〔註94〕《通典》卷15《選舉三·歷代制下》，第354頁。

　　　　帖一小經及《老子》，試雜文兩首，策時務五條，文須洞視文律，策
　　　　須義理愜當者爲通〔註95〕。
對照各級官學所授內容，可知唐初官學發展之時，所授與科舉所考關聯度較
強，這不因官學級別高低而有何不同。

　　優勢之二，則是官學有一套較爲嚴格的管理措施，以維護教學秩序，
督促學生勤勉習業。對教師而言，主要考覈的是其日常教學情況。如規定
「凡博士、助教，分經授諸生，未終經者無易業」〔註96〕，以防止學官授
課半途而廢。至於教師教學成績的考覈，似乎並不嚴格，只是規定「每歲
終，考其學官訓導功業之多少，而爲之殿最」〔註97〕，主要以授課量爲指
標。雖然代宗大曆年間，歸崇敬曾建議「以生徒及第多少，爲博士考課上
下」，但未被政府採納，並未實施〔註98〕。對學生而言，其管理主要在兩個
方面，一是言行舉止，二是學業，都有相應的規定，違反學規和學業不合
格者皆有相應的懲罰措施，已見前述。學規中還有嚴格的考試制度，每旬
前一日，博士試其所業，「試讀者，每千言內試一帖；試講者，每二千言內
問大義一條，總試三條，通一及全不通，斟量決罰」〔註99〕。據以上制度
設置，可知官學管理較爲完善，有序的教學和經常的敦促，對學生習業自
然不無積極意義。

　　然而，在教學管理的某些方面，國學較之州縣學有明顯的優勢。我們知
道，政府之風俗教化，很大程度上是通過一些儀式化的釋奠、拜祭等禮儀活
動來完成。唐代中央政府有專門負責此類活動的機構——太常寺，而地方無
此類機構，則只能由官學兼行之。因此，與國學生專心於儒經的學習不同，
州縣學學生除正常習業之外，尚須兼習各種禮儀程序，《唐會要》卷35《學
校》：

　　　　諸州縣學生，習本業之外，仍令兼習吉凶禮。公私有禮事，令
　　　　示儀式，餘皆不得輒使〔註100〕。

〔註95〕又參《唐六典》卷4《尚書禮部・侍郎》，第109頁。
〔註96〕《新唐書》卷44《選舉志上》，第1160頁。
〔註97〕《唐六典》卷21《國子監・國子祭酒、司業》，第558頁。
〔註98〕《舊唐書》卷149《歸崇敬傳》，第4018頁。
〔註99〕《唐六典》卷21《國子監・國子博士》，第559頁。又參《新唐書》卷44《選
　　　　舉志上》，第1161頁。
〔註100〕又參《唐摭言》卷1《兩監》，第6頁。

州縣官學生既須一定時間專門學習各種禮儀程序，就必然會影響其修習正業
——儒家經典的時間。不僅如此，雖然令文特別規定只在公私有禮事時才可
以讓州縣學學生展示儀式，此外不能隨便以其他雜務差使他們，事實卻正如
韓愈所云，「郡邑皆有孔子廟，或不能修事，雖設博士弟子，或役於有司，名
存實亡，失其所業」〔註101〕，州縣學學生「役於有司」乃為常事。

官學教學資源的優勢如所授與省試所考關聯度較強、教學活動的管理較
為嚴格等，基本不以官學的級別而變化。然而，官學所授既為艱深的儒家經
典，而高級別官學的教師資源總體較低級別為優，可以想見，大體一致的關
聯度，對不同級別官學的學生，意義卻並不一樣。再者，州縣學學生習業之
外，既須兼習各種禮儀程序，又無端被官衙差使，從而縮短了其正常習業時
間，因此，對上述教學資源的佔有，高級別比低級別官學學生有優勢，國學
學生較州縣學學生有優勢。

財政資源　官學之為官學，重要特徵之一即由政府財政保障學舍營建修
繕的經費，這不因官學的級別高低不同而有差別。然而，依據興學詔、令、
敕的頒佈所透露的相關信息，我們亦大致可以窺見政府對各級官學財政支持
力度的差異。

唐初建立各級官學半個世紀後，咸亨元年（670）五月，高宗詔「諸州縣
孔子廟堂及學館有破壞並先來未造者，遂使生徒無肄業之所，先師缺奠祭之
儀，久致飄露，深非敬本。宜令所司速事營造」〔註102〕；此後四十年之景龍
四年（710）七月十九日，睿宗又敕「先聖廟及州縣學，即令修理。春秋釋菜，
使敦講誦之風」〔註103〕。但耐人尋味的是，同時卻並未見有要求修繕國子監
各學的詔、令、敕，想來國學經常修葺，狀況保持較好，故此時不用修繕。
由此可見，唐前期，以財政支持力度的強弱差別為前提，相對於國學基本能
保持定時的修繕維護而言，州縣學的營繕間隔期則長達四十到五十年，年久
失修也就在所難免。

〔註101〕韓愈《處州孔子廟碑》，《韓愈全集校注》，第2430頁。
〔註102〕《舊唐書》卷5《高宗本紀》，第94頁。又參《全唐文》卷183王勃撰《益
　　　　州夫子廟碑》，第1861頁。
〔註103〕《文苑英華》卷465《誡勵風俗敕四首》；《唐大詔令集》卷110《誡勵風俗敕
　　　　四道》。按二者均繫年於唐隆元年，實為睿宗繼位後發佈之敕文，徐松氏考曰：
　　　　「按是月庚戌朔，十九日為戊辰，在改元前一日。故《文苑英華》、《詔令集》
　　　　載此制皆作唐隆元年。」參《登科記考補正》，第180頁。

　　貞元以後，官學衰落，文獻中不再見全國性的敦促地方政府修葺州縣學
的詔、敕、令文，僅有崇儒官員在任期內偶爾對孔廟加以營修的記載〔註104〕；
雖然有修繕國學的詔、敕、令文，但記載表明，政府對國學修繕經費持續穩
定的投入已經不大可能，竟至依靠抽取官俸勉力維持，而且其抽取對象在不
斷擴大之中。憲宗時抽取範圍尚限於京官，元和十三年（818），國子祭酒鄭
餘慶奏請率文官俸祿修廣兩京國子監，次年，「奏請京見任文官一品以下九品
以上，及外使兼京正員官者，每月所請料錢，率計每貫抽一十文，以充國子
監修造先師廟，及諸室宇繕壁。……制可」〔註105〕。至唐末，政府財政更為
困難，其抽取範圍則由京官擴大的到所有官吏，昭宗大順元年（890）二月，
「宰臣兼國子祭酒孔緯以孔子廟經兵火，有司釋奠無所，請內外文臣自觀察
使、制史下及令佐，於本官料錢上緡抽十文，助修國學，從之」〔註106〕。總
之，在唐代中後期，無論學舍修葺經費為何種來源，相較於部分州縣學倚賴
崇儒官員的偶爾修繕，國學的修繕畢竟還是有一定的財政保障。

　　唐代官學重要特徵之二為學生食宿免費。由於文獻中相關記載均出現在
中後期，茲先以之為據略述之。元和元年（806）國子祭酒馮伉奏請「其禮部
所補學生，到日亦請準格帖試，然後給廚」〔註107〕；長慶二年（822）閏十月
國子祭酒韋乾度亦奏稱國子監明經、進士「舊例，每給付廚、房」〔註108〕。
從馮伉、韋乾度奏文中「準格」、「舊例」之語，可以推知，國子監給房給廚，
歷來如此，已入格令。因此，雖然此時辦學經費部分來源於抽取官俸，但國
學學生免費食宿依然有制度保障，是為唐中後期國學生徒錄取配額雖已大幅
降低，但部分士子依然願意入學寄宿的重要原因，已見前述〔註109〕。

　　州縣學學生是否免費食宿，制度條文上很難找到相關記載，但從文獻記
載中的隻言片語，亦可推知應是免費食宿。如元和九年（814），薛伯高出為
道州刺史〔註110〕，大力興學，「講肆之位，師儒之室。立廩以周食，圍畦以毓

〔註104〕相關論述詳見本書第二章第一節《「省司定限」與唐代官學的由盛轉衰》。
〔註105〕《冊府元龜》卷 604《學校部·奏議第三》，第 7254 頁。
〔註106〕《舊唐書》卷 20 上《昭宗本紀》，第 740 頁。
〔註107〕《冊府元龜》卷 604《學校部·奏議三》，第 7253 頁；《唐會要》卷 66《東都
　　　　國子監》，第 1160 頁。
〔註108〕《冊府元龜》卷 604《學校部·奏議第三》，第 7254 頁；《唐會要》卷 66《國
　　　　子監》，第 1160 頁。
〔註109〕參本書第二章第二節《唐代四門俊士的興衰》。
〔註110〕《唐刺史考全編》，第 2471～2472 頁。

蔬。權其子母，贏且不竭」〔註111〕。所謂「立廩」即建糧倉，「圃畦」即整治種菜的園地，實即公家發給口糧食蔬。所謂「權其子母，贏且不竭」則是置食利本錢，收取利息作為學校日常開銷的經費。又，元和十三年（818），李繁為處州刺史〔註112〕，「選博士弟子必皆其人，又為置講堂，教之行禮，肄習其中，置本錢廩米，令可繼處以守」〔註113〕，亦以收取食利本錢的利息作為學校日常用度的經費。至於食利本錢的來源，多非地方政府辦學經費所出，而以地方長官個人捐獻的薪俸為主。如元和十四年（819），韓愈在潮州刺史任上興學，「出己俸百千，以為舉本，收其贏餘，以給學生廚饌」〔註114〕；文宗開成元年（836），杜悰刺許州，「作文宣王廟暨學舍於兌隅」，「藏經於重簷，斂器於庋櫝。講筵有位，鼓篋有室。授經有博士，督課有助教，指蹤有役夫，灑掃有廟幹。公又割隙地為廣圃，蒔其柔蔬而常菹旨蓄之御備；捨己俸為子錢，權其孳贏而鹽酪釭膏之用給」〔註115〕，無論韓愈、杜悰，皆以己俸為食利本錢，收取利息作為州學食宿的經費來源。又，元和十五至長慶二年（820～822），曹華在兗州刺史任上興學〔註116〕，「躬禮儒士，習俎豆之容，春秋釋奠於孔子廟，立學講經，儒冠四集。出家財贍給，俾成名入仕，其往者如歸」〔註117〕。按曹華「出家財贍給」四集之儒冠，雖未明言用於州學食宿，但儒冠四集至州學，自然是成為州學學生，故實際上其「家財」也是作為州學食宿及其他經費的。據上，唐中後期的州縣學學生無疑是免費食宿的，但其經費多來源於地方長官的私人讚助，缺乏長效的制度保障。

唐代中後期，財政困難，官學無穩定的經費來源，部分靠抽取官俸或地方長官個人讚助維持，卻依然能盡力保證學生的免費食宿，這本身就說明，唐前期官學興盛之時，食宿免費不僅有制度保障，並且已形成傳統，故至唐中後期，亦不因官學的衰落而廢止。

綜上所述，唐前期，雖然國學和州縣學的辦學經費均有制度保障，但相較而言，國學的經費更為豐厚，廟學能得到經常修繕，而州縣學經費則依賴

〔註111〕《柳宗元集》卷5《道州文宣王廟碑》，第120～122頁。
〔註112〕《唐刺史考全編》，第2136頁。
〔註113〕韓愈《處州孔子廟碑》，《韓愈全集校注》，第2430頁。
〔註114〕韓愈《潮州請置鄉校牒》，《韓愈全集校注》，第2312頁。
〔註115〕〔唐〕劉禹錫撰，卞孝萱校訂：《劉禹錫集》卷2《許州文宣王新廟碑》，中華書局1990年版，第37頁。
〔註116〕《唐刺史考全編》，第1011～1012頁。
〔註117〕《舊唐書》卷162《曹華傳》，第4243頁。

地方政府，相形見拙，廟學的修繕間隔期長達四、五十年。至唐中後期，國學依然「準格」、依「舊例」給房給廚，其免費食宿及廟學修繕皆有一定的制度保障和財政支持。而州縣學，無論學校的修復，進而食宿的免費，其經費皆倚賴於尊崇儒教的官員，憑一腔熱忱，多方籌措，甚或捨己俸、家財以維持，此種某時某地某任官員的即興行為，無從言及制度保障。鑒於此，國學與州縣學的財政資源，其優劣差別已甚顯然。

　　選舉資源　所謂選舉資源，指唐前期官學興盛之時，生徒在科舉考試中所具有的優勢地位。然而，此種優勢主要是就二館及國子監學生而言，州縣學則主要是國子諸學的預科。

　　在國學中，選舉資源佔有依官學級別高低而不同，優勢最大的是弘文、崇文二館生，他們「課試既淺，藝能亦薄，而門閥有素」〔註118〕，「雖同明經、進士，以其資蔭全高，試亦不拘常例」〔註119〕，也就是說，他們仰仗父祖餘蔭，雖考試不合格，亦可及第。玄宗開元二十六年（738），欲改變此種不正常現象，正月八日敕「宏文崇文生，緣是貴冑子孫，多有不專經業，便與及第，深謂不然，自今已後，一依令式考試」〔註120〕，要求二館生亦須依令式嚴格考試。但此敕文觸犯了當朝顯官的既得利益，未能得到有效執行。於是天寶十四載（755）二月十日，玄宗又敕「宏文館學生，自今已後，宜依國子監學生例帖試，明經進士帖經並減半，雜文及策，皆須粗通，仍永為恒式」〔註121〕。為了能夠得到有效執行，此敕較之開元二十六年敕，要求大為放寬，是玄宗做出重大讓步的結果。既然「永為恒式」，從此以後，二館生的選舉特權就有了法律保障。因此，當貞元以後官學衰落，國子四館（國子、太學、四門學、廣文館）因錄取配額大幅降低而生徒離散之時，弘文、崇文二館由於在科舉考試中占盡先機，及第較易，卻依然是貴冑子弟趨之若鶩之所，所謂「未補者務取闕員，已補者自然登第」〔註122〕，是也。大和「九年十二月，中書門下奏：奉進止，令減下諸色入

〔註118〕《舊唐書》卷87《魏玄同傳》，第2851頁。

〔註119〕《唐六典》卷2《尚書吏部・考功員外郎》，第45頁。

〔註120〕《唐會要》卷77《宏文崇文生舉》，第1402頁。按《唐大詔令集》卷73《敕親祀東郊德音》（第408頁）所載略同。惟將「宏文崇文生」載為「弘文館學士」，恐誤。

〔註121〕《唐會要》卷77《宏文崇文生舉》，第1402頁。

〔註122〕《唐會要》卷77《宏文崇文生舉》，第1403頁。

仕人。其宏文館學生見定十六人，今請減下一人。敕旨：依奏。」〔註123〕
按弘文館生員定額三十人，即便以大和九年（835）規定只能入仕十五人計，
在唐後期官學衰落的背景下，弘文館省試錄取的配額也達到了其生員總數
的一半，可以想見唐前期官學興盛之時，二館生所佔錄取配額之高。

　　國子監各學的選舉資源亦有差異。唐代令文規定，「每歲，其生有能通兩
經已上求出仕者，則上於監；堪秀才、進士者亦如之」〔註124〕，「諸學生通二
經、俊士通三經已及第而願留者，四門學生補太學，太學生補國子學」〔註125〕。
據之，國子監諸生若欲參加省試，均由監司考試，合格者送省，但國子生、
太學生、四門生皆只須通二經；惟俊士則要求多通一經，為三經。換言之，
國子監三學諸生中，四門俊士的選舉資源佔有極度匱乏。四門俊士若想獲得
與其他人一樣的選舉資源，則只能依令通三經合格後補太學生，須花費更多
的時間和精力，多一層轉折，遠不如鄉貢來得便捷，開元以後四門俊士衰落，
庶民士子多走鄉貢一途，此亦一解。

　　鑒於上述，有唐一代，無論教學資源、財政資源的佔有，國學均較州縣
學有較大優勢。至於選舉資源，則基本與州縣學無涉，幾乎為國學所獨有。
尤其弘文、崇文二館，無論官學興衰與否，均在選舉資源的佔有上，具備絕
對優勢。

第三節　官學對士子讀書晉身的意義及其等級性

　　唐代官學入學資格依學校級別不同而高低有別，對不同階層士子的入
學帶來較大影響；教育資源又依學校級別不同而差別明顯，對不同階層士
子的習業造成重大影響。這一切最終必然影響到官學中不同階層士子的科
舉及第量。本節擬以官學生徒及第量作為考察對象，探討官學教育資源對
不同階層士子求學的意義；探明在官學提供的教育資源面前，不同階層士
子事實獲得的教育資源對其習業成效的影響，以及這種影響的時代性差異。

〔註123〕《唐會要》卷77《宏文崇文生舉》，第1403頁。
〔註124〕《唐六典》卷21《國子監·國子博士》，第559～560頁。按此條僅列秀才、
　　　　進士，不見明經，疑有脫文。
〔註125〕《新唐書》卷44《選舉志上》，第1161頁。

一、官學對士子讀書晉身意義的靜態考察

如前所述，絕大多數庶民士子依出身只能考補州縣學。理論上而言，州縣學生徒經州府長官考試合格後，可以舉送至省直接參加省試〔註 126〕。但州縣學生徒與鄉貢皆在鄉飲酒禮後送省，很難區分孰爲生徒、孰爲鄉貢〔註 127〕。因此，雖然唐代應該有直接以州縣學生徒科舉及第的士子，但僅憑現有資料，我們已無從知道其中詳情。

可知的情況是，由於州縣學無論在教師資源、教學資源、財政資源、選舉資源上，其佔有水平均遠較國學爲劣，遂使州縣學主要以國學預科，爲國學提供優秀生源的面貌出現。也就是說，在唐前期官學興盛，科舉及第者主要來自兩館、兩監生徒之時，由於政治資源佔有的先天劣勢，絕大多數庶民士子只能以考補州縣學爲起點，經此途徑考補四門俊士，然後，三經及第者可以升爲太學生，或直接申請參加省試，經此多次轉折和一層層的篩選過濾，方有極少數庶民士子能參加省試，並科舉及第入仕〔註 128〕。換言之，在國學與州縣學比較這個層面上，其實毋庸具體數據的考察，士族子弟與庶民士子，何者爲優質教育資源的受益者，已經一目了然，優勢嚴重傾向於士族子弟。

至於國學層面，唐代登科記僅列進士〔註 129〕，景龍以前，榜中尚標有進士出處，此後，「鄉貢漸廣，率多寄應者，故不甄別置於榜中」〔註 130〕。也就是說，此後的登科榜中僅列進士某某，而不再出其來歷，既無法瞭解孰爲鄉貢、生徒，亦無從知曉孰爲弘文生、崇文生、國子生、太學生、四門生、俊士生、廣文生。因此，據現存資料，能確切考知爲國學生徒的及第者其實不多。茲據《登科記考補正》提供的及第者名錄，盡可能收集其三代履歷，出身學校等信息，通計有唐一代，及第年代可知的國學明經、進士，共考得 77

〔註 126〕《新唐書》卷 44《選舉志上》：「每歲仲冬，州、縣、館、監舉其成者送之尚書省」，第 1161 頁。

〔註 127〕翁俊雄：《唐代科舉制度及其運作的演變》，《中國史研究》1998 年第 1 期第 80 頁。又烏廷玉在其《唐朝的科舉制度》一文中甚至就干脆說「唐朝考生有兩個來源，一是州縣的貢生，二是京城學館生徒」，參氏著《唐朝二百九十年》，中國經濟出版社 1999 年版，第 298 頁。

〔註 128〕至於官學衰落之後，由於州縣學基本不再是教學實體，寒門秀士多自學或習業私學，走鄉貢一途，此屬另一層面的問題，將在後文中加以探討。

〔註 129〕《唐摭言》卷 1《述進士上篇》：「永徽以前，俊、秀二科猶與進士並列；咸亨之後，凡由文學一舉於有司者，競集於進士矣。由是趙儋等嘗刪去俊、秀，故目之曰《進士登科記》。」第 3 頁。

〔註 130〕《唐摭言》卷 1《鄉貢》，第 8 頁。

人〔註131〕。為清眉目，按學校和階層分類，列《唐代國學生徒科舉及第情況表》（見本目最後頁）。

據表，如果忽略其他參照因素，僅從國學生徒及第絕對量的階層分佈考察。出自士族者 34 人，小姓者 29 人，庶民 5 人，如果不甚恰當的把出自不詳者 9 人併入庶民階層，則庶民得 14 人。這正與前述官學教育資源的分佈特點——即官學在教師資源、教學資源、財政資源、選舉資源的佔有上，依級別不同而高低有別，級別越高，優勢資源越集中，及第的可能性越大，二館優於國子，國子優於太學，太學優於四門學，國學優於州縣學——形成巧妙的對應。由此可見，雖然不同階層的士子都可以進入國學讀書，但士子佔有的國學教育資源，卻因階層背景不同差異顯著，士族子弟好於小姓子弟，小姓子弟好於庶民士子。

接下來，引入開元末諸館、學的法定額為參照糸進行考察。如前所述，弘文、崇文生共 50 人，國子生 300 人，太學生 500 人，兩都四門生共 800 人，兩都四門俊士共 1000 人〔註132〕。一般而言，四門生以上均為品官子弟，庶民士子依出身只能考補四門俊士。但四門俊士中尚有大量八、九品官吏子弟；太學生中亦有部分庶民士子，他們本為四門俊士，因三經及第後，監司考試不合格不能參加省試，依令往上昇補為太學生。如果不考慮上述階層滲透的因素，不甚恰當地把所有四門俊士當成庶民士子，其他學生當成廣義士族子弟，則國學生員中士族子弟 1650 人，庶民士子為 1000 人，二者數量比為 1.65：1。也就是說，廣義士族子弟佔有國學生員中的較大比重，獲得了更多的國學教育機會。

據表，二館、國子三學生徒及第者共 71 人，其中出自士族者 34 人，小姓者 27 人，廣義士族子弟共為 61 人；出自庶民者 5 人加出自不詳者 5 人，庶民士子共為 10 人，二者數量比為 6.1：1。在假定整個社會士族子弟與庶民士子數量相同的情況下，引入前述國學中二者的生員數量比，可以簡單得出

〔註131〕尚有不能確知及第年代者近百例，其中三十餘例為進士，六十餘例為明經，具體姓名不詳列，俱見《登科記考補正·附錄》。

〔註132〕此處未引入崇玄生、廣文生。之所以如此，有如下考慮：其一，資料中未能找到以崇玄生及第者；其二，廣文館設立於天寶九載（750），時間上不便協調；其三，廣文館入學沒身份限制，其學生的構成很複雜，而且，即便不考慮生員構成因素，廣文館初設時的法定名額史籍不載，不便統計，可知的法定名額為元和二年的七十人，又時距太遠。

一個比率：1.65×6.1：1×1。也就是說，相較於庶民士子而言，廣義士族子弟不僅獲得了較多的國學教育機會，進入國學後又獲得了較高的科舉及第率，二者共同作用的結果，廣義士族子弟與庶民士子佔有的國學教育資源比大致為10：1，廣義士族子弟佔據著絕對的優勢。如果以社會實際人口占比進行對比，其結果只會將士族子弟的優勢擴大到嚴重的程度。上述結果表明，表面上看來，國學對庶民士子開放，庶民士子可以通過考補四門俊士，甚至太學生的途徑進入國學讀書。然而，嚴格的出身限制，使得庶民士子不僅補入國學的絕對人數要大大少於廣義士族子弟；即便補入後，也只能進入較低級別的學校，佔有最差的教育資源，取得遠較士族子弟為低的及第率。上表所列 77 例中，沒有一例明確為出自四門俊士甚至四門生者，或許正是這種情形的真實反映〔註 133〕。

　　總之，在唐代官學這一特殊場合，士族子弟佔有的教育資源遠較庶民士子為優，這從一開始就由其佔有的政治資源優勢決定了。當然，不同階層士子這種官學教育資源的佔有水平，也並非鐵板一塊，而是隨著時代的變化略有調整。

唐代國學生徒科舉及第情況表：

階　　層 ＼ 學　校		弘文崇文二館 10	國子監三學（國子、太學、四門）61	廣文館 6
士族 34	進士 17	房承先、徐秀。	韋仁約、冉實、王慶祚、韋承慶、崔湜、韋虛心、寇埾、顏真卿、蕭穎士、李華、趙驊、蕭直、柳芳、房由、李蟾。	
	明經 17	崔孝昌、龐履溫、裴光庭、郭揆、陳諸、渾偘。	李誦、崔皚、高隆基、沈齊文、蕭謙、鄭諶、李準、高懲、權自挹、崔千里、杜行方。	
小姓 29	進士 15		李元軌、郭震、梁璡、陳子昂、趙夏日、孫嘉之、劉惟正、左光胤、朱□、李華、封演、顧少連、王仲堪。	歐陽詹、李觀。

〔註 133〕目前可知的四門學及第者有文宗開成時前明經艾居晦、陳玠二人，既未能詳其及第年代，亦未知是四門生還是四門俊士及第者。參顧炎武《金石文字記》卷 5《唐·國子學石經》，《登科記考補正》，第 1321 頁。

	明經 14	高嶸、吳士平	薄仁、賈玄贊、吳續、喬崇隱、韋希損、孟立、司馬詮、樊庭觀、周誠、司馬望、張翊、黃季長。	
庶民 5	進士 5		婁師德、李撝、張貞、儲光羲、冷朝陽。	
	明經			
不詳 9	進士 7		丁仙芝、邵軫、孫瑩。	陳彥博、謝楚、吳畦、吳仁璧。
	明經 2		李□、牛堪。	

備註：（1）所謂「士族」、「小姓」、「庶民」，基本依毛漢光的階層分類原則。其中，依兩《唐書》、兩《五代史》、《宋史》、《唐才子傳校箋》、《唐詩紀事校箋》、《十國春秋》等傳記資料及唐人墓誌可以確知其祖上三代無仕宦經歷者，或本人有傳記或墓誌存世但不載父祖者，俱入「庶民」欄。筆記小說和唐人詩文中提及的人物，又無其他資料可資查證者，俱入「不詳」欄。以後諸表俱同。

（2）此表未計曾有國學求學經歷，但以鄉貢身份及第的崔韶〔註134〕、鄧森〔註135〕二人。

（3）弘文館、崇文館曾經幾易其名，凡弘文生、修文生、昭文生、崇文生、崇賢生及第者均入二館欄。

（4）國子曾易名成均，凡成均生者俱入國子監三學欄；傳志或墓誌對國子諸學及第者指稱比較模糊，「帝學」、「國庠」、「上庠」、「國子」、「大學」、「太學」、「四門」、「國子監」之類俱有，不便區分，故俱入國子監三學，不再細分。

二、官學對士子讀書晉身意義的動態考察

　　州縣學前期主要是國學的預科，貞元以後，就整體而言，已基本喪失教學職能。庶民士子考補入學讀書，雖然獲得了受教育的機會，但欲籍此晉身統治階層，難度太大。再者，資料的缺乏，使得具體考察其中教育資源對低級士族子弟與庶民士子求學的意義，基本不可能。鑒於此，以下僅動態考察

〔註134〕據《唐代墓誌彙編》聖曆 012《崔韶墓誌》（第 932 頁），崔韶「總章元年（668）補國子監大學生」，「屬咸亨之歲，炎冗成災，凡在學□，散歸鄉第」，咸亨四年（673）鄉貢明經及第，尋卒。

〔註135〕據《唐代墓誌彙編》景雲 007《鄧森墓誌》（第 1121～1122 頁），鄧森「總章二年（669）任國子監學生」，時年二十五，天授二年以鄉貢進士及第，時年四十七。

國學資源對各階層士子求學的意義。茲引入時間維度，據《唐代國學生徒科舉及第情況表》，查檢《登科記考補正》，確定此 77 人的及第年代，按時期和階層分類，分前、後二期和前、中、後三期兩種情況，製成：

唐代國學生徒及第時代分佈表一：

時　期 階　層	唐前期 61		唐後期 16	
	進士 34	明經 27	進士 10	明經 6
士族 34（17+17）	16	15	1	2
小姓 29（15+14）	11	12	4	2
庶民 14（12+2）	7		5	2

備註：雖然出自不詳者絕不等同於出自庶民階層者，爲便於比較，分析時將不甚恰當地將其歸入庶民階層，故表中不再出「不詳」一欄，而是將其併入「庶民」欄。此後情況類似者俱同，不再特作說明。

唐代國學生徒及第時代分佈表二：

時　期 階　層	唐前期 39		唐中期 32		唐後期 6	
	進士 18	明經 21	進士 21	明經 11	進士 5	明經 1
士族 34（17+17）	8	11	8	6	1	
小姓 29（15+14）	7	10	8	3		1
庶民 14（12+2）	3		5	2	4	

　　分析以上兩表，所可注意者有如下數端：

　　其一，國學生及第量的時代分佈，以兩期考察，前、後量比爲 61：16，明顯呈現出前多後少的特徵；以三期考察，前、中、後量比爲 39：32：6，前、中期之和達 71 例之多，而後期僅得 6 例。綜合兩種結果，開元以前，國學及第量確實很高，此與王定保所云「永徽之後，以文儒亨達，不由兩監者稀矣。於時場籍，先兩監而後鄉貢」〔註136〕，恰爲互證。唐中期國學的及第量尚保持在較高的水平，主要是因爲開元天寶間短短四十餘年時間內，竟有 20 人之多，對統計數據中唐中期的總量貢獻巨大，表明玄宗振興官學的努力確實取得了一定成效。貞元以後，官學終究無可挽救地衰落下去了，至唐後期，國

〔註136〕《唐摭言》卷 1 後「論」，第 11 頁。

學及第量已經極少，「公卿子孫，恥遊太學」〔註137〕，有其現實的考慮。

其二，上述變化給不同階層士子帶來的影響並不相同。分兩期考察，前、後期國學生徒及第量之比，士族子弟爲31：3，小姓爲23：6，庶民爲7：7，不同階層士子前、後及第量的變化並不一致，士族與小姓子弟均表現出由前期向後期的急速回落，士族子弟尤爲明顯，而庶民士子則前後一樣，沒有變化。分三期考察，前、中、後期國學生徒及第量之比，士族子弟爲19：14：1，小姓爲17：11：1，庶民爲3：7：4，各階層士子的變化依然不一致，士族與小姓子弟及第量仍然是由前向後，隨時間的推移而回落，尤其元和以後，可謂急劇回落，但庶民呈現出前、中、後由低而高再回落的走勢。綜合以上兩種考察結果，士族子弟的及第量，隨著官學的衰落，呈現出明顯的正方向變化軌迹；與之相異，庶民士子的及第量基本不因官學的衰落而變化或變化很小，總體反而有增加的趨勢。這種現象說明：在國學教育資源的佔有上，士族子弟一直處於主動地位，當國學教育資源有優勢時，他們充分的佔有最優質的資源，獲得較高的及第率；當國學教育資源不再具有優勢時，他們即主動放棄，轉而向私學尋求更好的教育資源。庶民士子則一直比較被動，當國學教育資源優勢集中時，他們只能取得較差的資源，獲得較低的及第率；當國學教育資源喪失優勢時，他們又利用士族子弟放棄的資源尤其免費食宿，去獲得更多讀書入仕的機會。

其三，唐代每年明經及第量均遠多於進士，《唐代國學生徒科舉及第情況表》中進士、明經及第量占比併不符合當時實際。然而，分析表中透露出的相關信息，還是可以管見不同階層士子應舉科目的選擇及其時代變化特點。國學生徒的進士、明經及第量比，廣義士族子弟爲 32：31，比較均衡。庶民士子爲 12：2，明顯偏於進士，且唯一兩例明經也是出現在貞元間〔註138〕。如果引入時間維度再作考察，可以發現，隨著時間的推移，國學生徒在應舉科目的選擇上，不同階層的士子呈現出不同的傾向。廣義士族子弟的進士、明經及第量比，前期爲 15：21，中期爲 16：9，可見，隨著開元後進士、明經地位的輕重互易，廣義士族子弟應舉科目的重心亦隨之轉移，由明經而進士。庶民士子在前期根本無明經及第者，一則此時明經重於進士〔註139〕，士

〔註137〕韓愈《請復國子監生活狀》，《韓愈全集校注》，第 2444 頁。
〔註138〕李□，貞元十三年（797）及第；牛堪，貞元十八年（802）及第。見《登科記考補正》第 597、638 頁。
〔註139〕按明經以儒家經典爲考試內容，具有正統的地位。從制度看，明經科等要高

族子弟從明經科及第者多；二則明經習業需較多的儒家經典，但此時書籍的
獲得又極爲不易，非一般家庭可以配備，故庶民士子只能以對書籍佔有要求
相對較低的進士科爲主要進取方向〔註140〕；此外，更爲關鍵的是儒家經典倚
賴於師授者多，庶民士子習之不易〔註141〕。在中期，庶民士子進士、明經及
第量比爲 5：2，則是以開元後明經地位下降，士族子弟競趨進士科爲背景的
產物〔註142〕。綜合上述，無論唐前期明經地位高於進士，還是中期以後二者
地位互易，進士重於明經之時，庶民士子皆以進士爲主要應舉科目；廣義士
族子弟則比較能隨著二者地位的互易而適時轉移應舉科目的重心。這一結果
表明，士族子弟由於佔有各種優質資源的能力較強，較能隨著時代風尙和社
會需求的變化而適時改變其進取重心。庶民士子由於佔有各種資源的能力較
差，其聰明才智往往只能在士族子弟較少關注的領域施展。

　　總之，士子能否獲得，怎樣獲得，獲得什麼級別的官學教育資源，從一
開始就由其佔有的政治資源決定了。開元以前，官學教育和選舉資源優越之
時，相關限制措施執行比較嚴格，庶民士子一般只能進入州縣學或補爲四門
俊士，而且競爭很激烈。貞元以後，雖然隨著相關限制的放鬆，庶民有了更
多進入較高級官學的機會，卻是以國學教育和選舉的優勢資源逐漸喪失，錄
取配額較低，至於「公卿子孫，恥遊太學」爲背景。因此，雖然士族子弟、
庶民士子均可入官學讀書應舉，但政治資源的優劣使得他們的最終及第量懸

於進士科，敘階時明經及第者也要比進士及第者高一階。而且唐前期，從明
經科出現了一批具有卓越才能的政治家。這一切都使唐前期明經的地位要高
於進士。參閱吳宗國：《唐代科舉制度研究》第八章第二節《明經地位的變化》
相關論述。
〔註140〕關於書籍佔有與獲得的難度，詳參本書第四章《家庭（家族）教育的教育資
源及其等級性》。
〔註141〕《唐摭言》卷10《海敘不遇》：「段維，或云忠烈之後，年及強壯，殊不知書，
一旦自悟其非，聞中條山書生淵藪，因往請益。眾以年長猶未發蒙，不與授
經。或曰以律詩百餘篇，俾其諷誦。翌日維悉能強記，諸生異之。復授八韻
一軸，維誦之如初，因授之以《孝經》。」由此可知，中條山諸生因材施教，
採取先詩後經的次序，傳授段維，即在於詩文的入門比儒經爲易。又《全唐
文》卷690符載《荊州與楊衡說舊因送遊南越序》自云：「初載未知書，其所
覽誦，章句而已。中師（筆者按：衡字中師）發明大體，擊去疵纇，誘我於
疏通廣博之地，示我於精淳元顥之際，偲偲之道，實有力焉。」符載習業，
亦先詩後經。後人有云「熟讀唐詩三百首，不會作詩也會吟」，其意亦在此。
〔註142〕分析時未考慮唐後期的情況，主要因爲此時廣義士族子弟以國學生及第者太
少，僅爲二例，不便討論。

殊較大，對科目的選擇也因時而異，官學教育資源對士族子弟、庶民士子的求學，其意義大相逕庭。

本章小結

唐代官學尚有魏晉貴族社會餘韻。官學依級別高低不同，有法定員額、入學年齡、修業年限的具體規定，入學資格等級森嚴，不同級別的官學，依其員闕等量補署，對學生家庭的官階、門蔭有明確而嚴格的要求。大致而言，廣義士族子弟依其家庭官階、門蔭，直接補署相應級別的官學，勿需考試；庶民士子無此優勢，或補入沒有身份要求的州縣學，或補入四門學充俊士，或以落第進士身份補入廣文館，均須經過考試選拔方有入學機會〔註143〕。

官學擁有較多優質教育資源，這些資源依學校級別的不同，差距明顯。

各級官學教師資源的差距在於，學校級別越高，學官的選任越嚴格，對學官的學識和德行要求越高，因而學官的儒學修養更深厚、教育經驗更豐富、教學水平更高超。教師資源的優勢主要體現在官學興盛之時，唐中後期官學走向衰敗，官學教學職能或衰退，或偏廢，教師資源已無甚意義。

各級官學在所授內容與省試的關聯度、教學活動的管理措施等方面無甚差別。由於官學所授多艱深的儒家經典，所賴於學官教學水平者多；又由於州縣學學生既須兼習各種禮儀程序，且常被官衙無端差使，故在官學教學資源的佔有上，還是出現了高級學校優於低級學校學生，國學優於州縣學學生的情形。

唐前期官學興盛之時，從學舍修繕的時間間隔、免費食宿的供給保障等因素考察，各級官學財政資源的差距在於，國學的經費投入更穩定更有制度保障，州縣學則缺乏長效的經費支持。貞元以後，各級政府受制於財政狀況的拮据，對教育的投入很少，即便如此，國學的經費仍有一定的制度保障；州縣學則主要依靠尊崇儒教的官員多方籌措，甚或捨己俸、家財以維持，多屬個人行為，無從言及制度保障。

官學選舉資源主要指唐前期官學興盛之時，生徒在科舉考試中所具有的優勢地位。選舉資源集中於國學，與州縣學基本無涉。二館為貴族學校，學

〔註143〕按落第進士補入廣文館時勿需考試，但他們必須經過層層選拔考試合格後，
方能成為貢舉人。從這個意義上說，他們也是經過考試後方能入學的。

生考試既容易，錄取配額亦最高，擁有最優的選舉資源。國子三學選舉資源佔有的優勢，主要體現在較高的錄取配額上，但四門俊士參加省試的機會成本遠較其他學生要高，需付出更多的時間和精力，多幾層轉折方可獲得省試機會。開元十五（727）「省司定限」後，二館生的配額雖稍有下降，依然具有巨大的優勢；兩監則喪失了錄取配額的優勢，生徒離散，走向衰落。

在官學教育資源的佔有上，廣義士族子弟憑其出身優勢，長期佔據優勢地位。國學教育資源優勢明顯時，他們佔有最優質的教育資源，獲得極高的及第率；國學教育資源喪失優勢時，他們主動放棄國學教育機會，轉而向私學尋求更優質的教育資源。庶民士子則因其卑微的出身，一直處於劣勢。國學教育資源優勢集中時，他們只能取得最差的教育資源，獲取極低的科舉及第率；國學教育資源優勢不再時，他們利用廣義士族子弟放棄的資源尤其免費食宿，爭取更多的讀書入仕的機會。

官學教育資源佔有的優勢，使廣義士族子弟較能隨著時代風尚的喜好，科目地位的高低互易，適時主動地調整自己的進取方向，選擇有利的應考科目。相反，庶民士子對應考科目的選擇非常被動，他們的聰明才智往往只能在廣義士族子弟較少關注的非熱點領域施展。

誠然，相對於魏晉門閥士族壟斷教育而言，唐代官學對庶民士子開放，是社會的巨大進步。然而，開放、進步的表象下隱藏的實情卻是：絕大多數庶民士子依出身只能考補教育資源與國學不可同日而語的州縣學，雖然確有部分庶民秀士，經層層選拔而躋身國學，但他們卻只能進入較低級別的學校，獲得國學中最差的教育資源。總之，政治資源佔有的劣勢，直接導致了庶民士子與廣義士族子弟之間，在官學入學資格及優質教育資源佔有，進而科舉及第率上的巨大差距。這種巨大的差距表明，庶民士子在官學教育領域同廣義士族子弟的競爭中，處於絕對的劣勢地位。

中　篇

第四章　家庭（家族）教育的教育資源及其等級性

　　本章主要探討家庭（家族）教育即個體家庭教育及家塾、族塾，而重點在於家庭（家族）教育的教育投資及其形式、特點與效果。家庭（家族）教育一般採取什麼樣的授學形式？非常情況下又有什麼樣的特殊形式？這些形式是如何與家庭（家族）的教育資源特點相聯繫的？其主要授學內容有何特點？與科舉考試有多大關聯度？其教師、藏書、經濟等諸種資源有何優勢？對士子的家境有何要求？其較高要求如何影響其階層、地域分佈特點？其優勢如何轉化成良好的教育成效？換言之，怎樣使家庭（家族）教育資源的投資效益最大化？有何時代性特徵？其中唐代門閥士族對其社會地位之頑強保持及其無可避免的衰落，怎樣影響到教育資源在不同階層間的再分配？將是本章擬解決的問題。本章旨在通過考察家庭（家族）教育的具體情況和諸多特點，探討這種教育投資對士子家庭（家族）經濟、文化資源的相應要求及其投資成效，進而揭示隱藏在這種教育投資後的階層差別。

第一節　個體家庭教育的投資及其等級性

　　個體家庭教育一般又稱為「家學」。為了避免與漢魏兩晉南北朝以家法、學術傳承為主的傳統意義上的家學，及唐代家塾、族塾相混淆，本書不採用「家學」的說法，把以父兄傳業、母親訓誨、宗親師授為形式，以經史、文學為主要內容，以基礎性教育為重要特徵的教學活動稱為個體家庭教育。對

唐代個體家庭教育的具體情況的考察，學界已有大量的研究成果〔註1〕，本書不贅。本節擬在教育資源的視野之下，在已有研究的基礎之上，重點探討前人尚少措意的唐代個體家庭教育投資的等級性及其特點，「寡母教孤」的實現條件及其等級性等問題。

一、個體家庭教育的分類考察

筆者廣泛搜檢唐代墓誌、文集、正史、筆記等資料〔註2〕，爲免不必要的解釋和爭論，以表述明確爲原則，墓誌中僅見「擇鄰而居」、「斷織以示」、「幼而歧嶷」、「弱不好弄」、「庭訓」、「嚴訓」、「過庭之訓」、「趨庭之訓」、「慈訓」、「閨訓」之類模糊說辭而無實際內容者不取，有關女子教育者不取，純屬道德或價值取向訓誨者不取，醫、武等專科學習類不取，育而不教者不取〔註3〕，

〔註1〕 相關論文如：李浩：《論唐代關中士族的家族教育》，《西北大學學報》1998年第2期；侯力《唐代家學與科舉應試教育》，《湘潭師範學院學報》1998年第1期；顧向明《唐代太湖地區家學初探》，《歷史教學問題》1991年第5期等。一些論述唐代科舉、教育制度及其他專著的相關章節如：吳宗國《唐代科舉制度研究》第六章第四節《私學的興起》；宋大川《唐代教育體制研究》第四章第四節《家學》；李潤強《中國傳統家庭形態及家庭教育——以隋唐五代家庭爲中心》第六章《家庭教育的傳承與發展》，人民出版社2008年版。等等。由於缺乏足夠的例證，已有研究成果一則較多泛泛之論，説服力不足；二則較多臆測成分，難免產生諸多誤解。如宋大川《唐代教育體制研究》《家學》一節列有家學情況表（第193～194頁），共收三十四個案例，其中至少林傑、李琪、衛之玄兄弟、元真、盧翊、毛俊子、韓弘、王仲舒八例是指向不明，無法判斷是否出自家學教育，不考慮本書所列諸不取的情況，也僅得二十六例，故其依表統計分析的結論多可商榷，詳細的辨析見後文。

〔註2〕 包括《全唐文》（簡稱《文》）、《唐文拾遺》（簡稱《拾遺》）、《唐文續拾》（簡稱《續拾》）、《全唐文補遺》（簡稱《補遺》）1～9冊、《全唐文補遺（千唐誌齋新藏專輯）》（簡稱《補遺（專）》）、《唐代墓誌彙編》（簡稱《彙編》）、《唐代墓誌彙編續編》（簡稱《彙編續》）、《舊唐書》、《新唐書》、《資治通鑒》（簡稱《通鑒》）、唐五代筆記小説諸種、《太平廣記》等。需要説明的是，本書直接使用《全唐文》，是考慮到其材料比較集中，便於查找，但也僅限於臚列時所用，如具體分析時需要用到相關材料，除非他處不載，否則均以最原始或可資採信者爲準。

〔註3〕 之所以定下這些原則，理由如下：第一類多爲諛辭或墓誌行文套語，於教育情況的考察價值不大；第二類與「士子的教育資源」的主旨不合；第三類暫時不屬於本節討論內容；第四類案例極少，且與本書主旨關係甚小，捨而不取無關宏旨；第五類其例甚多，雖然其中可能有教育的成分，但撫育畢竟不能等同於教育，爲免於歧出，亦捨而不取。

共檢得唐代士子受業情況的材料 190 餘例〔註 4〕，明確歸屬個體家庭教育者的材料 61 例。

其中父授者 18 例：（1）史孝謙子，年並幼童，孝謙親爲講習《孝經》。（2）陸元感父善班固《漢書》，元感少傳其學，老而無倦。（3）王勃六歲善詞章，九歲讀《顏氏》、《漢書》。十歲包綜六經，由父訓成。（4）駱賓王家傳素業，弋書林而騁志，少奉庭訓，馳文圃以遊魂。（5）蘇頲聰悟過人，雖記覽如神，而父瓌訓厲至嚴。五歲措意於文，八九歲則有若大成。（6）劉知幾幼奉庭訓，早遊文學，年在紈綺，便受《古文尚書》，十二授以《左氏》，次又讀《史》、《漢》、《三國志》。（7）崔皚對子沔曰：「吾之《詩》、《書》、《禮》、《易》，皆吾先人於吳郡陸德明、魯國孔穎達重申討覈，以傳於吾，吾亦以授汝。汝能勤而行之，則不墜先訓矣。」（8）孫逖兄弟四人，皆著名於詞學，姊妹六人，俱涉迹於圖史，非獨（先）府君之善訓，亦有（太）夫人之內則焉。（9）徐浩，父擅書，浩受筆法，十五明經第。（10）獨孤及七歲，秘監府君親授以《孝經》。（11）劉通幼沐庭訓，式備《詩》、《禮》之義，克修敬慎之容。（12）焦璀幼而聰敏，《詩》、《禮》得於趨庭。（13）韋處厚孩提發言成詩，未已能賦，受經於先君，學文於伯舅許孟容。（14）呂溫早聞《詩》《禮》於先君。又師陸贄通《春秋》，從梁肅學文章。（15）韋塤成童知學，奉嚴訓，陋時文字，尚古經典。（16）皇甫鉟丱角好學，其父教以詩賦箴論。（17）楊迴有二子，訓以義方，敦閱《詩》、《禮》，咸能被服文行，時人稱公善誘善教。（18）李潛，先君親授《詩》、《禮》。〔註 5〕

母授者 20 例：（1）歐陽通少孤，母徐氏教其父之書。（2）始（梁）府君之逝也，有一子焉，未奉趨庭，幼鍾悲塞。夫人申之以德義，勖之以禮經，

〔註 4〕詳見附錄一《唐代士子受業情況表》。

〔註 5〕分見《文》卷 3 高祖《擢史孝謙詔》。《文》卷 279 靳翰《陸元感墓誌銘》。《文》卷 180 王勃《黃帝八十一難經序》、卷 191 楊炯《王勃集序》。《文》卷 198 駱賓王《上郭贊府啓》。《文》卷 295 韓休《蘇頲文集序》，《明皇雜錄》卷上。《文》卷 274 劉子玄《自敘》。《彙編》大曆 062《崔皚墓誌》。《文》卷 313 孫逖《孫嘉之墓誌銘》。《文》卷 445 張式《徐浩神道碑》。《文》卷 409 崔祐甫《獨孤及神道碑銘並序》、卷 522 梁肅《獨孤及行狀》。《彙編》元和 064《劉通墓誌銘並序》。《彙編》寶應 005《焦璀墓誌並序》。《文》卷 605 劉禹錫《韋處厚集序》。《文》卷 605 劉禹錫《呂溫集序》、《新唐書》卷 160《呂渭附呂溫傳》。《彙編》會昌 008《韋塤墓誌銘並序》。《補遺（專）》鄭熏《皇甫鉟墓誌銘並敘》。《拾遺》卷 28 賈文度《楊迴墓誌銘》。《續拾》卷 5 李潛《尊勝經幢後記》。

故能使克繼家聲，率是慈訓。（3）衡守直六歲，太夫人口授《□經》數十字。八歲，讀老、莊，閱墳素。十六遊太學。（4）李知少而孤露，母氏訓育，在於幼齒，不溺小慈，每以《詩》、《書》，親承教導。（5）元希聲爲母氏鞠育，備於典訓，三歲善草隸書，七歲屬文，十四通五經大旨。（6）孔若思孤，母褚氏親自教授。（7）李允子孤，繼母先訓之以名教，次誨之以典墳。（8）薛元曖妻濟南林氏，有母儀令德，博涉《五經》，善屬文，所爲篇章，時人多諷詠之。元曖卒後，其子彥輔、彥國、彥偉、彥雲，悉爲林氏所訓導，以至成立，咸致文學之名。（9）李則十餘歲，依於舅氏，少好老子莊周之言，與群童遊，盡能記他童之所習，先夫人學《左氏春秋》，博流百家之書，故李則以經史浸潤，力田供養，善草隸書。（10）苗蕃少喪父，受業母夫人。（11）張誠有三子，曰平仲、平叔、平季。夫人陸氏，即國子司業集賢殿學士善經之女，賢明有法度。初公既歿，諸子尚幼，夫人勤求衣食，親執《詩》《書》，諷而導之，咸爲令子。（12）柳宗元始四歲，居京城西田廬中，先君在吳。家無書，太夫人教古賦十四首，皆諷傳之。（13）權德輿四歲能爲詩，七歲而孤，母教授，弱歲時從師於黨塾，十五文章知名。（14）白居易父即世，諸子尚幼，未就師學，夫人（穎川陳氏）親執《詩》、《書》，晝夜教道，恂恂善誘，十餘年間，諸子皆以文學仕進，官至請近，實夫人慈訓所至也。（15）元稹，八歲孤，慈母親爲教授書學。九歲學從姨兄胡靈之學詩。又徒步執卷，就姊夫陸翰師授。年十五明經出身。（16）李紳六歲而孤，母盧氏教以經義。（17）李景讓兄弟三人，母鄭氏，性嚴明，早寡，家貧，居於東都。諸子皆幼，母自教之。（18）白幼美七歲能誦詩賦，八歲能讀書鼓琴，九歲遇疾。（19）楊收七歲喪父，長孫夫人親自教授。十三，略通諸經義，善文詠。（20）劉蛻始稚孺，坐於膝，太夫人手持《孝經》，點句以教之。〔註6〕

〔註6〕分見《舊唐書》卷189《儒學上‧歐陽詢附子通傳》。《彙編》長安064《梁府君妻李淑墓誌銘並序》。《補遺（專）》蘇頲《衡守直墓誌銘並序》。《彙編》開元462《李知誌石文並敘》。《文》卷280崔湜《元希聲碑》。《舊唐書》卷190《文苑上‧孔紹安傳附若思傳》。《補遺（專）》李畬《墓誌銘並序》。《舊唐書》卷146《薛播傳》。《文》卷639李翱《李則墓誌銘》。《文》卷566韓愈《苗蕃墓誌銘》。《文》卷678白居易《張誠神道碑銘》。《文》卷590柳宗元《先太夫人河東縣太君歸祔誌》。《文》卷562韓愈《權德輿墓碑》、卷521梁肅《權公夫人李氏墓誌銘》、卷492權德輿《送右龍武鄭錄事東遊序》。《文》卷680白居易《襄州別駕府君（季庚）事狀》。《舊唐書》卷166《元稹傳》，《文》卷653元稹《誨姪等書》、《全唐詩》卷406元稹《答姨兄胡靈之見寄五十韻並序》、

　　祖父、外祖、伯叔祖教授者 7 例：（1）權順孫童時，讀《孝經》、《論語》、《尚書》，尤好筆箚，不離硯席，方肄小戴禮，感疾，年十三卒。（2）張鷟襁褓衰麻，鞠育舅氏。外王父大理丞某，府君傳其憲章，年十九，明法擢第。（3）元行沖少孤，為外祖司農卿韋機所養。博學多通音律及詁訓之書。（4）封常清外祖犯罪流安西效力，守胡城南門，頗讀書，每坐常清於城門樓上，教其讀書，多所歷覽。（5）蔣乂，吳兢之外孫，以外舍富墳史，幼便記覽不倦。七歲時，誦庾信《哀江南賦》。（6）韋丹既孤，以甥孫從太師魯公真卿學，太師授之，舉明經第。（7）鄭崇道四歲，叔祖授《孝經》，未浹旬，成誦于口。〔註7〕

　　伯、叔、舅父，伯、叔、姑母教授者 8 例，其中韋處厚例重出：（1）白龜兒頗有文性，伯父白居易每教《詩》、《書》。（2）柳元方幼孤，季父建撫字訓道，通《左氏春秋》，貫歷代史，旨劃羅列，接在視聽，嗜好文章，辭富理精。（3）顏惟貞少孤，育舅殷仲容氏，蒙教筆法，家貧無紙筆，與兄以黃土掃壁本石劃而習之。（4）蕭穎士七歲能誦《論語》、《尚書》，十歲以文章知名。穎士自述云：「舅氏於予有教授之恩，直辭片字，皆資訓誘。」（5）韋行素少孤，依於外家。公善屬文，尤攻詞賦，文學俱成，垂譽於世，皆叔舅齊煦之致。（6）播兄據、摠並早孤幼，悉為伯母林氏所訓導，以至成立，咸致文學之名。（7）顏真卿童孺時，特蒙姑母顏真定教言辭音剖（缺）延壽《王孫賦》、崔氏《飛龍篇》、江淹《造化篇》、《五都賦》，又由伯父元孫、兄允南親授。〔註8〕

　　　　卷 680 白居易《元寬夫人鄭氏墓誌銘並序》。《舊唐書》卷 173《李紳傳》。《通鑑》卷 248 武宗會昌六年九月條。《文》卷 680 白居易《襄州別駕府君（季庚）事狀》、卷 679 白居易《白幼美墓誌銘並序》。《舊唐書》卷 177《楊收傳》。《彙編》大中 130 劉蛻《先姚姚夫人權葬石表》。

〔註7〕分見《文》卷 506 權德輿《殤孫進馬墓誌銘並序》。《文》卷 232 張說《府君（張鷟）墓誌銘》。《舊唐書》卷 102《元行沖傳》。《舊唐書》卷 104《封常清傳》。《舊唐書》卷 149《蔣乂傳》。《文》卷 566 韓愈《韋丹墓誌銘》。《補遺（專）》邵炅《鄭崇道墓誌銘並序》。

〔註8〕分見《彙編》大中 107《呂讓墓誌銘》。《文》卷 681 白居易《祭弟（行簡）文》。《文》卷 590 柳宗元《柳元方墓誌》。《文》卷 340 顏真卿《顏惟貞碑銘》。《文》卷 315 李華《蕭穎士文集序》、卷 322 蕭穎士《登臨河城賦並序》、卷 323 蕭穎士《贈韋司業書》。《彙編》大和 007《韋行素墓誌銘並序》。《舊唐書》卷 146《薛播傳》。《文》卷 344 顏真卿《顏真定神道碣銘》、卷 340 顏真卿《顏君（惟貞）碑銘》。

兄、宗兄、姐、姐夫，宗人教授者 7 例，其中顏惟貞、元稹例重出：（1）呂讓七歲在潭州，繼失怙恃。既祥，念《春秋左氏傳》，日五百字。其兄呂溫親授文章意氣、經傳宗旨。（2）白敏中少孤，為諸兄之所訓厲。（3）王知教成童，伯仲以《孝經》授。（4）盧渥既屬文，太夫人知其友愛諸弟，且命相敦誘，故諸弟子亦能相師稟，就其所業，及公中第，即又孜孜指導進取，果歲繼捷，皆籍於顯地。（5）畢坰生始四歲，家破，陷於叛賊。寶應二年，河北平，宗人宏以家財贖出。坰既至長安，宏養於家，教讀書，明經第。（6）顏元孫、顏惟貞始孩，傾隔怙恃，姐顏眞定躬自誨育，教之《詩》、《書》，悉擅大名。〔註9〕

受學者眾多，身份複雜，歸屬不便者 4 例：（1）苗善物父璉，「屬以諸父凋逝，家累孔殷，方乃謝絕衣冠，垂訓子姪。其時伯叔（墓誌撰者之伯叔，即苗璉之子姪）總有廿，不逾數歲，孝廉擢第者一十有三。遂得羔雁成行，不獨仲弓之室，芝蘭交映，豈唯太傅之庭。」（2）柳宗元父鎮，「天寶末，經術高第。遇亂，奉德清君夫人載家書隱於王屋山，間行以求食，深處以修業，作《避暑賦》。合群從弟子姪講《春秋左氏》、《易王氏》，衍衍無倦，以忘其憂。」（3）胡珦貞元四年貶為獻陵令，居陵下七年，市置田宅，務種樹為業以自給，教授子弟。（4）李某，「年十八，能通《五經》，……益通《五經》，咸著別疏，遺略章句，總會指歸。……粗以訓諸子弟，不令傳於族姻，故時人莫得而知也。注撰之暇，聯為賦論歌詩。」「商隱與仲弟義叟、再從弟宣岳等（蒙）親授經典，教為文章。」〔註10〕

二、《唐代個體家庭教育情況表》

據上述資料，為清眉目，再製《唐代個體家庭教育情況表》：

受學者	貫屬	出自	出身	始學時代	受學內容	教授者
史孝謙子		小	不詳	武德	經	父
歐陽通	潭州	士	仕	貞觀初	書	母
張鷟	河南	小	明法	貞觀	律	外祖

〔註 9〕 分見《舊唐書》卷 166《白居易傳附敏中傳》。《文》卷 806 張魏賓《王知教墓誌銘並序》。《文》卷 809 司空圖《盧渥神道碑》。《文》卷 566 韓愈《畢坰墓誌銘》。《文》卷 344 顏眞卿《殷府君夫人顏眞定神道碣銘》。

〔註10〕 分見《彙編》開元 355《苗善物墓誌銘並序》。《文》卷 588 柳宗元《柳鎮神道表》。《文》卷 562 韓愈《胡珦墓誌銘碑》。《文》卷 780 李商隱《請盧尚書撰故處士姑臧李某誌文狀》。

梁某子		小	不詳	貞觀	經	母
陸元感	吳郡	小	門蔭	貞觀中後	史	父
王勃	絳州	小	制科	顯慶	史、文、書	父
駱賓王	婺州	庶	仕	顯慶	文	父
衡守直	河南	士	及第	麟德	經、玄	母
蘇頲	京兆	士	進士	乾封	文	父
李知	河南	小	未第未仕	乾封	文	母
劉知幾兄弟	徐州	士	進士	咸亨	文、經、史	父
元希聲	河南	士	進士	高宗朝初	文、書、經	母
元行沖	河南	小	進士	高宗朝	經	外祖
孔若思	越州	士	明經	高宗朝	不詳	母
鄭崇道	鄭州	小	明經	高宗朝	經	叔祖
顏惟貞	京兆	士	制科	高宗朝	經、書	舅、姐
李允子	趙郡	士	門蔭	高宗朝	經	繼母
崔沔	京兆	士	進士	高宗朝末	經	父
孫逖兄弟	河南	小	進士	武周	文	父
徐浩	越州	小	明經	武周	書	父
顏眞卿	京兆	士	進士	開元二年	文	姑母、伯、兄
封常清	蒲州	庶	仕	開元初期	不詳	外祖
薛播兄弟	蒲州	士	進士	開元初期	經、文	伯母
薛彥輔兄弟	蒲州	士	進士	開元初期	經、文	母
李則	渭州	小	仕	開元初期	史、玄	母
蕭穎士	潁州	士	進士	開元十一	經、文	舅
獨孤及	河南	士	制科	開元十八	經	父
劉通	揚州	庶	未第未仕	天寶八年	經	父
焦璀	懷州	小	仕	天寶中	經	父、師
蔣乂	河南	士	仕	天寶末	文	外祖
柳元方	蒲州	士	門蔭	肅宗朝	史、文	叔父
韋丹	京兆	士	明經	大曆初	不詳	外祖
畢坰	鄆州	士	明經	大曆初	不詳	宗兄
苗蕃	潞州	小	進士	大曆初	不詳	母
韋處厚	京兆	士	進士	大曆初	經、文	父、舅

張平仲兄弟	吳郡	士	仕	大曆三年	經	母
柳宗元	蒲州	士	進士	大曆中	文	母
權德輿	潤州	士	仕	大曆後	文	母、師
呂溫	河中	小	進士	大曆後	經、史、文	父、師
白居易	華州	小	進士	建中	經	母
元稹	河南	士	明經	貞元初	書、文、經史	母、姐夫、姨兄
李紳	常州	士	進士	貞元初	經	母
李景讓兄弟	太原	小	進士	貞元初	不詳	母
白幼美	華州	小	早卒	貞元七年	文	母
韋塤	京兆	小	明經	貞元末	經	父
呂讓	河中	小	進士	貞元末	史、文	兄
皇甫鉟	涇州	小	明經	貞元末	文	父
白敏中	華州	小	進士	元和初	不詳	兄
權順孫	潤州	士	早卒	元和初	經	祖父
韋行素	京兆	小	未第	元和前期	文	舅
楊迴子	虢州	士	不詳	元和	經	父
楊收	蘇州	士	進士	長慶	經、文	母
白龜兒	華州	小	不詳	大和初	經	伯父
李潘	趙郡	士	進士	大和初	經	父
劉蛻	潭州	庶	進士	大和初	經	母
王知教	太原	庶	未第未仕	咸通	經	兄
盧渥諸弟	范陽	士	及第	咸通	文	兄

　　表中各項參考指標的考察目的及採信原則須稍作說明：

　　1、所謂「貫屬」考察受學者的地域分佈情況。貫屬依陳尚君《唐詩人占籍考》的原則取捨〔註11〕。陳先生已考出者直接採用，其他依據其原則占籍。為直觀，均只出州府不及縣屬。

　　2、所謂「出自」考察受學者的家庭背景，主要指其所在階級和階層。依據毛漢光士族、小姓、庶人的分層原則確定。

〔註11〕陳尚君在《唐詩人占籍考》編例中大致確定了其占籍原則：唐人望、貫混稱，尊重當時實際，採取先貫後望的原則取捨；對望、貫互存、記載歧互而諸說不一者，一律取一說，先貫後望。詳參收入氏著《唐代文學叢考》，中國社會科學出版社1997年版，第139頁。

3、所謂「出身」考察受學者學業有成之後的出路。進士、明經、明法、制科、門蔭很好理解，不做特別說明。「仕」指其人此後入仕爲官，但未能詳其仕進之途徑者。「及第」指其人科舉及第，但不能詳其及第科目者。「未第」指其人已被選拔參加省試，但未能及第、登科者。「不詳」指其人受學時年歲尚小，之後經歷不可考者。「早卒」指其人尚在受學，但因各種原因早卒，未能順利完成學業者。「未第未仕」指其人弱齡受業後，既未被貢舉亦未以其他途徑入仕爲官者。

4、所謂「始學時代」考察受學者最初接受個體家庭教育時所處大致時代。據所考出的 61 例受學者可知，他們最初受學年齡一般在六、七歲之間，故其確定依據爲受學者出生年下推六年。受學者出生年的考定：（1）能考知卒年及享年者，上推得其生年。（2）只知卒年而不知享年或只知享年而不知卒年者，或依其及第年齡上推得其生年，或依據其他信息取約數上推，不再一一說明。

5、所謂「受學內容」，含經（學）、史（學）、文（學）、書（學）、律（學）、玄（學）幾類。因唐代貢舉所重唯明經、進士二科而已，大致而言，經、史、玄均可歸入經史一類，書則爲士子必備之小學功夫，不必另做考慮。故具體分析時以經史、文學分類進行討論。

6、所謂「教授者」考察教育者與受學者的關係。原則上以「教」爲主，僅出教者和教育者，育而不教者不出。「歸屬不便者」4 例限於體例，未收入表中，僅在個案分析時加以利用，故表中實際僅列 57 例。

7、關於統計數據的採信度，有兩點須特加說明。（1）個體家庭教育的材料主要來自墓誌碑文，限於體例，《唐代墓誌彙編》及《續編》不收唐之後的墓誌碑文，《全唐文》及《拾遺》、《續拾》、《補遺》也僅收至五代。受資料收集範圍的限制，眾多由唐、五代入宋的士子的早期習業情況不得其詳，導致表中咸通以後個體家庭教育案例缺失。（2）現存出土墓誌的墓主至少 90%以上是官僚，他們科舉及第的比例自然很高。此外，依唐代實際，貢舉及第者數目最多的是明經，但因他們入仕後所任多低下級官僚，墓誌留存較少，並不能反映這一實際，這是統計結果中及第明經極少的根本所在。而且，數量眾多的未及第士子甚至都沒有墓誌存世，此乃統計結果看起來個體家庭教育成效顯著的關鍵。故分析上述統計所反映的唐代士子個體家庭教育的成效時，其參考價值應愼重對待。

三、個體家庭教育投資的等級性及其特點

　　《唐代個體家庭教育情況表》所收 57 個案例中，士族 30 例，小姓 22 例，庶民僅有 5 例。值得注意的是，至少孔若思、顏惟貞、李允子、顏眞卿、柳元方、韋丹、畢坰、張平仲兄弟、元稹、李紳、楊收等 11 例，雖出自士族家庭，實爲孤寒。可見，個體家庭教育雖然廣泛存在於社會的各階層，但分佈並不均勻，庶民家庭極少，主要集中在廣義士族家庭，尤其是中下級官吏家庭。

　　個體家庭教育集中於廣義士族家庭的階層分佈特點又與其地域分佈特徵緊密相連。可知貫屬的 55 個案例中，京畿道 12 例，其中京兆府 8 例，華州 4 例；關內道涇州 1 例；都畿道 11 例，其中河南府 8 例，鄭州、懷州各 1 例；河南道 4 例，其中徐州、潁州、鄆州、虢州各 1 例；河東道 12 例，其中蒲州 7 例（含河中 2 例），太原府、趙州各 2 例，絳州 1 例；河北道 2 例，其中潞州、范陽各 1 例；隴西道渭州 1 例；淮南道揚州 1 例；江南東道 9 例，其中吳郡、越州、潤州各 2 例，蘇州、常州、婺州各 1 例；江南西道潭州 2 例。分佈集中度比較高，主要集中在傳統政治、經濟、文化中心的京畿、都畿、河東、江南東道四道，尤其是士族和各級官吏相對集中的京兆府、河南府、蒲州、三吳地區。

　　個體教育的時代分佈比較均勻，前後不見明顯差別。57 個案例中，若以兩期考察，前期 30 例，後期 27 例，後期略弱，區別不大。若以三期考察，前期 20 例，中期 27 例，後期 10 例，似乎唐後期特別是晚期偏弱。考慮到資料收集範圍的限制因素，其實無論從兩期還是三期考察，個體家庭教育的案例分佈應該是比較均勻的。換言之，個體家庭教育存在於整個唐代，雖然中期密度較高，但前後並無顯著差別﹝註 12﹞。至於中期密度較高的原因，史載「開元以後，四海晏清，士無賢不肖，恥不以文章達」，「太平君子，唯門調戶選，徵文射策，以取祿位」，故「五尺童子恥不言文墨」，「父教其子，兄教其弟，無所易業」﹝註 13﹞，乃最好的注腳。

　　總之，個體家庭教育的投資貫穿唐代社會的始終，主要見於各級城鎮的

﹝註12﹞ 宋大川云：「表列三十二例中（筆者按：實爲三十四例），初唐、盛唐時期有九例，占總數的 28.1%，中、晚唐時期則占 71.9%。似可說明家學教育雖存在於整個唐代。但各個時期又有不同的變化，前期較少，中後期偏重，這與中唐後，私學教育取代官學而成爲國家教育主要承擔者的發展趨向是一致的」（第 195 頁），與本書的統計數據偏差甚大，其結論亦可商榷。

﹝註13﹞ 《通典》卷 15《選舉三》，第 357～358 頁。

廣義士族家庭（家族）。之所以如此，是因爲：父兄傳業、母親訓誨、宗親師授者，需要一定的文化修養和授業的閒暇時間〔註14〕；學塾的營建及修繕、經史書籍的購置、塾師的聘用需要家庭（家族）財產的支撐；士子讀書求學一應用度也依賴家庭的供給。

個體家庭教育有其特色，這些特色某種程度上也是它的優勢所在。

個體家庭教育的受學者從六、七歲前的幼童到十來歲的少年不等，主要進行的是基礎性教育。開元以前，各級官學發展，學童完成基礎性教育後，一般入官學就讀，如衡守直，「六歲，太夫人河南君口授《□經》數十字」、「八歲，讀老、莊，閱墳素」、「十六，遊太學，討群書。十八，旋本郡，應賓舉，允矣人望，揚於王庭」，開元九年（721）卒，年六十五〔註15〕；蘇頲，「五歲便措意於文，……至於八九歲，則有若大成焉。一覽誦千言，有若素習。十七遊太學，對策甲科」，開元十五年（727）卒，年五十八〔註16〕。二人皆科舉及第。

天寶以後，官學衰落，個體家庭教育逐漸向基礎性教育與科舉應試教育相結合的方向發展。如韋處厚，「生而聰明絕人，在提孩發言成詩，未幾能賦。受經於先君僕射，學文於伯舅許公孟容。及壯，通六經，旁貫百氏」，元和元年（806）進士及第，年三十四〔註17〕，其基礎性教育和科舉應試教育皆在個體家庭教育內完成。又，元稹「八歲喪父。其母鄭夫人，賢明婦人也，家貧，爲稹自授書，教之書學。稹九歲能屬文，十五兩經擢第」〔註18〕，時在貞元九年（793）〔註19〕。元稹回憶自己早年受教育的情況，「憶得初讀書時，……尚在鳳翔，每借書於齊倉曹家，徒步執卷，就陸姊夫師授，棲棲勤勤，其始也若此。至年十五，得明經及第」〔註20〕，「憶昔鳳翔城，髫年是事榮。理家

〔註14〕 吳宗國：「由父母兄嫂教授，需要一定的條件。首先是他們必須是博通經義，善於文章，具有較高的文化素養。其次是要有教授的閒暇時間。這不是一般人家所能具備的。」氏《唐代科舉制度研究》，第 136 頁。
〔註15〕 蘇頲：《衡府君（守直）墓誌銘並序》，《全唐文補遺（千唐誌齋新藏專輯）》，第 135 頁。
〔註16〕 《全唐文》卷 295 韓休《蘇頲文集序》，第 2987 頁；《舊唐書》卷 88《蘇頲傳》，第 2881 頁。
〔註17〕 《劉禹錫集》卷 19《韋公（處厚）集紀》，第 226 頁；《舊唐書》卷 159《韋處厚傳》，第 4182 頁。按韋處厚大和二年（828）卒，年 56，故及第時年 34。
〔註18〕 《舊唐書》卷 166《元稹傳》，第 4327 頁。
〔註19〕 〔宋〕趙令時撰，孔凡禮點校：《侯鯖錄》卷 5《微之年譜》，中華書局 2002 年版，第 132 頁。
〔註20〕 〔唐〕元稹撰，冀勤點校：《元稹集》卷 30《誨侄等書》，中華書局 1982 年版，第 355 頁。

煩伯舅，相宅盡吾兄。詩律蒙（胡靈之）親授，朋遊忝自迎」〔註21〕。元稹由其母鄭氏開蒙習字，姐夫陸某師授經義，姨兄胡靈之親授詩賦，在個體家庭教育內完成了基礎性和科舉應試兩種性質的教育。

部分士子則在完成基礎性教育後向外繼續求學，其中社會資源較優者，常取「易子而教」的方式完成科舉應試教育〔註22〕。如李泌善詩文，卻命子繁持所著文章請好友梁肅潤色，「肅待之甚厚，因許師事」〔註23〕；包融自己文詞俊秀，卻讓子何師事好友孟浩然，授格法〔註24〕；韓愈一代文學宗師，其子昶卻跟從與韓愈有亦師亦友關係的張籍學《詩》，又隨樊宗師學文〔註25〕。李繁、包何、韓昶嗣後俱進士及第。

個體教育的教授內容以經史爲主，或兼修經史與文學，純文學者甚少。57個案例中，除去不詳者7例、家傳書學者2例、律學1例不做考慮。在餘下的47個案例中，習業內容純爲經史者23例，以兩期分爲前期13例，後期10例；以三期分爲前期9例，中期8例，後期6例。純爲文學者13例，以兩期分爲前期6例，後期7例；以三期分爲前期4例，中期6例，後期3例。經史、文學兼修者11例，以兩期分爲前期6例，後期5例；以三期分爲前期3例，中期7例，後期1例。換一個視角，在47個案例中，有34個是純習或兼修經史者，約占72%，大大超出13例純習文學者所佔28%的比例，其分佈以兩期分爲前期19例，後期15例；以三期分爲前期12例，中期15例，後期7例。可見，如果考慮到資料收集範圍的限制因素，除經史、文學兼修者確實主要集中於唐中期外，以純經史或純文學爲修習內容者的時間分佈應該是比較均勻的，前後並不見有明顯差別〔註26〕。相反，作爲基本的人文素養

〔註21〕《元稹集》卷11《答姨兄胡靈之見寄五十韻並序》，第123頁。
〔註22〕按古人「易子而教」有其思想淵源，參見《孟子注疏》卷7下《離婁章句上》；《顏氏家訓》卷1《教子第二》。《顏氏家訓》更是具體地解釋了其原因：「《詩》有諷刺之辭，《禮》有嫌疑之誡，《書》有悖亂之事，《春秋》有邪僻之譏，《易》有備物之象，皆非父子之可通言，故不親授耳。」
〔註23〕李泌事見《太平廣記》卷38引《鄴侯家傳》「李泌」條，第239頁。李繁事見《舊唐書》卷130《李泌傳附李繁傳》，第3625頁。
〔註24〕包融事見《舊唐書》卷190中《文苑·賀知章傳》，第5035頁。包何事見傅璇琮主編：《唐才子傳校箋》卷3《包何傳》，冊1，中華書局1987年版，第461頁。
〔註25〕《唐代墓誌彙編》大中102韓昶《韓昶自爲墓誌銘並序》，第2329頁。
〔註26〕宋大川云「從教授內容看，純經義的有十五例，文章詩賦五例，經史文辭皆有的四例。以經義爲內容的家學大都是在盛唐之前；以文章詩賦爲教學

教育，經史為主或經史與文學兼修乃是多數個體家庭教育授學時的選擇。因為唐代科舉考試的內容，本質上是對貢舉人的人文知識和寫作技能，即人文素養的考察，無論如何變化、何種科目，都離不開對經史的理解和掌握。接受舊式教育的王國維曾云：

> 漢人受書次第，首小學，次《孝經》、《論語》，次一經，此事甚明。諸書（所載）或倒言之，乃以書之尊卑為次，不以受書之先後為次。受書時，由卑及尊，乃其所也〔註27〕。

可謂是體味歷史的通達之論。所云雖為漢代士子受業情況，但大致也可說是傳統中國讀書人的學習模式。

要之，個體家庭教育的教授內容主要是經史或經史與文學兼修，這種教育內容的結構隨唐代科舉考試內容的變化或許稍有調整，但並不明顯〔註28〕。這種教育內容的特色，帶給廣義士族子弟的是相對紮實的人文知識和寫作技能，為其後來進一步深造科舉應試教育打下了良好的學業基礎。

四、「寡母教孤」的實現條件及其等級性

正常情況下，個體家庭教育是在小家庭內部完成，以父、母教授為主。也有不少在大家庭內完成者，如「不便歸屬者」四例均是，但亦多半不出三代。然而，當小家庭發生變故時，個體家庭教育的範圍就會擴展，依各自情況不同，接受宗族、親族內部的教育，已見所舉材料及表列。值得注意的是，20例母授者中，有16例是在男性家長辭世後出現，形成中國古代教育史上頗具特色的「寡母教孤」現象〔註29〕。由於「寡母教孤」乃個體家庭教育的組

內容的基本上是在天寶以後，而經史文辭皆有的則分佈於盛唐和中唐。這表明，教育內容的組成在唐朝前後期有一個重大的轉變，而這個轉變則是在盛唐和中唐時期完成的」（第195頁），其統計數據及由此而推演出的結論均可商榷。

〔註27〕王國維：《觀堂集林》卷4《漢魏博士考》「漢書武帝紀建元五年春置五經博士」條按語原注，《王國維遺書》第一冊，上海古籍書店1983年影印版。

〔註28〕遺憾的是，王國維此論絕少有古代教育史研究者注意，惟高明士《東亞教育圈形成史論》有深切的關注（上海古籍出版社2003年版，第109頁）。相信研究者若能注意到王先生此論，也就不至於有唐代家學教授內容依時代不同有不同的變化之類的推測，進而推導出相關的所謂規律。

〔註29〕這一現象已為較多教育史研究者所注意。如李浩：《唐代三大地域文學士族研究》第十一章《寡母教孤：唐代士族教育的一個突出現象的考察與分析》，中華書局2002年版；徐庭云：《隋唐五代時期的「寡母撫孤」》，《北京理工大學學報》2000年第1期；傅永聚、馬林濤：《論唐代的母訓文化》，《煙臺師範學

成部分，一般情況依前述類推即可，不贅。本書主要考察這種教育得以實現的資源背景及其等級性。

首先，寡母教孤要求寡母自身有一定的文史修養。傳世文獻和墓誌碑文所見，唐代有一定經史、文學修養的女性絕大多數出自士族或儒學世家，此僅舉典型以見其詳。張簡修《唐陸炭妻吳郡張氏墓誌銘並序》：

> （張氏）世襲儒素，□嘗侍祖母義豐郡太君，祖母奇其端謹，教誨詩□語日數百言。常謂曰：「汝長必能爲大家婦」。

待張氏成年，果然嫁給吳郡陸炭，爲「大家婦」，故誌銘云「冑儒宗兮配德門，敬以順兮婦職存」〔註30〕。又，柳宗元回憶早年母親對他的教育：

> 嘗逮事伯舅，聞其稱太夫人之行以教曰：「汝宜知之，七歲通《毛詩》及劉氏《列女傳》，斟酌而行，不墜其旨。汝宗大家也，既事舅姑，周睦姻族，柳氏之孝仁益聞。歲惡少食，不自足而飽孤幼，是良難也。」又嘗侍先君，有聞如舅氏之謂，且曰：「吾所讀舊史及諸子書，夫人聞而盡知之無遺者。」某始四歲，居京城西田廬中，先君在吳，家無書，太夫人教古賦十四首，皆諷傳之。以詩禮圖史及剪制縷結授諸女，及長，皆爲名婦。〔註31〕

子厚母盧氏出自涿郡范陽，范陽盧氏爲山東高門著望。誌文說盧氏七歲即通《毛詩》及劉氏《列女傳》，或稍有譽美，但至少說明盧氏接受教育的時間較早。正因有良好的家學基礎，盧氏能在其夫讀舊史及諸子書時，「聞而盡知之無遺」；能在家中暫時無書的情況下諷傳子厚古賦十四首；能「以詩禮圖史及剪制縷結授諸女」，使其「皆爲名婦」。

所謂「大家婦」、「名婦」，即張氏、盧氏、柳氏等有文化、能教育子女者。據此，名門望族和儒學世家家庭教育的良性循環，就清晰地呈現在我們面前。名門望族或儒學世家的女子在家學中受到了良好的文化教育，她們一般又嫁入名門或儒學世家，相夫教子，既養育出能科舉入仕或以詩書維持門戶的佳子弟，又培養出有文化能嫁入名門或儒學世家教育子女的新的「名婦」，如果沒有大的家庭變故，則薪火相傳，生生不息。故曰：士族重婚姻，亦理所宜。

院學報》2000 年第 1 期；許友根：《唐代「寡母教子」現象初探》，《內蒙古師範大學學報》2005 年第 10 期，等等。

〔註30〕《全唐文補遺（千唐誌齋新藏專輯）》，第 357 頁。

〔註31〕柳宗元：《柳宗元集》卷 13《先太夫人河東縣太君歸祔誌》，中華書局 1979 年版，第 326 頁。

其次，「寡母教孤」有一定的經濟資源要求。孤寡的家庭經濟狀況或許不好，甚至是「家貧」，但至少不至於因此影響孤兒習業。《資治通鑑》卷 248 武宗會昌六年九月條：

> 景讓母鄭氏，性嚴明，早寡，家貧，居於東都。諸子皆幼，母自教之。宅後古牆因雨隤陷，得錢盈船，奴婢喜，走告母。母往，焚香祝之曰：「吾聞無勞而獲，身之災也。天必以先君餘慶，矜其貧而賜之，則願諸孤它日學問有成，乃其志也，此不敢取！」遂命掩而築之。三子景讓、景溫、景莊，皆舉進士及第。

在頌揚鄭氏不取意外之財的高潔德行時，其實就透露了一個事實，李家雖「貧」，但也無須為日常用度擔憂，故鄭氏不用意外之財，李景讓弟兄照樣能順利完成學業，及第入仕。

又有孤兒寡母，因本家暫時無法立足，而依養外親，並在外家完成基礎教育。但依養之孤寡多數並非全無家業，只是孤兒尚幼，寡母無依，故暫時歸依外家，待孤兒長成，即會重回本家接掌家業〔註32〕。李玨《牛僧孺神道碑銘並序》：

> 公七歲而孤，依倚外族周氏。……年十五，知先奇章公城南有隋室賜田數頃，書千卷。乃辭親肄習，孜孜矻矻，不捨晝夜。洎四五年，業成舉進士，軒然有聲。〔註33〕

牛僧孺七歲而孤，寄養外家周氏，在外家完成基礎性教育。十五辭別外親，返回本家，之所以能孜孜自學，不為衣食憂，即在於其家有「賜田數頃」，不為多，至少可以維持日常用度及習業所需。此外，本書所列十六個「寡母教孤」的案例，既有在本家也有依養外親教授者，但無一例外，均出自士族或小姓家庭，原因恐怕也在於「寡母教孤」對於家庭經濟的要求。

總之，「寡母教孤」雖然艱辛，但並非一般庶民家庭可為，受上述較高資源要求限制，能在家庭教育中完成子女的經史、文學教育者，率多士族和小姓人家之「寡母」，是為關鍵。

〔註32〕關於唐代依養外親的孤寡家庭，李潤強有專深研究，非本書主旨，不贅，詳參李先生《唐代依養外親的孀婦幼孤家庭考察》，收入田澍主編：《中國古代史論萃》，甘肅人民出版社 2004 年版，第 235～262 頁。

〔註33〕《全唐文》卷 720，第 7406 頁。杜牧《樊川文集》卷 7《牛公（僧孺）墓誌銘並序》略同，第 114 頁。

第二節　家塾和族塾的投資及其等級性

除了教授者不同外，家塾與個體家庭教育其實沒有多大區別，只是對家庭經濟資源有更高的要求。族塾則是家塾的擴大，但部分已超出家族教育的範圍，也兼有接納外來士子習業的功能。本節在教育資源的視野下，主要探討家塾和族塾的實現條件及其等級性。由於與個體家庭教育沒有本質區別，有關它們的教育資源及成效則合併另節論述。

一、家塾的投資及其等級性

家塾指某個家庭專闢一個所謂「家學」、「家塾」、「學院」的學習場所，延師教授本家或近親子弟數人或數十人。如「京兆韋訓，暇日於其家學中讀《金剛經》」〔註34〕，此「家學」即為韋家家塾。又，「韓愈侍郎有疏從子姪自江淮來，年甚少，韓令學院中伴子弟，子弟悉為淩辱」〔註35〕，此「學院」乃韓家家塾。又，大中時，閩府大將林肅子傑幼聰，年六歲即詩賦盈軸，「遂獻唐中丞扶。唐既伸幅窺吟，聳耳皆歡。命子弟延入學院」〔註36〕，此「學院」為唐家家塾。

家塾在唐代應比較普遍。僅唐末的沙州就至少同時存在有三所私塾：郎義君學、李家學、張球學〔註37〕。推測社會經濟、文化水平更高的其他地區家塾的分佈只會多於沙州。私塾須專門的學習場所，須延師教授，對家庭經濟條件要求相對較高。現存史料也表明貫穿唐代始終的家塾多見於士族或當朝顯宦人家。《唐代墓誌彙編》開元105《唐故處士王慶之碣》：

> （王慶）上黨黎城人也。……旁涉子史，兼工草隸，名聲日休，盈耳郡國，舉進士策高第。牧守希其才，將貢皇闕，會徐王到，遂不復以聞，留之幕府，悉子弟從其受業。

按徐王即高祖第十子元禮，永徽四年（653）為潞州刺史〔註38〕，王慶被聘為家塾師當在此時。又《太平廣記》卷149「崔圓」引《逸史》：

> 崔相國圓，少貧賤落拓，家於江淮間。表丈人李彥允為刑部尚

〔註34〕《太平廣記》卷368「韋訓」引《廣異記》，第2930頁。

〔註35〕〔唐〕段成式撰，方南生點校：《酉陽雜俎》前集卷19《草篇》，中華書局1989年版，第185頁。

〔註36〕《太平廣記》卷175「林傑」引《閩川名士傳》，第1301頁。

〔註37〕李正宇：《唐宋時代的敦煌學校》，第44頁。

〔註38〕《舊唐書》卷64《高祖二十二子·徐王元禮》，第2426頁。

書。崔公自南方至京，候謁，將求小職。李公處於學院，與子弟肄
業，然待之蔑如也。

事在天寶間，此學院乃李家家塾。又《酉陽雜俎》前集卷 5《怪術》：

石旻有奇術，……盛傳寶曆中，石隨錢徽尚書至湖州，嘗在學
院，子弟皆文丈呼之。

錢徽刺湖州在長慶元年至三年（821～823）間，此處「寶曆」當爲「長慶」
之誤〔註39〕，此學院爲錢家家塾。又《舊唐書》卷 124《令狐章傳附令狐建傳》：

建妻李氏，恒帥寶臣女也。建惡，將棄之，乃誣與傭教生邢士
倫奸通。建召士倫榜殺之，因逐其妻。

事在德宗興元元年（784），邢士倫即被稱爲「傭教生」，乃令狐建聘來教授子
弟的家塾師。又《雲溪友議》卷中《澧陽讌》：

故荊州杜司空悰，自忠武軍節度使出澧陽，宏詞李宣古者，數
陪遊讌。每戲謔於其座，……侮慢既深，杜公不能容忍，使臥宣古
於泥中，欲辱之檟楚也。長林公主聞之，不待穿履，奔出而救之曰：
「尚書不念諸子學文，擬陪李秀才硯席，豈在飲筵而舉人細過！待
士如此，異時那得平陽之輿乎？」遂遣人扶起李秀才，於東院以香
水沐浴，更以新衣，……後二子裔休、儒休，皆以進士登科，人謂
之曰：「非其賢母，不成其子。」

按「長林公主」實爲「岐陽公主」之誤，杜悰任澧州刺史在大和三至六年（829
～832），李宣古被聘時尚未進士及第，也未宏詞登科〔註40〕。又《全唐詩》
卷 547 鄭薰《贈鞏疇並序》：

九華處士鞏疇，善玄言之要，通易、老，其於淨名、僧肇尤精
達。餘在句溪時，重其能，車幣而致之。及到官舍，再說易，一說
老氏，將兒侄輩執卷列坐而傳之。

按句溪在宣州〔註41〕，鄭薰任宣州刺史在大中十至十二年（856～858）〔註42〕。
又《太平廣記》卷 165「仲庭預」引《玉溪編事》：

〔註39〕《唐刺史考全編》冊 3，第 1953 頁。
〔註40〕參閱傅璇琮主編：《唐才子傳校箋》卷 7《李宣古傳》，冊 3，中華書局 1990
　　　　年版，第 320～322 頁。
〔註41〕〔宋〕樂史《宋本太平寰宇記》卷 103《江西道一·宣州》，中華書局 2000
　　　　年版，第 130 頁。
〔註42〕《唐刺史考全編》冊 4，第 2235 頁。

舊蜀嘉王召一經業孝廉仲庭預，令教授諸子。庭預雖通墳典，常厄飢寒。至門下，亦未甚禮。時方凝寒，正以舊火爐送學院。庭預方獨坐太息，以箸撥灰。俄灰中得一雙金火箸，遽求謁見王。王曰：「貧窮之士見吾，必有所求。」

事在後蜀，距唐不遠。以上七例家塾，無一例外的都出現在士族或當朝顯宦家裏。

一些名門大族的家塾間或有條件地吸納本家庭以外的學子入學。如劉三復與李德裕友善，三復病逝，子劉鄴六七歲能賦詩，「李德裕尤憐之，與諸子同硯席師學」〔註 43〕。劉鄴在李德裕家塾中受業，後來「德裕貶逐，鄴無所依，以文章客遊江、浙」，於大中十四年（860）賜進士及第〔註 44〕。又《芝田錄》講述了這樣一件事，劉景因家庭貧寒，十來歲時做書童陪侍鄭絪左右。一日，鄭絪發現劉景在涼亭所題之詩，大爲讚賞，乃告誡子弟涵、瀚等人云：

劉景他日有奇才，文學必超異。自此可令與汝共處於學院，寢饌一切無異爾輩，吾亦不復指使。〔註45〕

劉景在鄭絪家塾受學，後來進士及第，劉禹錫有《贈劉景擢第》詩〔註 46〕。按劉鄴乃德裕故友之孤兒且幼能詩賦，劉景爲鄭絪所諳熟和賞識，故二人雖爲孤寒〔註47〕，卻能在名門望族的家塾中與子弟一起師學，且享有免費食宿，屬有條件的特例，並非一般求學者可以企及。

〔註43〕《舊唐書》卷 177《劉鄴傳》，第 4617 頁。

〔註44〕按《新唐書》卷 183《劉鄴傳》稱其咸通初賜進士及第。據岑仲勉《登科記考訂補》考實，當在大中十四年，參氏著《郎官石柱題名新考訂（外三種）》，第 512 頁。

〔註45〕《太平廣記》卷 170「鄭絪」引《芝田錄》，第 1243～1244 頁。按此事又見於《北夢瑣言》卷 3「河中餞劉相瞻」條，第 47 頁；《玉泉子》，筆記小說大觀本第 1436 頁。

〔註46〕〔宋〕王讜撰，周勛初校證：《唐語林校證》卷 3《賞譽》，中華書局 1987 年版，第 287 頁；〔唐〕劉禹錫撰，卞孝萱校訂：《劉禹錫集》卷 38《贈劉景擢第》，中華書局 1990 年版，第 572 頁。

〔註47〕按唐代的所謂「孤寒」，主要應是指祖上有過顯赫門第或歷任清要官職而家道中衰的士族子弟，在唐代並不少見，詳參李曉路：《唐代「孤寒」釋》，《中國史研究》1989 年第 1 期。劉鄴出自彭城劉氏丹陽房，父三復，刑部侍郎；劉景亦出自彭城劉氏，祖上不顯，遷居桂陽。分見《新唐書》卷 71 上《宰相世系表》第 2258、2252 頁。

家塾與個體家庭教育一樣，既進行基礎性教育，也進行科舉應試教育。基礎性教育之例如裴休，「童齔時，兄弟同學於濟源別墅。休經年不出墅門，晝講經籍，夜課詩賦」〔註48〕；科舉應試教育之例如劉景，據前引《芝田錄》，劉景十八九歲時才入鄭絪家塾就讀，三數年後，「所成文章，皆辭理優壯。凡再舉成名」。至於家塾的教授內容，應該與個體家庭教育無異，亦是以經史爲主或經史、文學兼修。韓昶自述其求學經歷：

> 幼而就學，性寡言笑，不爲兒戲，不能闇記書，至年長，不能通誦得三五百字，爲同學所笑。至六七歲，未解把筆書字。即是性好文字，出言成文，不同他人所爲。張籍奇之，爲授詩，是年十餘歲，日通一卷，籍大奇之，試授諸（「諸」原作「詩」，當誤）童，皆不及之。能以所聞，曲問其義，籍往往不能答。受詩未通兩三卷，便自爲詩。及年十一二，樊宗師大奇之。宗師文學爲人之師，文體與常人不同，昶讀慕之。一旦爲文，宗師大奇。其文中字或出於經史之外，樊讀不能通。稍長，愛進士及第，見進士所爲之文與樊不同，遂改體就之，欲中其彙。年至二十五，及第釋褐。〔註49〕

可知其在家塾完成了基礎性教育和科舉應試教育，受學內容兼具經史、文學，而且學出多門。雖然韓昶乃一代文宗韓愈之子，有其特殊性，但其一般求學經歷對唐代士族或官宦子弟而言，應具有普遍性。

以上十五個家塾案例，除沙州三例及韋訓不詳家庭出自和背景外，均來自士族或當朝顯宦家庭。可見私塾主要存在於廣義士族家庭。

二、族塾的投資及其等級性

隨著官學的衰落和私學的發展，到晚唐時私塾的規模和建制都有較大的擴張，很多家塾就自然地過渡爲族塾。族塾與家塾其實沒有本質的區別，主要是出資者和規模不同，族塾由家族出資設立，規模更大。其中最爲典型的當屬江西省德安縣的江州陳氏宗族所辦的族塾。《全唐文》卷888徐鍇《陳氏書堂記》：

〔註48〕《舊唐書》卷177《裴休傳》，第4593頁。
〔註49〕《唐代墓誌彙編》大中102 韓昶《韓昶自爲墓誌銘並序》，第2329頁。又見於《全唐文》卷741，第7666頁，「詩」即據之改爲「諸」。

　　潯陽廬山之陽，有陳氏書樓。其先蓋陳宜都王叔明之後曰
兼，……合族同處，迨今千人。室無私財，廚無異爨。長幼男女，
以屬會食。日出從事，不畜僕夫隸馬。大順中，崇爲江州長史。乾
寧中，崇弟勳爲蒲圻令。次弟玫，本縣令。能嗣其業，如是百年。
勳從子裒，本州曹掾。我唐烈祖中興之際，詔復除而表揭之，旌其
義也。裒以爲族既庶矣，居既睦矣，當禮樂以固之，詩書以文之。
遂於居之左二十里曰東佳，因勝據奇，是卜是築，爲書樓堂廡數十
間，聚書數千卷。田二十頃，以爲遊學之資。子弟之秀者，弱冠以
上，皆就學焉。自龍紀以降，崇之子蛻、從子渤、族子乘登進士第，
近有蔚文尤出焉，曰遜曰範，皆隨計矣。四方游學者，自是官成而
名立，蓋有之。於戲！文如麻菽，求焉斯至。道如江海，酌焉滿腹。
學如不久，仁遠乎哉？

陳崇於唐大順元年（890）訂立的《江州陳氏家法》規定：

　　立書堂一所於東佳莊。弟侄子姓有賦性聰敏者，令修學。稍有
學成應舉者，除現置書籍外，須令添置。於書生中立一人掌書籍，
出入須令照管，不得遺失。……立書屋一所於住宅之西，訓教童蒙。
每年正月擇吉日起館，至冬月解散。童子年七歲令入學，至十五歲
出學。有能者令入東佳。逐年於書堂內次第抽二人歸訓，一人爲先
生，一人爲副。其紙筆墨硯並出宅庫管事收買應付。〔註50〕

陳氏祖先遷入江州後，世代居此爲官，家族人丁興旺，居家和睦，而且特別
重視以詩書傳家，遂建立族塾以教育本族子弟。

　　據上列材料可知：1、陳氏族塾分爲兩個層次，一個層次是訓教童蒙的「書
屋」，本族子弟七至十四歲者皆可入學，屬基礎性教育，其教師來源於「書堂」
內部培養的應舉業的士子，學養較高。較高一個層次是應舉業的「書堂」，從
「書屋」中學習畢業的子弟，有能力及才華者就入「書堂」繼續學習，以應
科舉爲目的，屬應試科舉教育。按《陳氏書堂記》所說，自唐昭宗龍紀（889）
以降，「崇之子蛻，從子渤，族子乘登進士第，近有蔚文尤出焉，曰遜曰範，
皆隨計矣。」則其應試科舉教育的實際效果還比較明顯。2、陳氏一門聚族而
居，「家無私財」，並以「田二十頃，以爲遊學之資」，可見陳氏族塾的經濟支

〔註50〕 轉引自丁鋼、劉琪：《書院與中國文化》，上海教育出版社 1992 年版，第 18
　　　　頁。又參吳霓《明清南方地區家族教育考察》，《中國史研究》1997 年第 3 期。

出依賴家族財產或是家族內部分擔。3、可能因為經濟基礎較為厚實的緣故，陳氏族塾的教學條件相對較好：離居住區有一定距離，環境優美、幽靜；「東佳書堂」中有大量的藏書供家族子弟和外來學子閱讀，由專人負責管理，對於本族學成應舉的子弟，還另外為其增添書籍〔註51〕。4、族塾顧名思義是以教育家族子弟為目的，陳氏「書屋」及「東佳書堂」均基於這個目的而建立。但「東佳書屋」既招收本族子弟亦兼收外來學子，並以「田二十頃，以為遊學之資」，其性質已經是「族學的一種衍變」〔註52〕，距宋代的書院不遠了。

　　江州陳氏族塾的情況具有一定的普遍意義。《太平廣記》卷 401「宜春郡民」引《玉堂閒話》：

　　　　宜春郡民章乙，其家以孝義聞，數世不分異，諸從同爨。所居
　　別墅，有亭屋水竹。諸子弟皆好善積書，往來方士、高僧、儒生、
　　賓客至者，皆延納之。

宜春郡民章乙所設族塾的建制、規模不如江州陳氏「東佳書堂」完備。但一般情況與「東佳書堂」無異，亦環境優美，藏書豐富，且亦兼收外來學子。

　　然而，江州陳氏書堂和宜春章乙族塾對唐代外來士子求學的意義，我們卻不能高估。因為分屬不同層次的「書屋」和「東佳書堂」並非如《江州陳氏家法》所說均在大順元年（890）建立，從徐鍇《陳氏書堂記》講到陳氏書堂的作用時上溯到龍紀元年（889），及陳乘在乾寧元年（894）及第看來〔註53〕，「書屋」建立的時間在大順元年應是可信的。但徐鍇亦明言陳袞建「東佳書堂」至少是在「我唐烈祖中興之際」，即五代後唐建立（926）前後才有「東佳書堂」之建立。徐鍇以時人記時事，應可信。《家法》所言可能是陳氏家族的長遠規劃，不能據之以為「東佳書堂」建於大順元年〔註54〕。宜春郡民章乙建族塾推測也在唐末五代之際〔註55〕。因此，它們「為一種地方學校文化中心」當是五代迄

〔註51〕本自然段的以上論述部分主要參考吳霓《明清南方地區家族教育考察》（第120頁）；黃玟茵《唐代江西地區開發研究》（臺灣大學出版社1996年版，第176頁）兩文，不再詳注。

〔註52〕上揭丁鋼、劉琪：《書院與中國文化》，第18頁。

〔註53〕《永樂大典》引《莆陽志》：「乾寧元年，徐寅、陳乘登進士第。」徐寅登進士在乾寧元年，已為《唐才子傳校箋》卷10《徐寅傳》考實。則陳乘在乾寧元年登第應可信。詳見《登科記考補正》，第1015～1017頁。

〔註54〕黃玟茵氏以為「東佳書堂」建於大順元年（上揭《唐代江西地區開發研究》第176頁），可能是過信《江州陳氏家法》所說的緣故。

〔註55〕《太平廣記》卷401「宜春郡民」條不繫年，之前為「龔播」條，亦不繫年。

於宋代的情形了〔註56〕。但以陳氏「書屋」爲代表的族塾作爲私學的一種形式至少在晚唐的江南還是有一定範圍的存在，它對族內不富有的家庭子弟的求學確實有一定的幫助。

　　家塾和族塾受制於經濟和文化資源的要求，主要出現在廣義士族家庭（家族）。以基礎性教育爲主，也兼俱科舉應試教育的性質。由於主要培養子弟的人文素養和寫作技巧，教授內容以經史爲主，經史與文學兼修。家塾貫穿於唐代始終，族塾則出現在中晚唐。

第三節　家庭（家族）教育的教育資源與成效及其等級性

　　本節圍繞教育資源展開討論，主要考察家庭（家族）教育的教育投資對諸如師資、藏書、經濟等資源的具體要求，進而探討其教育資源的具體優勢，以及這種優勢所導致的顯著的教育成效，並分析其教育成效的等級性與時代性特徵。由於個體家庭教育、家塾、族塾沒有本質區別，且家塾、族塾的個案極少，故探討教育成效時，以個體家庭教育爲主，其他則類推之。

一、家庭（家族）教育的教育資源及其等級性

　　如前所述，個體家庭教育主要集中在廣義士族家庭，尤其是中下級官吏家庭；家塾主要集中在經濟資源佔有水平較高的高門和顯宦家庭；族塾也主要存在於廣義士族家庭。這是因爲家庭（家族）教育投資對諸種資源有較高要求，這又導致家庭（家族）教育的教育資源配置具有明顯的優勢。茲分述如次。

　　師資　個體家庭教育的教授者爲父母、祖父母、兄嫂、姐與姐夫、外祖父母、舅父母、姑父母、伯叔父母等，如前所引，俱爲有文化能教授者。茲以河東薛播兄弟受學情況爲典型，稍做分析。《舊唐書》卷146《薛播傳》：

　　「龔播」條前爲「張班」條，事在咸通末（873）。「宜春郡民」條後爲「張彥」
　　條，事在五代十國時期。按《太平廣記》依時間前後敘事的書法，推測「宜
　　春郡民」條事在唐末五代之際。

〔註56〕臺灣學者黃玫茵認爲此類族塾已經「爲一種地方學校文化中心」，是以「東佳
　　　　書堂」興建於大順元年（890）爲前提的，參上揭黃玫茵：《唐代江西地區開發
　　　　研究》，第 170～171 頁。又李浩亦把陳氏書堂列入唐代私學範圍來考察。（氏
　　　　著《論唐代關中士族的家族教育》，《西北大學學報》1998 年第 2 期，第 19 頁。）
　　　　恐怕亦與黃枚茵一樣是以「東佳書堂」興建於大順元年（890）爲前提的。

　　初，播伯父元曖終於鄎城丞，其妻濟南林氏，丹陽太守洋之妹，
有母儀令德，博涉《五經》，善屬文，所爲篇章，時人多諷詠之。元
曖卒後，其子彥輔、彥國、彥偉、彥雲及播兄據、摠並早孤幼，悉
爲林氏所訓導，以至成立，咸致文學之名。開元、天寶中二十年間，
彥輔、據等七人並舉進士，連中科名，衣冠榮之。

據之，薛播雖父輩早卒，諸兄弟七人孤幼，但成年後，卻能連中進士，益壯
其門第，爲士林景仰，林氏居功至偉。而林氏之功，則在於以其較高的經史、
文學修養，苦心經營、辛勤訓導薛播諸兄弟，爲他們繼續深造、應試科舉打
下良好的學業基礎。由此推之，個體家庭教育的教師資源優勢，除授業者的
文化修養較高外，更爲關鍵的是，由於授學對象爲子弟孫侄甥等，故教授者
以培養佳子弟爲目標，或慈或嚴，方式多樣，皆用心良苦，此種情感優勢斷
非其他教育形式可以企及。

　　由於高門舊族或當朝新貴可以支付相對多的傭金，故家塾中所聘教師文
化素養一般也較高。如徐王李元禮所聘王慶、杜琮所聘李宣古，皆爲進士，
舊蜀嘉王所聘仲庭預爲明經，文化素養自然較高〔註 57〕。鄭薰所聘之鞏疇亦
是經業精熟，尤精玄理〔註 58〕。其他雖然不能得其詳，但既被誠聘，相信文
化水平也不會低。江西陳氏族塾所選教師則爲子弟中學業優秀者，水平亦較
高。此亦舉一例，以見其詳。

　　《雲溪友議》卷中《澧陽讌》講述了一個有趣的故事：大中時，澧州刺
史杜琮聘請李宣古爲家塾師。李宣古性譎浪，愛譏誚，曾多次在酒席上戲謔
杜琮。一日，杜琮終於不勝其侮慢，欲當眾櫬楚李宣古。琮妻岐陽公主得悉
（原作長林公主，誤），奔出救之，對杜琮說：「尚書不念諸子學文，擬陪李
秀才硯席，豈在飲筵而舉人細過！待士如此，異時那得平陽之興乎？」遂遣
人爲宣古沐浴更衣，重新延請入席，並請李宣古即席賦詩。「李生得韻，書之
不勞思忖也。……杜公賞詩，貺物十箱，希無愧於一醉也。後二子裔休、孺
休，皆以進士登科。人謂之曰：『非其母賢，不成其子。』」

　　上述故事中有兩點值得注意：其一，李宣古多次當眾戲謔杜琮，杜琮均

〔註57〕　《唐代墓誌彙編》開元 105《唐故處士王慶之碣》，第 1226 頁；《雲溪友議》
　　　　　卷中《澧陽讌》，《唐五代筆記小說大觀》，第 1294～1295 頁；《太平廣記》卷
　　　　　165「仲庭預」引《玉溪編事》，第 1206 頁。
〔註58〕　中華書局編輯部點校：《全唐詩》（增訂本）卷 547 鄭薰《贈鞏疇並序》，第 6370
　　　　　頁。

極力容忍之；而當杜琮終於不能忍耐時，岐陽公主又極力挽救之，使李宣古不至受辱離去。可以想見，以杜琮之權勢，要更換家塾師自是輕而易舉之事。李宣古能得杜琮、岐陽如此善待，自是才非尋常。《唐才子傳》撰者辛文房云其作「有英氣，調頗清麗」〔註59〕，又歷數唐代以父子、祖孫、兄弟名世的詩人，云「兄弟如皇甫冉、皇甫曾，李宣古、李宣遠，姚係、姚倫等；皆聯玉無瑕，清塵遠播」〔註60〕，評價甚高，足資證明。其二，時人將杜裔休、孺休兄弟進士及第歸功於其母之「賢」，如上，岐陽之「賢」，在於挽留李宣古。換言之，李宣古繼續執教乃是杜氏兄弟進士及第的重要原因。《唐才子傳》爲李宣古立傳，將「非其母賢，不成其子」改爲「非母賢待師，不足成其子」，可謂得其精髓。總之，雖然並非所有家塾師皆有李宣古之才，但由李宣古之遭遇，亦可大致推知，唐代士族家塾教師的文化素養一般較高，原因很簡單，倘若塾師無高人一籌之處，自會被輕易辭換。

藏書資源　我們知道，子弟讀書的興趣、重學的信念、好學的習慣，無不與盈屋書香的薰染有著千絲萬縷的聯繫，此種影響，雖成之於無形，卻恰是家庭（家族）教育的重要資源之一，對子弟早開蒙，早求學，早及第，可謂意義重大。

　　如所周知，隋唐時期已有雕版印刷術，但雕版印刷品大量出現在中唐以後〔註61〕，中唐以前，書籍的獲得與佔有極不容易，有「借書還書等爲二癡」之語〔註62〕。當時斂書、藏書甚難，對家庭（家族）經濟和文化資源有較爲苛刻的要求。一是要有較好的經濟資源爲後盾，往往以大部分俸祿或家財爲代價。如劉應道出自廣平劉氏，世爲高官，貞觀時「出補□州□□縣令，……所受官俸，悉繕寫經書。三蜀多珍產，竟不以豪釐潤屋，罷官東歸，得書六七千」〔註63〕；裴勖大曆時官至楚州刺史，後貶官，貞元二年以朗州司馬卒，

〔註59〕《唐才子傳校箋》卷7《李宣古傳》，冊3，第322頁。

〔註60〕《唐才子傳校箋》卷2《包融傳》，冊1，第228頁。

〔註61〕參閱岑仲勉：《隋唐史》第十五節《印刷術發明》，中華書局1982年版，第60～61頁；李致忠：《古代版印通論》，紫禁城出版社2000年版，第43～53頁。

〔註62〕〔唐〕段成式撰，方南生點校：《酉陽雜俎續集》卷4《貶誤》（中華書局1981年版，第232頁）：「今人云，借書還書等爲二癡。據杜荊州（預）書告耽云：『知汝頗欲念學，今因還車致副書，可案錄受之，當別置一宅中，勿復以借人。古諺云：有書借人爲癡，借人書送還爲癡也。』」可見，雖然語出魏晉以前，但恐怕自魏晉迄於隋唐，書籍皆極難得。

〔註63〕《唐代墓誌彙編續集》開耀001《劉府君（應道）墓誌銘并序》，第250頁。

「家無餘財，唯六經正史，以遺諸子」〔註64〕；樊湊建中元年以邢州內丘縣令卒，「不祿之日，家財唯有書數千卷」〔註65〕。二是要對詩書傳家的意義有深刻理解，並能形成家風，持之以恒。「李泌，父承休，聚書二萬餘卷。誠子孫不許出門，有求讀者，別院供饌。（原注：見《鄴侯家傳》）」故王應麟曰：「鄴侯家多書，有自來矣。」〔註66〕又，杜兼聚書至萬卷，每卷後必自題云「倩（清）俸寫來手自校，汝曹讀之知聖道，墜之鬻之爲不孝」〔註67〕。李承休、杜兼上述做法，皆在告誡子弟，書籍得之不易，務須珍惜。他們都深怕子弟中一旦出現鬻書爲食的「三食之輩」，幾代人的努力俱付之東流〔註68〕。

因此，經過幾代累積，家傳藏書相對豐富者，率多士族和小姓家庭，尤以傳統舊士族家庭爲多。如奚陟，祖上在隋唐之際，再世以明經爲博士，「家有賜書」〔註69〕；「蘇戶部並（弁）、劉常侍伯芻，皆聚書至二萬卷」〔註70〕，按蘇弁係出武功蘇氏，劉伯芻係出廣平劉氏〔註71〕；韋述「家有書二千卷」〔註72〕；蔣乂「家藏書一萬五千卷」〔註73〕；牛僧孺自稱隋相牛弘之後，「有隋氏賜田數頃、書千卷尚存」〔註74〕；李繁「家多書，插架三萬軸」〔註75〕；

〔註64〕裴復：《裴公（勖）墓誌銘並序》，《全唐文補遺（千唐誌齋新藏專輯）》，第268頁。

〔註65〕樊宗師：《樊府君（湊）墓誌銘並序》，《全唐文補遺（千唐誌齋新藏專輯）》，第279頁。

〔註66〕〔宋〕王應麟著，〔清〕翁元圻等注：《困學紀聞》（全校本），上海古籍出版社2008年版，第1614頁。

〔註67〕《太平廣記》卷201「杜兼」引《傳載》，第1515頁。按「倩」字當爲「清」之譌改。

〔註68〕《北夢瑣言》卷3「不肖子三變」：「唐咸通中，荊州有書生號『唐五經者』，……常謂人曰：『不肖子弟有三變，第一變爲蝗蟲，謂鬻莊而食也；第二變爲蠹蟲，爲鬻書而食也；第三變爲大蟲，謂賣奴婢而食也。』三食之輩，何代無之？」中華書局2002年版，第60頁。

〔註69〕《劉禹錫集》卷2《奚公（陟）神道碑》，第29頁。

〔註70〕《大唐傳載》，《唐五代筆記小說大觀》，第896頁。按「並」、「弁」爲形似字，《舊唐書》卷189下《儒學·蘇弁傳》云「弁聚書至二萬卷，皆手自刊校，至今言蘇氏書，次於集賢秘閣焉」，故蘇並當爲蘇弁之誤。

〔註71〕蘇弁事見《舊唐書》卷189下《儒學·蘇弁傳》，第4976頁。劉伯芻事見《舊唐書》卷153《劉迺傳》，第4085頁；《新唐書》卷71上《宰相世系表一》，第2257頁。

〔註72〕《舊唐書》卷102《韋述傳》，第3183頁。

〔註73〕《舊唐書》卷149《蔣乂傳》，第4028頁。

〔註74〕杜牧《樊川文集》卷7《牛公（僧孺）墓誌銘並序》，第114頁。

〔註75〕韓愈《送諸葛覺往隨州讀書》，《韓愈全集校注》，第941頁。

李磎「自在臺省，聚書至多，手不釋卷，時人號曰『李書樓』」〔註76〕；韋處厚「聚書踰萬卷，多手自刊校」〔註77〕；柳公綽雖「家甚貧」，卻「有書千卷」〔註78〕；杜牧亦「第中無一物」，卻「萬卷書滿堂」〔註79〕；陸龜蒙，係出吳郡陸氏，「居於姑蘇，藏書萬餘卷」〔註80〕。江西陳氏、章乙族塾，更是有大量藏書，不僅供本族子弟閱讀，還對外來士子開放，已見前述。

然而，由於書籍的獲得和收藏確實不易，故士族階層中照樣有藏書不豐甚至借書習業者。

柳宗元《柳宗元集》卷13《先太夫人河東縣太君歸祔誌》自述：「某始四歲，居京城西田廬中，先君在吳，家無書，太夫人教古賦十四首，皆諷傳之。」同書卷12《先侍御史府君（鎮）神道表》云其父鎮：「天寶末，經術高第。遇亂，奉德清君夫人載家書隱王屋山，間行以求食，深處以修業，作《避暑賦》。合群從弟子姪，講《春秋左氏》、《易王氏》，衎衎無倦，以忘其憂。」按柳宗元係出河東柳氏，但家道中落，故雖有家傳藏書，但數量確實有限〔註81〕，一旦書籍被其父柳鎮帶走，即出現「家無書」的窘狀。

元稹《元稹集》卷30《誨姪等書》自述求學經歷：「憶得初讀書時，感慈旨一言之歎，遂志於學。是時尚在鳳翔，每借書於齊倉曹家，徒步執卷，就陸姊夫師授，棲棲勤勤其始也。若此至年十五，得明經及第，因捧先人舊書，於西窗下鑽仰沉吟，僅於不窺園井矣。如是者十年，然後粗沾一命，粗成一名。」元稹亦屬「孤寒」，本家雖有「先人舊書」，但寄養外家時，卻只能「借書」求學，可見藏書數量亦極為有限。

綜上所述，有兩點值得注意：其一，唐代士子讀書，書籍的獲得確屬不易，即便士族階層，一旦家道中落，亦有藏書不夠至於借書修業者。其二，雖然士族家庭並非一定會有大量藏書，一般情況下，家庭藏書豐富者，多為士族之家，此為家庭（家族）教育的重要資源。

經濟資源 關於家庭（家族）教育的經濟資源，在論述寡母教孤現象時

〔註76〕《舊唐書》卷157《李廓傳附李磎傳》，第4150頁。

〔註77〕《舊唐書》卷159《韋處厚傳》，第4187頁。

〔註78〕《舊唐書》卷165《柳公綽傳》，第4300頁。

〔註79〕杜牧《樊川文集》卷1《冬至日寄小姪阿宜》，第9頁。

〔註80〕《唐摭言》卷10《韋莊奏請追贈不及第人近代者》，第117頁；《北夢瑣言》卷6《陸龜蒙追贈》，第136頁。

〔註81〕《柳宗元集》卷30《寄許京兆孟容書》自云：「家有賜書三千卷，尚在善和里舊宅，宅今已三易主，書存亡不可知」。第781頁。

曾經有所探討。而且，聘用較高素養的塾師，以及積累豐富的家庭藏書，也依賴於較佳的經濟資源，故廣義士族階層中，雖有不少「家貧」者，但其家庭經濟狀況再差，基本的日常用度及習業所需還是可以維持。茲以元稹的家庭經濟狀況爲例，再做進一步探討。

元稹八歲喪父，九歲寄養舅氏。《元稹集》卷 33《同州刺史謝上表》自述：「臣八歲喪父，家貧無業，母兄乞丐以供資養，衣不布體，食不充腸。幼學之年，不蒙師訓，因感鄰里兒稚，有父兄爲開學校，涕咽發憤，願知《詩》《書》。慈母哀臣，親爲教授。年十有五，得明經出身。」元稹的家庭經濟狀況確實很差，但所謂衣食不充，容有誇辭。

《元稹集》卷 11《答姨兄胡靈之見寄五十韻並序》：「憶昔鳳翔城，髫年是事榮。理家煩伯舅，相宅盡吾兄。詩律蒙親授，朋遊忝自迎。」所謂「理家」、「相宅」云云，指其寄養舅氏後，本家之家財、宅院由舅父、姨兄代爲經營、照管，是在元稹九歲之後。同書卷 59《告贈皇考皇妣文》：「始亡兄集，得尉興平，然後衣服飲食之具，粗有準常，而猶卑薄儉貧，給不暇足。」指元稹年十二時，同父異母兄元集任興平尉，自此後，家中有其兄之俸祿補貼。同書卷 30《誨侄等書》自云十五明經及第後，「因捧先人舊書，於西窗下鑽仰沉吟，僅於不窺園井矣。如是者十年，然後粗沾一命，粗成一名」，指元稹十五明經及第後，返回本家接管家業，繼續習業，直至二十四歲拔萃登科。合此數事，可知元稹所謂「家貧」，乃相對於「有父兄爲開學校」者，即有家塾者而言。其實，以元稹家傳之財產、外族之接濟、仲兄之俸祿補貼，維持其日常用度及習業所須，應無問題。故元稹雖貧，卻可在不憂衣食的情況下孜孜不倦，苦學十年。

綜合前論，唐人文集自述，或描述親友故舊的家庭經濟狀況，所謂衣不遮體、食不果腹之類，概多誇辭，殊難盡信。唐代「孤寒」的經濟狀況，維持日常用度和習業開銷，大致沒有問題，所謂經濟資源的劣勢，只是相對於豪門大族或當朝顯官家的豪奢而言。

因此，前引眾多個體家庭教育的案例中，雖多有「家貧」、「孤貧」的情況，但絕少有士子缺乏習業必須之書籍、照明燈燭、紙筆等的記載。僅有的兩例無書的記載，也並非完全沒有，只是藏書數量較少，已見前考。此外，尚有兩處書乏紙筆的記載。《全唐文》卷 340 顏眞卿《顏君（惟貞）碑銘》云其父「少孤，育舅殷仲容氏，蒙教筆法。家貧無紙筆，與兄（元孫）以黃土

掃壁，本石畫而習之，故特以草隸擅名。天授元年，糊名考試，判入高等」。同書卷 514 殷亮《顏魯公行狀》稱顏真卿「家本清貧，少好儒學，恭孝自立。貧乏紙筆，以黃土掃牆，習學書字，攻（故）楷書絕妙，詞翰超倫。年弱冠，開元二十二年進士及第登甲科」。據之，魯公父子二人的情形如此驚人的相似，實屬少見，頗疑殷亮將惟貞之事誤植於真卿；抑或顏氏家傳書學，修習尤勤，故所耗紙筆特多，資料缺乏，已無從稽考。但據上引墓誌、行狀及《全唐文》卷 344 顏真卿《殷君（踐猷）墓碣銘》，顏氏及其姻族殷氏二門，世代仕宦，經濟狀況似不會差至書乏紙筆的程度。因此，所謂以黃土掃壁習字，多半為學童嬉戲時偶爾塗鴉之舉，並非家中真缺書寫紙筆，墓誌、行狀所言，實未敢遽信。

綜上，家庭（家族）教育的經濟資源，絕非均屬豐裕，相反，資料所見更多的是「家貧」、「孤貧」之類，關鍵在於，此所謂「貧」，只是相對而言，並不對士子的求學造成重大消極影響，無論他們是士族還是小姓子弟，是當代冠冕子弟還是孤寒。

總之，家庭（家族）教育中，「貧」富不均但足資子弟習業的經濟資源，或多或少但不影響子弟求學的藏書資源，文化素養相對較高的教師資源，在父母循循善誘、嚴加督促，親族經常啟發、鼓勵的合力作用下，必將對子弟求學帶來積極影響。

二、突出的教育成效及其時代性

家庭（家族）教育主要存在於廣義士族階層，其目的性非常強，科舉及第入仕乃是絕大多數家庭（家族）以及士子本人的目標所在。雖然其中確有紈絝子弟在浪費教育資源，但總體而言，習業者苦心力學，乃為此種教育之常情。個體家庭教育亦見於庶民階層，畢竟屬於稀有。事實上，在 57 個個體家庭教育案例中，庶民家庭僅有 5 例，其中最終及第者又僅得劉蛻一人。因此，本目主要探討廣義士族階層的家庭（家族）教育成效，不擬作階層比較分析。由於個體家庭教育、家塾、族塾沒有本質區別，且家塾、族塾的個案極少，茲以個體家庭教育的統計數據為對象，考察家庭（家族）教育的教育成效。

據前列《唐代個體家庭教育情況表》，57 例中，可知科舉及第者有進士22 例，明經 8 例，明法 1 例，制科 3 例，不知科目者 2 例，共 36 例，接受個

體家庭教育者的最終及第尤其進士及第率很高〔註82〕，成效較爲顯著。推究其原，主要在於家庭（家族）教育的基礎性教育頗具成效，從而爲子弟最終科舉及第打下良好的學業基礎。

　　如所周知，最能反映唐代基礎性教育效果的貢舉科目，非童子科莫屬。按唐代童子科「取十歲以下者，習一經兼《論語》、《孝經》，本卷誦文十科全通者，與出身」〔註83〕。誠然，童子科及第者絕非全部出自家庭（家族）教育，但不可否認，廣義士族家庭十歲以內幼童之教育，主要還是在家庭（家族）教育中完成。因此，由童子科及第情況考察唐代家庭（家族）教育的基礎性教育的成效，自是最佳途徑。然而，資料所限，目前僅知有唐一代童子科及第者29人，卻不能查找到更多參加童子試而未第者的資料，沒有參照對象，無法進行統計分析。

　　雖然如此，我們還是可以充分利用這29人的信息，另闢蹊徑，通過考察童子科及第者的階層分佈特點，推測家庭（家族）教育的基礎性教育的成效。因爲，既然唐代家庭（家族）教育絕大多數見於廣義士族家庭，如果童子科及第者也主要來自廣義士族階層，那麼，由此認爲家庭（家族）教育的基礎性教育效果較好，應該沒有問題。茲先依《登科記考補正》所錄，一一考察童子科及第者之出自，列《唐代童子科及第者簡表》（見本目最後頁）。據表，可知的童子科及第者29人中，出自士族者8人，小姓者13人，出自不詳者8人。即便不恰當地把所有出自不詳者俱當成庶民看待〔註84〕，結果亦很顯然，廣義士族子弟共21人，爲唐代童子科及第者的72%強，佔據著絕對的優勢。由此可見，由於前述家庭（家族）教育在諸種教育資源上的優勢的合力作用，其基礎性教育確實頗有成效，成爲其較高科舉及第率的一個重要原因。

　　接下來，再引入時間維度，考察家庭（家族）教育及第者的時代分佈。爲清眉目，茲列《唐代家庭（家族）教育及第士子時代分佈表一》和《唐代家庭（家族）教育及第士子時代分佈表二》（見本目最後頁）。據《表一》，依兩期分佈考察。前期進士10例、明經3例、明法1例、制科3例、科目不詳

〔註82〕按統計時並未以人數計，像薛播兄弟三人，薛彥輔兄弟四人均進士及第，如以人數記，及第者只會更多。

〔註83〕《唐會要》卷76《童子》，第1399頁。

〔註84〕按八位出自不詳者中，蕭姓二位，王姓二位，楊姓、張姓、趙姓、劉姓各一位，若僅從姓氏而言，至少爲魏晉以來的中等以上士族，蕭、王、楊更是著姓高門。

者 1 例，共 18 例；後期進士 12 例、明經 5 例、科目不詳者 1 例，共 18 例，前後分佈量一致。然而，據《表二》，以三期分佈考察，卻得到了不一樣的結果。前期進士 6 例、明經 3 例、明法 1 例、制科 2 例、科目不詳者 1 例，共 13 例；中期進士 12 例、明經 4 例、制科 1 例，共 17 例；後期進士 4 例、明經 1 例、科目不詳者 1 例，共 6 例，唐中期的集中度較高，後期則下降非常明顯〔註 85〕。綜合分析以上統計結果，總體而言，個體家庭教育資源擁有者的最終及第量，隨著時代的發展有較大的變化，其軌迹呈現出明顯的左高右低的拋物線形態，由此可見：

其一，由於家庭（家族）教育主要存在於廣義士族階層，當開元以前官學發展，省試錄取配額偏重於生徒之時，其子弟既能受到較有成效的基礎教育，又可憑藉出身優勢，較易進入官學習業，進而通過生徒一途科舉及第，故唐前期個體家庭教育資源擁有者及第量較高。

其二，家庭（家族）教育的及第量峰值出現在中唐，與前述唐中期個體家庭教育案例的較高密度一致，可見科舉制度的發展對社會重學風氣的形成、教育的普及確有較大的促進作用，而家庭的重學風氣與氛圍又和子弟的科舉及第率正相關。此外，分別按兩期、三期分佈考察所得統計結果之所以出現較大差異，關鍵就在於天寶後至永貞元年間，家庭（家族）教育的及第量達十二人之多，分爲二期考察則平增後期及第總量，分爲三期考察則導致中期峰值的出現。耐人尋味的是，此時正是官學由盛轉衰的過渡期，鄉貢地位日高，生徒地位則江湖日下，政治資源的優勢在優質教育資源的佔有上，作用不再像前期那麼直接和明顯。因此，這一峰值的出現，也就意味著廣義士族子弟很快適應了形勢的發展，通過動員傳統的經濟、文化、教育等資源的相對優勢，將唐初主要集中於基礎教育的優勢資源，進一步擴大到科舉應試教育階段，以此繼續維持著其原本主要憑政治資源優勢所獲得的較高科舉及第量。

〔註85〕宋大川云：「在十二例（筆者按：實爲十四例）進士中，初唐只有一例，盛唐三例，中晚唐七例，輕重是顯而易見的（筆者按：這裡又變成十一例了）。五例（筆者按：實爲三例）明經中，除一例爲中唐外，其餘均在初唐、盛唐。這與唐代教育内容的變化情況形成巧妙的吻合，即以經義出身的明經是唐代前期的主要貢舉者，而以詩賦文章爲考試内容的進士科則是唐中後期士人進取的主要方向。」按宋氏無據，首先，其統計結果本身多可商榷；其次，雖然中唐後重進士，但無論唐前期、中期、後期，就貢舉數量而言，明經都是主要貢舉者，乃是習唐史者之共識。

其三，到了唐後期，家庭（家族）教育的及第量下降比較明顯。這自然與資料收集的限制因素有關。尤可注意者，隨著唐後期雕版印刷品的大量出現，庶民經濟水平的改善，庶民士子獲取書籍變得相對容易，長慶四年（824）元稹《白氏長慶集序》注曰：「揚、越間多作書模勒樂天及予雜詩，賣於市肆之中也。」〔註 86〕即是當時書籍流通的眞實寫照〔註 87〕。而且，隨著科舉制度的發展，社會整體文化素質的提高，尤其大量科舉及第無望的下層士子，爲生計計，轉而從事教育事業，直接導致了村坊學師資水平的提高，使得庶民士子的基礎教育資源相應得到改善。此外，唐中葉以來，隨著完全沒有等級限制的山林寺觀教育成爲主流，雖然受制於對其他資源的佔有水平，庶民士子對這種教育資源的佔有不如廣義士族子弟，但不可否認，即便其空間尚有待擴大，二者的差距畢竟是在縮小〔註 88〕。要之，至唐後期，庶民士子投資教育資源的能力，較之前、中期，均有不同程度的提升，其科舉考試的競爭力亦相應增強，從而對廣義士族子弟的科舉優勢造成一定程度的衝擊，並直接影響了家庭（家族）教育的及第量的變化軌迹。

唐代童子科及第者簡表：

姓　名	及第時間	及第年齡	階　層	資料出處
徐齊聃	貞觀 11 年	8	小	《全唐文》卷 227 張說《徐齊聃碑》。
楊炯	顯慶四年	10	小	傅璇琮《唐代詩人叢考·楊炯考》，頁 2。
裴耀卿	垂拱四年	8	士	《全唐文》卷 326《裴僕射遺愛碑》。
王訓	垂拱四年	12	小	《唐代墓誌彙編》天寶 062，頁 1573。
盧自省	景龍三年	9	士	《唐代墓誌彙編》天寶 256，頁 1710。
武雲坦	開元三年	7	士	《全唐文》卷 731 賈餗《揚州華林寺大悲禪師碑銘》。
劉晏	開元 13 年	10	士	《登科記考補正》，頁 274。
元俶	開元 16 年	9	小	《新唐書》卷 139《李泌傳》。
李泌	開元 16 年	7	士	《新唐書》卷 139 本傳。

〔註 86〕《元稹集》卷 51，第 555 頁。

〔註 87〕關於唐代圖書市場的培育及書籍的流通情況，參賈志剛：《唐代圖書市場考察》，收入魏全瑞主編：《隋唐史論——牛致功教授八十華誕祝壽文集》，三秦出版社 2007 年版，第 421～428 頁。

〔註 88〕關於村坊學校及習業山林的詳情，本書將在第五章專述。

蕭同和	開元 17 年			《登科記考補正》，頁 297。
蕭同節	開元 17 年			《登科記考補正》，頁 297。
陳諸	天寶 4 載	8	士	《唐代墓誌彙編》貞元 064，頁 1883。
王淇	寶應 2 年	11		《全唐文》卷 756 杜牧《竇烈女傳》。
張士陵	大曆 5 年	8	小	《唐代墓誌彙編》元和 104，頁 2022。
張□	貞元 8 年	10		《全唐文》卷 555 韓愈《贈張童子序》。
李藩	貞元 14 年	8	小	《唐代墓誌彙編》開成 050，頁 2205；咸通 087，頁 2447。
林傑	大中 4 年	6	小	《唐方鎮年表》卷 6 引《閩書》，頁 869。
徐玨	大中 14 年	5	小	《明一統志》卷 43《衢州府・人物・唐》。
劉日新	中和 4 年	7	小	《全唐文》卷 875 陳致雍《劉日新碑銘》。
楊彥伯	大順 2 年			《明一統志》卷 55《臨江府・人物・唐》。
王棲霞	乾寧 4 年	7		《全唐文》徐鉉《貞素先生王君碑》。
竇瑞	大曆前	7	小	《唐代墓誌彙編》元和 008，頁 1954。
鞏玄敏		12	小	《唐代墓誌彙編》咸通 010，頁 2386。
王沼	貞元間		士	《全唐文》卷 608 劉禹錫《王公（涯）先廟碑》。
吳通玄	大曆中		小	《舊唐書》卷 190 下《文苑・吳通玄傳》。
趙□	大曆中			《全唐詩》卷 285 李端《贈趙神童》，頁 3250。
姚安之	咸通前		小	《全唐文》卷 996《貝州宗城縣令顧府君墓誌》。
劉□	昭宗朝	6		《太平廣記》卷 175「劉神童」引《鄭谷詩集》。
鄭小誦			士	《宰相世系表》五上，頁 3270。

唐代家庭（家族）教育及第士子時代分佈表一：

科目 時代	進士 22	明經 8	明法 1	制科 3	科目不詳 2
前期 18	10	3	1	3	1
後期 18	12	5			1

唐代家庭（家族）教育及第士子時代分佈表二：

時　　代 ＼ 科　　目	進士 22	明經 8	明法 1	制科 3	科目不詳 2
前期 13	6	3	1	2	1
中期 17	12	4		1	
後期 6	4	1			1

本章小結

　　家庭（家族）教育有個體家庭教育、家塾、族塾等類型。個體家庭教育由父兄親授、母親訓誨及宗親教授，規模很小，不拘場所，形式靈活。家塾聘任塾師授業，族塾是家塾的發展，聘用和自身培養教師教授，規模較大，並開始對外來求學者開放。無論家塾、族塾，皆有專門的學塾，或置於家院之內，或遠離人群聚居之地，環境幽靜，利於子弟習業。除族塾主要出現在晚唐的南方外，家庭（家族）教育的時代分佈比較均衡，前後期差別不大，中期的集中度稍高。

　　家庭（家族）教育以基礎性教育為主，也隨時代的發展而變化。開元以前官學興盛，子弟往往是在家庭（家族）教育中完成基礎性教育後，直接補入或考補官學；天寶後官學走向衰敗，有的子弟基礎性教育和科舉應試教育都在家庭（家族）教育中完成，有的則在完成基礎性教育後向外繼續求學，其中社會資源較優者，常取「易子而教」的方式完成科舉應試教育。

　　雖然家庭（家族）教育的目的性非常強，以科舉及第為旨歸。但其以基礎性教育為主的特點，以及科舉考試主要考察士子人文素養的本質，還是深刻地影響了其具體的教學過程。不僅傳授內容以經史為主或經史文學兼修，而且所授與子弟最終應試科目之間關聯度並不太強。但一旦進入科舉應試教育階段，與其他所有士子一樣，子弟所學與應試科目皆高度對應。

　　統計結果表明，較能有效的對家庭（家族）教育進行投資者，只有極少數庶民家庭，絕大多數來自廣義士族階層，因而其地域分佈呈現出高度集中的特點，即集中分佈在士族和各級官吏集中的城鎮中。這是因為，父兄傳業、母親訓誨、宗親師授者，需要有一定的文化修養和授業的閒暇時間；學塾的營建及修繕、經史書籍的購置、塾師的聘用需要家庭（家族）財產的支撐；

士子讀書求學一應用度也依賴於家庭的供給，能滿足以上諸多條件者，絕大多數爲廣義士族家庭。

家庭（家族）教育高度集中於廣義士族階層的特點，使其教育資源優勢相對明顯。無論個體家庭還是家塾、族塾，授業教師的學養都較高，個體家庭教育教授對象多爲子弟孫侄甥等至親，更有其他教育所無的情感優勢。由於對詩書傳家的重視，廣義士族家庭較能積極聚書並薪火相傳，故家庭（家族）教育有藏書資源的優勢，即便有少部分家道中落者，也並非家中無書，只是藏書量相對較少，暫時不敷修業之用。家庭（家族）教育的師資和藏書優勢，很大程度上又取決於其較好的家庭經濟資源，資料所見，接受家庭（家族）教育的士子多「家貧」、「孤貧」者，但這不過是相對而言，並不對士子的求學造成重大消極影響，因此，即便是寡母教孤現象，也主要見於廣義士族家庭。

相對優勢的教育資源帶來了顯著的教育成效。家庭（家族）教育的基礎性教育非常成功，爲子弟打下了堅實的經史文學基礎，爲他們在激烈的科舉競爭中佔據優勢創造了條件，因此，家庭（家族）教育的科舉及第率較高。唐前期，他們因出身優勢，可以相對容易的補入具有錄取配額優勢的官學，獲得較高的及第率；唐中葉，官學錄取配額優勢不再之後，他們又將教師、藏書、經濟等資源的優勢轉化爲教育投資的優勢，並進而轉化爲科舉應試競爭力的優勢，經鄉貢一途照樣能獲得較高的及第率；即便唐後期庶民士子的教育資源投資有了一定程度的改善，也只能對他們的教育優勢進而科舉優勢構成較小的衝擊。

誠然，家庭（家族）教育不像官學教育那樣等級森嚴，卻因其在經濟、文化資源上的較高要求，製造了一種隱性的階層限制，使得這種教育資源高度集中於廣義士族階層，並因而創造了較高的科舉及第率。一言以蔽之，在家庭（家族）教育的教育資源投資和佔有上，廣義士族階層占盡優勢。

第五章 私學教育的教育資源
及其等級性

    本章探討的私學教育，包括村坊學、私家講學、私授、山林寺觀教育等形式〔註1〕，是唐代準入門檻最低的教育資源，也是庶民士子和廣義士族子弟較能在公平的環境下同臺競技的教育資源。本章重點解決如下問題：村坊學有怎樣的教育資源，其成效如何？私家講學的教育活動有何特點，成效如何？私授的主要特質是什麼，成效如何？山林寺觀教育有怎樣的習業環境，有怎樣的教育成效？以上私學教育的教育資源有怎樣的等級性特徵？有何時代與地域性特徵？對士子讀書晉身有何意義？以探討唐代私學教育的教育資源，分析其等級性、時代性與地域性特徵，探明士子的個人和社會資源佔有影響其獲取私學教育資源的質量及作用機制，揭示隱藏在開放的教育資源下的等級差別。

第一節 村坊學的教育資源及其等級性

    所謂村坊學，乃鄉村學校及坊巷學的合稱，是唐代分佈範圍最廣，也最沒出身限制的辦學形式。有儒生自設學舍聚徒授業者；也有村、里、坊、巷共同出資興辦，延師教授者。在鄉村則為鄉校、村學、里塾等，在市鎮

〔註 1〕 唐代私學教育應包括個體家庭教育及家塾、族塾，鄉村學校及坊巷學，私家講學及私授，山林寺觀教育等各種各樣的形式。由於個體家庭教育及家塾、族塾在教育資源及其等級性上，相較於其他的私學教育，有較多的特殊性，本書為線索清晰和探討深入考慮，將二者分章論述。特此說明。

則爲坊學、巷學、閭塾等，具體授學情況則差異不大。以往研究多集中於探討唐代村坊學的性質及其教育普及意義〔註2〕，本節將村坊學歸屬於社會辦學〔註3〕，充分利用唐人筆記小說和詩文中留存不多的材料〔註4〕，擬在教育資源的視野之下，重點探討其教育資源，評估其教育成效，以期揭示村坊學對庶民士子讀書取功名的意義及其限度。

一、村坊學的教育資源及其等級性

五代劉兼《貽諸學童》：「橫經叉手步還趨，積善方知慶有餘。五個小雛離學院，一行新雁入貧居。攘羊告罪言何直，舐犢牽情理豈虛。勸汝立身須苦志，月中丹桂自扶疏。」〔註5〕猶如一幅清新淡雅的寫意水墨畫，將村坊學生動而詩意地展現在我們面前。然而，剖去詩意的語言包裹的美麗外殼，呈現在我們面前的村坊學又是一種怎樣的眞實呢？

村坊學的辦學條件較差，學舍破敗。《因話錄》卷6《羽部》：「竇相易直，幼時名秘。家貧，受業村學。教授叟有道術，而人不知。一日近暮，風雪暴至，學童悉歸家不得，而宿於漏屋之下，寒爭附火，惟竇公寢於榻。」〔註6〕可見竇易直所在村學條件十分簡陋，學舍破敗，故風雪一至，學生寒凍，爭著附火避寒。

〔註2〕 較重要的論文有劉海峰：《唐代鄉村學校與教育的普及》，《教育評論》1990年第2期；萬軍傑：《試析唐代的鄉里村學》，《史學月刊》2003年第5期；吳楓、鄭顯文：《唐代庶民階層的文化素質初探》，《社會科學戰線》1993年第1期等。此外，一些唐代科舉和教育專著對此也有較深的研究，如傅璇琮《唐代科舉與文學》第十六章《學校與科舉》第五部分關於村學的論述；吳霓：《中國古代私學發展諸問題研究》第三章第三節第三子目《科舉考試制度與童蒙教育的興盛》等。

〔註3〕 由於各自對鄉學性質的看法不一，及部分研究者對「鄉校」的豐富內涵判斷不夠審慎，已有研究的推論過程多有可商之處。爲免歧義，本書所引例證，俱爲社會辦學性質的鄉村學校及坊巷學，屬於官學性質的「鄉學」，及性質歸屬不便及不明之「鄉校」、「小學」等，俱不在本書討論範圍。有關「鄉學」的性質及其演變，「鄉學」與「鄉校」的區別，請參第二章第三節，又參拙文《唐代鄉學性質考論》，《社會科學戰線》2008年第4期，轉載於人大複印資料k22《魏晉南北朝隋唐史》2008年第4期。

〔註4〕 現存不多的村坊學校的材料，多見於唐人筆記小說和詩文，多與鬼怪狐妖故事相糅雜，但若謹愼剖去其虛幻的外衣，相信仍是可資利用的唐代教育史研究的重要資料。

〔註5〕 《全唐詩》卷766，第8791頁。

〔註6〕 〔唐〕趙璘：《因話錄》，《唐五代筆記小說大觀》，上海古籍出版社2000年版，第870頁。

　　教師收入很低，連日常用度都難以維持。《玄怪錄》卷 9「齊饒州」講述
了一段奇聞：湖州參軍韋會赴調長安被黜，歸家路上遭遇其妻之冤魂。妻魂
訴說她本不該死，乃因惡鬼作祟而卒，尚有二十八年命籍，「此村東數里，有
草堂中田先生者，領村童教授」，此田先生可以救她。於是兩人往村東趨去，
行數里，遙見道北「草堂」。兩人到「草堂」前詢問田先生去處，學徒曰：「先
生轉食未歸。」良久，一人「戴破帽、曳木屐而來，形狀醜穢之極」。韋會趨
走迎拜。先生答拜曰：「某村翁，求食於牧豎，（後略）」〔註 7〕這一鬼怪故事
又見於《太平廣記》卷 44「田先生」引《出仙傳拾遺》，云「田先生者，九華
洞中大仙也，元和中隱於繞州鄱亭村作小學，以教村童十數人，人不知其神
仙矣」〔註 8〕。據之，鄱亭村學學舍爲「草堂」，也是十分簡陋。田先生隱身
其中，「求食於牧豎」，生活費來自村民，而且是以「轉食」，即村民輪流供飯
的形式來支付，故「戴破帽、曳木屐」，窮困潦倒。又，咸通末，李生在洛陽
長期以開館授徒爲生，「有學童十數輩」，收入極其微薄，至於「日不暇給」，
李生辭世後，李家尚欠人一千錢未還，無錢送終，後來在宗人李義範幫助下，
才辦理完喪葬之事並還清債務〔註 9〕。又朱溫父誠，「以五經教授鄉里。生三
子……誠卒，三子貧不能爲生，與其母傭食蕭縣人劉崇家」〔註 10〕。朱誠長
期教授於鄉里，收入當亦極低，故一旦辭世，其妻、子就只能傭食他人。

　　因此，爲了不讓家人忍饑挨餓，村坊學教師多在教職之外通過其他手段補
貼家用。如霅人（今浙江湖州）蔣琛，「精熟二經，嘗教授於鄉里，每秋冬，於
霅溪太湖中流設網罟以給食」〔註 11〕，在授學之外尚靠捕魚以給食，艱辛可知。
又，貞元、元和間，有吳郡人顧象，「以讀《易》聞」，教授於里塾，劉禹錫訪
其居，見其占筮所用之龜甲，問及《周易》之用，顧象幽然對曰：「徒與夫蚩蚩
者問歉穰、占熊虺、起訟需食、亡羊喪牛之間耳。資其握粟以糊予口，烏足爲
夫子道哉。」〔註 12〕可見顧象雖長期在里塾中教授學童，但傭金收入不足以維
持家用，只能憑所學之《周易》爲牧豎野老占卜算卦，以補貼家用。

　　學舍的破敗、教師傭金的微薄，加以鄉村中能從事教職的讀書人本來就

〔註 7〕〔唐〕牛僧孺撰，程毅中點校：《玄怪錄》，中華書局 2006 年版，第 86 頁。
〔註 8〕〔宋〕李昉等編：《太平廣記》，中華書局 1961 年版，第 274 頁。
〔註 9〕《太平廣記》卷 157「李生」引《錄異記》，第 1131～1132 頁。
〔註 10〕《新五代史》卷 1《太祖紀》，第 1 頁。
〔註 11〕《太平廣記》卷 309「蔣琛」條引《集異記》，第 2444 頁。
〔註 12〕〔唐〕劉禹錫撰，卞孝萱校訂：《劉禹錫集》卷 40《絕編生墓表》，中華書局
　　　　1990 年版，第 597～599 頁。

極少，使得村坊學缺乏長期穩定的教師，其教師聘用具有很強的隨意性和臨時性。如隋大業中，李密佐楊玄感起兵敗後，亡奔平原郝孝德，未受禮遇，「備遭飢饉，至削樹皮而食」，「詣淮陽，舍於村中。變姓名稱劉智遠，聚徒教授，經數月，密鬱鬱不得志」〔註13〕。李密在村中借住，教徒授業非其本意，只是暫避風險的臨時手段，不久被人告發而逃離。又，《傳奇·文簫》云書生文簫漂泊至鍾陵郡，娶仙女爲妻，窮寒不能自贍，靠其妻抄寫孫愐《唐韻》出售度日，如此十來年，「至會昌二年（843），稍爲人知，遂與文生潛奔新吳縣越王山側，百姓郡（群）舉村中，夫妻共訓童子數十人」，不久二人化虎而去〔註14〕。文簫夫妻二人爲隱藏身份而從事教職，亦非本意。又，僖宗中和四年（884），顧蒙「避地至廣州，人不能知，困於旅食，以至書《千字文》授於聾俗，以換斗筲之資。未幾，遘疾而終」〔註15〕，顧蒙乃宛陵人，爲唐末一時之傑，因避亂他鄉困於旅食，無奈之下而暫時授徒於村坊學。以上李密、文簫夫婦、顧蒙等能在異鄉暫時安身之所輕易獲得教職，相信與這些地方嚴重缺乏教師關係甚大。

教師隊伍的缺少，又導致另一嚴重影響教育成效的後果，即村坊學教師素質普遍較低。開元二十九年（741），修武縣某村有小學，「時夜學，生徒多宿。凌晨啓門。門外有婦人，裸形斷舌，陰中血皆淋漓。生問之，女啓齒流血，不能言。生告其師，師出戶觀之，集諸生謂曰：『……吾此居近太行，怪物所生也，將非山精野魅乎？盍擊之。』於是投以磚石。女既斷舌，不能言。諸生擊之，竟死。」〔註16〕該塾師當是自設學舍，招收學童教授，以束脩自給，故將學舍稱爲「吾此居」。在村姑受害須人救助之時，塾師不僅未施以援手，反而不經調查研究即遣學童將她當做「山精野魅」打死。此塾師愚昧至此，照樣可以在村裏開館授徒，且無缺少學童之虞，既見邊遠鄉村塾師之難得，又見鄉野塾師素質之低。此例可能有其特殊性，但村坊學教師的素質普遍較低亦可大致見之。

上述可知，村坊學規模較小，一般是由一兩個教師教授著數個或數十個學生。學生不出本坊、本村、本里、本鄉範圍，而且多半來自村坊下層民眾

〔註13〕 《隋書》卷70《李密傳》，第1626～1627頁。
〔註14〕 〔唐〕裴鉶：《傳奇》《唐五代筆記小說大觀》，上海古籍出版社2000年版，第1152頁。
〔註15〕 王定保：《唐摭言》卷10《韋莊奏請追贈不及第人近代者》，第118頁。
〔註16〕 《太平廣記》卷494「修武縣民」引《紀聞》，第4056頁。

包括商戶家的學童。村坊學既缺乏長期穩定的經費投入，所以學舍往往破敗失修；其教師，或因傭金微薄無法專心授業，或來源不穩定多臨時雇用，或素質較低，難以保證教育質量。一言以蔽之，村坊學的教育資源極度貧乏。

二、村坊學的教育成效與限度

村坊學以學童爲受眾，進行的是基礎性教育，教授內容以經史爲主，兼及詩文。前述田先生「與村童授經」；蔣琛亦以二經教授於鄉里；朱誠以五經教授鄉里，所授內容俱爲儒家經典。又，唐人重詩賦辭章，一些才子名士的詩文流傳甚廣，較易獲得，村坊學教師亦將所得名士詩文授予學童〔註 17〕。元稹記述在浙東作官時所見，「予嘗於平水市中，見村校諸童，競習歌詠，召而問之，皆對曰『先生教我樂天、微之詩』」〔註 18〕；皮日休《傷嚴子重序》回憶自己童年讀書於鄉校的經歷，云「余爲童在鄉校時，簡上抄杜舍人牧之集，見有與進士嚴惲詩」〔註 19〕，可見唐代詩賦取士的指揮棒作用確實非常明顯，即便是遠離文化中心的鄉野塾師，爲了吸引學童，保障招生，亦能一定程度地與時俱進，積極地吸收一些時新內容並付諸教學實踐。

貧寒士子在村坊學完成基礎性教育後，有條件繼續深造者，或且耕且讀，或習業山林，或寄學寺院，或投奔私家講學，或考補各級官學，不一而足，目的都在科舉入仕。因此，儘管村坊學有諸多不足，但它畢竟爲那些家境不好又想讀書入仕的貧寒子弟提供了一個求學的平臺。部分士子正是克服外部條件的不足，利用這一平臺奠定了基本的經史、文學基礎，並通過自己的努力，最終科舉及第，走上仕途，甚至有登上高官者。《因話錄》云竇易直「家貧，受業村學」，兩《唐書》本傳載其後來舉進士及第，官至丞相。按竇易直雖出自扶風竇氏，爲舊士族子弟，可能因祖、父早逝而致家貧〔註 20〕，若不能入村學，則無緣貢舉，就讀於村學雖非直接原因，但至少是他進士及第入

〔註 17〕　〔唐〕元稹撰，冀勤點校：《元稹集》卷 51《白氏長慶集序》自注云：「揚、越間多作書模勒樂天及予雜詩，賣於市肆之中也。」（中華書局 1982 年版，第 555 頁）元稹、白居易的詩文既被書商刻版印行，可見其流傳之廣，購買極易。

〔註 18〕　《元稹集》卷 51《白氏長慶集序》，第 555 頁。

〔註 19〕　〔宋〕計有功撰，王仲鏞校箋：《唐詩紀事校箋》卷 66《嚴惲》，中華書局 2007年版，第 2226 頁。

〔註 20〕　竇易直曾祖懷貞，洪州都督；祖元昌，彭州九隴令；父或，廬州刺史。參《新唐書》卷 71 下《宰相世系一下》，第 2332 頁；趙超：《新唐書宰相世系表集校》，第 101～102 頁。

仕、任相之路的起步。又，皮日休出自庶民家庭，爲晚唐著名文士，也是在村坊學完成基礎教育後，隱居襄陽鹿門山繼續深造，最終進士及第，晉身統治階層〔註21〕。此外，《登科記考》所錄不乏庶民士子，他們的求學經歷雖多闕略，但他們缺乏家學教育資源，相信在村坊學完成基礎教育者當不在少數。五代劉兼激勵學童，詩云「勸汝立身須苦志，月中丹桂自扶疏」，必定有其現實榜樣。

然而，總體而言，唐代村坊學的教學水平不高。其原因一是教師隊伍的不穩定和素質較低，已見前述。二是教學方法的落後，這其實也是由前一原因所引起。盧仝《寄男抱孫》：「《尙書》當畢功，《禮記》速須剖。嘍囉兒讀書，何異摧枯朽。尋義低作聲，便可養年壽。莫學村學生，粗氣強叫吼。」〔註22〕將村學生的習讀方式作爲反面教材，勸兒子讀書要注意方法，可旁證村坊學教學方法的落後。三是村坊下層民眾家庭經濟條件的限制。前引《太平廣記》「修武縣民」云學生有住讀「夜學」的情況。這當然與此村鄰近太行山，山路多險，又多野狼虎豹之類的「怪物」，學童行夜路不安全有關。同時也應認識到，這是照顧到鄉村實際情況的不得已之舉，受經濟條件的限制，農村學童在白天或多或少總要參與家裏的勞作，如割草放牧、上山砍柴之類，非「夜學」則較難集中一定時間學習，這就難免會影響學童投入學業的正常時間。

因此，村坊學的廣泛存在，確實既有利於唐代教育的下行和普及，也有利於庶民階層整體文化素質的提高〔註23〕。但村坊學教育資源的先天不足，必定會限制這種影響的深遠程度，高估其意義恐有脫離當時歷史實際之虞。尤其對於選拔文化精英入仕的科舉考試而言，參加者所受基礎教育的水平對其最終及第與否，及爲及第所付出的時間長度，均會帶來長期而隱性的影響。竇易直、皮日休顯然係接受村坊學的教育並最終及第的佼佼者，故他們習業村坊學的資料被保留下來。而對《登科記考》所錄其他習業情形不詳的庶民士子，我們就只能推測其中部分人是在村坊學中完成基礎性教育，本身就說

〔註21〕《唐詩紀事校箋》卷66《嚴惲》，第2226頁；《唐才子傳校箋》卷8《皮日休傳》，冊3，第497頁。

〔註22〕《全唐詩》卷387，第4383頁。

〔註23〕關於唐代村坊學校對教育下行和普及的積極意義，請參閱劉海峰：《唐代鄉村學校與教育的普及》，《教育評論》1990年第2期；萬軍傑：《試析唐代的鄉里村學》，《史學月刊》2003年第5期；吳楓、鄭顯文：《唐代庶民階層的文化素質初探》，《社會科學戰線》1993年第1期。

明，由於唐代村坊學的教育資源的劣勢，庶民士子若欲藉此踏上讀書求舉之路，進而科舉及第，難度太大。

值得注意的是，通覽《唐代墓誌彙編》及《續集》，中唐尤其晚唐以來的墓誌撰寫者，冠以鄉貢進士、鄉貢明經的頭銜，甚至無銜者顯著增多，這些讀書人最終不能及第者當在多數，他們多數也不大可能躬耕田畝或當市叫賣，最佳選擇即是回歸本鄉本土從事教職，這必然會直接提高村坊學教師的整體素質，進而優化庶民士子的基礎教育資源。當然，一般而言，村坊學教育環境的較大改善，教師隊伍素質的明顯提高，進而大量庶民士子通過村坊學的學習，完成基礎性教育並最終科舉及第的盛況，乃是入宋之後的景象，是以村坊庶民階層經濟社會地位的提高為前提，歷經唐末五代長期積累的結果〔註 24〕。

第二節　私家講學的教育資源及其等級性

私家講學作為私學形式之一，是中唐以前庶民士子接受科舉應試教育的重要途徑之一。學界目前對此措意不多，往往將其併入其他私學形式中進行一般性論述，專文研究者甚少〔註 25〕。本書擬在已有研究的基礎上，將唐代私家講學置於教育資源的視野之下，主要考察私家講學的教育資源及其不足，通過分析其最終走向衰落的原因揭示其時代性特徵，進而探討其對庶民士子讀書晉身的意義。

一、有關私家講學的資料

為討論方便，茲先按時間先後摘錄兩《唐書》中有關私家講學的材料。

（1）《新唐書》卷 198《張士衡傳》稱其仕隋為餘杭令，以老還家。「大業兵起，諸儒廢學。唐興，士衡復講教鄉里」。貞觀朝，擢朝散大夫，崇賢館學士。

〔註 24〕參閱鄭重華：《鄉先生——一個被忽略的宋代私學教育角色》，《中國文化研究所學報》新第 8 期，香港中文大學中國文化研究所 1999 年版。

〔註 25〕如吳宗國《唐代科舉制度研究》第六章《學校與科舉》第四節有《私人講學的衰落》一目（遼寧大學出版社 1992 年版）；宋大川《唐代教育體制研究》第四章《私人教育的類型及其特點》第二節《私人講學》（山西教育出版社 1998年版）。按宋文將較多屬於國學教育範疇的內容歸入私人講學進行論述，頗可商榷。

（2）《舊唐書》卷 73《孔穎達傳附王恭傳》：王恭，滑州白馬人。「少篤學，博涉六經。每於鄉閭教授，弟子自遠方至數百人。貞觀初，徵拜太學博士。」

（3）《新唐書》卷 198 上《孔穎達傳附馬嘉運傳》：馬嘉運，魏州繁水人，「貞觀初，累除越王東閣祭酒。退隱白鹿山。諸方來授業至千人。十一年，召拜太學博士、弘文館學士。」

（4）《舊唐書》卷 187 上《王義方傳》：高宗朝，王義方因彈奏李義府，「左遷萊州司戶參軍。秩滿，家於昌樂，聚徒教授。母卒，遂不復仕進……門人何彥光、員半千」。《舊唐書》卷 190 上《盧照鄰傳》稱其「幽州范陽人也。年十餘歲，就曹憲、王義方授《蒼》、《雅》及經史，博學善屬文」。

（5）高宗朝，李善配流嶺外，「會赦還，因寓居汴、鄭之間，以講《文選》爲業。年老疾卒」，「諸生多自遠方而至」〔註26〕。《舊唐書》卷 102《馬懷素傳》：「馬懷素，潤州丹徒人也。寓居江都，少師事李善。」

（6）《舊唐書》卷 189 下《儒學·尹知章傳》：睿宗朝，絳州翼城人尹知章「雖居吏職，歸家則講授不輟；尤明《易》及莊、老玄言之學，遠近咸來受業。其有貧匱者，知章儘其家財以衣食之」。

（7）《新唐書》卷 196《盧鴻傳》：盧鴻，開元時期隱於嵩山，玄宗徵拜諫議大夫，固辭。玄宗乃下制，「許還山，歲給米百斗，絹五十，府縣爲致其家，朝廷得失，其以狀聞。將行，賜隱居服，官營草堂，恩禮殊渥。鴻到山中，廣學廬，聚徒至五百人。」〔註27〕

（8）啖助，趙州人，善爲《春秋》，天寶、大曆時期，秩滿屏居，趙匡、盧庇皆師事啖助；陸質又師趙匡，竇群也學於盧庇〔註28〕。

（9）《舊唐書》卷 155《竇群傳附竇常傳》：竇群之兄竇常，大曆十四年進士登第後，居於廣陵，「結廬種樹，不求苟進，以講學著書爲事，凡二十年不出。」貞元十四年，杜佑鎮淮南，奏授校書郎，爲節度判官。

（10）《新唐書》卷 151《袁滋傳》：袁滋，蔡州朗山人，強學博記，「少依道州刺史元結，讀書自解其義，結重之。後客荊、郢間，起學廬講授。建

〔註26〕《舊唐書》卷 190 中《李邕傳附李善傳》，第 5039 頁；卷 189 上《曹憲傳附李善傳》，第 4946 頁。
〔註27〕按《舊唐書》卷 192《隱逸傳》作「盧鴻一」（第 5119 頁）。
〔註28〕《新唐書》卷 200《啖助傳》，第 5706 頁。《舊唐書》卷 155《竇群傳》，第 4120 頁；卷 189 下《陸質傳》，第 4977 頁。

中初，黜陟使趙贊薦於朝，起處士，授試校書郎。」

（11）《舊唐書》卷 177《楊收傳》：楊收之父遺直，家世爲儒，德宗朝，「客於蘇州，講學爲事，因家於吳。」位終濠州錄事參軍。

（12）《舊唐書》卷 163《王質傳》：王質，太原人，德宗朝「寓居壽春，躬耕以養母，專以講學爲事，門人受業者大集其門。……元和六年，登進士甲科。」

爲清眉目，據所列材料製成《唐代私家講學情況表》：

教　師	時　代	地　區	講學身份	後來出路	講學原因	教授方式	學　生
張士衡	武德年間	瀛州	致仕	授官			
王恭	武德年間	滑州		授官			數百人
馬嘉運	貞觀初	魏州	退隱	授官			千人
王義方	高宗朝	魏州昌樂	秩滿居家	不復仕進		聚徒教授	何彥光、員半千、盧照鄰。
李善	高宗朝	汴州、梁州間	赦還之配流官	年老疾卒	寓居，講授爲業。		諸生自遠方至，馬懷素。
尹知章	景龍、開元間	京兆	太常博士	繼續爲官			遠近咸來受業
盧鴻	開元時	嵩山	隱士	隱士		廣學廬，聚徒教授	五百人
啖助	天寶、大曆間	趙州	隱居	致仕			趙匡（陸質）、盧庇（竇群）
竇常	大曆、貞元間	廣陵郡	前進士	授官	不求苟進	著書講學	
袁滋	大曆年間	荊州、郢州間		授官	客居	起學廬講學	
楊遺直	德宗朝	蘇州		授官	客居，講學爲事。		
王質	德宗朝	壽春		進士及第，授官	寓居，講學爲事。		授業者大集其門

二、私家講學的教育資源及其等級性

據上，私家講學者身份比較複雜。張士衡是致仕者，馬嘉運、啖助是退隱者，王義方是秩滿居家者，竇常是前進士，尹知章是太常博士，盧鴻是隱士，李善是配流赦還者，王恭、袁滋、楊遺直、王質四人身份雖然不詳，但可以推知皆為未參加科試、或科試不利的士人。這種複雜的身份構成一方面有利於私家講學師資來源的多樣化，另一方面卻又成為其教育缺乏持續性、穩定性的重要原因。

私家講學缺乏持續性、穩定性的主要表現有二。一是開館授徒者多數只把聚徒授業作為過渡職業。除了啖助屏居授徒、盧鴻隱居講學，真正將講學作為長期的專職事業外。王義方因得罪李義府，左遷秩滿後不復仕進，聚徒講學；李善以前是經城令，因牽連配流嶺南，赦還後寓居講學，以年老疾卒，他們設壇講學乃因仕途不順不得以而為之，並非出於本意。張士衡、馬嘉運因天下動蕩而中斷宦途，後來重新入仕；王恭、竇常、袁滋、楊遺直、王質五人後來均踏上仕途，他們的私家講學經歷也具有明顯的過渡性。尹知章乃吏職之外授學，亦非專職教授。

二是私家講學者多因經濟原因從事教職。如李善以「講《文選》為業」、楊遺直和王質以「講學為事」，竇常以「著書講學為事」，他們以講學收入作為生活費來源的意圖顯而易見。袁滋因客居它處，在沒有其它收入來源的情況下，當時最好的維持一家日常用度的手段莫過於聚徒講學，既不失儒士面子又可獲得微薄但比較穩定的收入，故「起學廬講學」。竇常講學的原因，《舊唐書》本傳載為「不求苟進」，《太平廣記》卷 179「潘炎」引《嘉話錄》卻云竇常「五度奏官，皆敕不下，即攝職數四，其命如何」，顯然並非「不求苟進」，從竇常最終入仕的結果推測，《嘉話錄》所說更近於實情，其講學乃仕宦取俸無門，收入無著落的經濟原因。最為典型的是懿宗咸通中，「荊州有書生號『唐五經』者，學識精博，實日鴻儒，旨趣甚高，人所師仰，聚徒五百輩，以束脩自給」〔註 29〕。故大多數私家講學者一旦入仕或重新入仕，經濟狀況得以改善，其開館授學就自然終止。惟尹知章以太常博士而開館授徒，雖亦收受學生「束脩」之禮，卻有條件「盡其家財以衣食」貧匱者。

教授者既然多以「束脩」自給，其招生也就沒有員額、地域限制，廣納

〔註29〕 〔五代〕孫光憲撰，賈二強點校：《北夢瑣言》卷 3《不肖子三變》，中華書局 2002 年版，第 60 頁。

天下求學士子，來者不拒。故私家講學場所的辦學規模相當可觀，往往是成百上千的規模。如王恭教授鄉閭，弟子自遠方至者「數百人」；盧鴻於嵩山設盧授徒，「聚徒至五百人」；馬嘉運退隱白鹿山，「諸方來授業至千人」。

士子求學自然也不受地域的限制，有較大的選擇空間。那些名聲在外的私家講學教師，更是「諸生多自遠方而至」、「遠近咸來受業」。如王義方在魏州講學，盧照鄰自幽州來求學；李善在汴、梁間授徒，馬懷素自江都來拜師。又劉軻講述他從師的經歷，「歷數歲，自洙泗渡於淮，達於江，過洞庭三苗，逾郴而南，涉湞江，浮滄溟，抵羅浮，始得師於壽春楊生。楊生以傳書爲道者也。……元和初，方下羅浮，越梅嶺，泛贛江，浮彭蠡，又抵於匡廬。匡廬有隱士茅君，腹笥古今史，且能言其工拙贅蠹，語經之文，聖人之語，歷歷如指掌」〔註30〕，劉軻求師的範圍幾乎遍及了江南和嶺南。受業者既需輾轉各處遊學，年齡一般應在十多二十歲的青少年時期，可見私家講學主要進行科舉應試教育。

私家講學招生不僅不限地域、規模，而且沒有出身要求，爲大量不能入官學就讀的庶民士子開放了科舉應試教育之門。可知姓名的受學者中，盧照鄰可能出自范陽盧氏的旁支，馬懷素出自小姓家庭，何彥光、員半千、趙匡、盧庇、劉軻五人家世不可考，可見私家講學的學生來源絕大多數是庶民士子。但學子既須遊學，入學又必須交納一定的「束脩」之禮，推測他們的家庭或家族經濟條件尚可。當然，士族子弟也有到私家講學場所求學者，貞觀中後期，出自博陵崔氏第二房的崔皚即有一段「講肆」求學的經歷，《崔皚墓誌》：「初公皇考洛縣府君儼在蜀之歲，公年始登十，而黃門郎齊璿長己倍之，與公同受《春秋》三傳於成都講肆。公日誦數千言，有疑問異旨不能斷者，公輒爲之辯精，齊氏之子未嘗不北面焉。」〔註31〕

綜上，儒士開館招生，聚徒講授，主要進行科舉應試教育。私家講學者身份複雜，開館授徒多爲臨時職業，教授缺乏持續性。私家講學者多以「束脩」自給，所以私家講學具有招生無員額、出身、地域限制，辦學規模很大等特點，因而在此接受科舉應試教育的受業者，以不能進入官學的庶民士子居多。

〔註30〕〔清〕董誥等：《全唐文》卷742 劉軻《與馬植書》，中華書局 1983 年版，第7675 頁。

〔註31〕周紹良主編：《唐代墓誌彙編》大曆 062《崔皚墓誌》，上海古籍出版社 1992 年版，第1802 頁。按《新唐書》卷72 下《宰相世系二下》（第2800 頁）作「崔皓」，恐誤。

三、私家講學的成效不顯及其原因

私家講學雖然爲大量庶民士子提供了接受科舉應試教育的機會，卻只能有極少數士子藉此科舉及第，晉身統治階層。現有資料僅知李善弟子馬懷素明經及第又登文學優贍科，王義方弟子員半千先後應八科舉、岳牧舉登科〔註32〕，啖助的弟子趙匡、盧庇，盧庇弟子竇群，均與科舉出身無緣〔註33〕，趙匡弟子陸質登春秋科亦在疑似之間〔註34〕，其他籍籍無名之輩就更不用說。可見私家講學成效不顯，學生貢舉及第者很少，與其動輒成百上千的招生規模極不相稱。

據兩《唐書》本傳及前引材料，十二位教師大多是博學通經之士。張士衡後爲太子承乾師，王恭、馬嘉運後皆爲太學博士，尹知章本來就是太常博士，他們都爲一代宿儒；王義方所授《蒼》、《雅》，李善所授《文選》，皆有名於當時，水平堪稱上乘；啖助所授《春秋》亦是當時經學之上流。可見，私家講學成效不顯的原因，主要並非授業者教學素養不高，而在於其自身的其他缺陷。

其一，私家講學者即然多以束脩自給，其招生自然沒有員額、身份、地域限制，也就不大可能注意學生的素質，這確屬有教無類，利於教育的普及；亦是良莠不齊，與應試科舉的精英教育要求不合。而且，私家講學者開館授徒多爲臨時職業，教授本來就缺乏持續性和穩定性，加之成百上千的學生集中授學，欲達到很好的教育效果，恐怕很難。

其二，私家講學這種傳統的私學模式已經不適應唐代教育與貢舉制度的發展。前舉私家講學十五例中（含表列十二例，以及唐五經、劉軻、崔膺三例），有九例發生在天寶以前，五例發生在大曆、貞元間，僅「唐五經」一例在咸通中，可見唐代私家講學主要存在於天寶以前，貞元之後則走向衰落，這種發展軌迹彰顯了其生存局面的尷尬。

天寶以前，唐代各級官學總體興旺，生徒佔據了省試錄取量的大多數，但凡能入官學讀書者多以官學爲首選。崔膺在成都「講肆」學業優異，卻並

〔註32〕 〔清〕徐松撰，孟二冬補正：《登科記考補正》卷2，咸亨四年、上元三年、調露二年，第70、76、84頁。

〔註33〕 參《新唐書》卷200《啖助傳》，第5706頁，《舊唐書》卷155《竇群傳》，第4120頁。

〔註34〕 《永樂大典》卷2368引《蘇州府志》：「陸質，春秋科。」參《登科記考補正》，第1319頁。但《舊唐書》卷189下《陸質傳》並未載其登科之事。

未走鄉貢一途，而是補入國子監以太學明經及第，相信與此不無關係〔註 35〕。因此，天寶以前私家講學雖能維持，受制於非體制內的身份，及第者卻極少。天寶後，形勢發展了變化，官學衰落，士子競奔私學，私家講學卻不能與時俱進，講授內容跟不上科舉考試的內容變革。開元二十五年（737）確立三場試制度後〔註 36〕，帖經成為明經科錄取的主要標準，明經以帖誦為功，主要是識字、背誦，蒙童先生教授即可；進士科則沿著文學之科發展，形成詩賦取士的局面〔註 37〕。然而，私家講學卻依然以經義的傳授為主，與開天以來科舉考試的內容變革方向可謂南轅北轍，相去甚遠〔註 38〕，及第者稀少也就在所難免。

其三，私家講學者的社會資源與中唐以後新的科舉選拔模式的需要相距甚遠。自天寶年間韋涉首創納省卷後，將舉人的平時水平與省試成績結合起來錄取進士就成為慣例〔註 39〕，通榜逐漸盛行，某種程度而言，士子所擁有的社會資源在科舉考試中的作用甚至超過了省試成績本身。貞元五至十四年（789～798），柳宗元在京師親歷親聞每年進士錄取實況後，深有感觸，至有「僕在京師，凡九年於今，其間得意者，二百有六十人，其果以文克者，十不能一二」的感歎〔註 40〕。大中時，方干賦詩送弟子伍某赴舉，大概伍某也是缺乏社會資源的庶民士子，故方干詩云「由來不要文章得，要且文章出眾人」，以資鼓勵〔註 41〕。由此可見，唐中葉以後，固然有少數學業出眾的士子，完全憑其傑出的文學才華，以優異的省試成績被錄取；但隨著通榜的流行，多數情況下，影響士子科舉結果的諸多因素中，其所擁有的社會資源的優劣，遠較其自身學業水平的高低重要。然而，私家講學者多為失意官僚或自身即為待舉士人，他們最缺乏的，恰恰就是其學生科舉及第最需要的優質的社會資源。

〔註 35〕　《唐代墓誌彙編》大曆 062《崔暐墓誌》，第 1802 頁。
〔註 36〕　參閱陳飛：《唐代進士科「止試策」考論──兼及「三場試」之成立》，《歷史研究》2002 年第 3 期。
〔註 37〕　參閱吳宗國：《唐代科舉制度研究》，第 128～129 頁。
〔註 38〕　參閱吳宗國：《唐代科舉制定研究》，第 133 頁。
〔註 39〕　《舊唐書》卷 92《韋安石傳附陟傳》，第 2959 頁。又參程千帆：《唐代進士行卷與文學》，上海古籍出版社 1980 年版，第 7～9 頁。
〔註 40〕　〔唐〕柳宗元：《柳宗元集》卷 23《送辛殆庶下第遊南鄭序》，中華書局 1979 年版，第 623 頁。
〔註 41〕　《全唐詩》卷 650 方干《送弟子伍秀才赴舉》，第 7514 頁。

　　總之，唐代私家講學固然為庶民士子提供了科舉應試教育的機會，但極其稀少的科舉及第量表明，庶民士子欲藉此讀書入仕，晉身統治階層，太過艱難。

第三節　私授的教育資源及其等級性

　　所謂私授，是一種帶進修性質的再教育，也是一種精英教育，主要存在於開天至長慶間，可以說是伴生於古文運動的副產品。以往研究常將私授理解為私家講學進行論述〔註42〕。其實，私授有其特殊性，與私家講學雖有一定的相似之處，區別亦甚大〔註43〕。茲將私授從私家講學中區分出來，在教育資源的視野下專題考論，擬重點考察其教育資源，分析顯著成效，進而探討私授對士子讀書晉身的意義及其等級性特徵。

一、私授的教育資源

　　《因話錄》卷3《商部下》：「元和中，後進師匠韓公，文體大變。又柳柳州宗元、李尚書翱、皇甫郎中湜、馮詹事定、祭酒楊公（敬之）、余座主李公（漢），皆以高文為諸生所宗，而韓、柳、皇甫、李公皆以引接後進為務。楊公尤深於獎善，遇得一句，終日在口，人以為癖，終不易初心。」〔註44〕所述諸公接引後進、發揚古文之事主要發生在元和間，事實上，私授這種社會教育的形式早在玄宗開天間，隨著詩賦取士風尚的形成，古文的興起，即已開始出現，至貞元、元和間而臻於全盛。茲先引述相關材料：

　　《新唐書》卷202《文藝下・蕭穎士傳》：天寶間，「（穎士）奉使括遺書趙、衛間，淹久不報，為有司劾免，留客濮陽。於是尹徵、王恒、盧異（冀）〔註45〕、盧士式、賈邕、趙匡、閻士和、柳並等皆執弟子禮，以次授業，號

〔註42〕如吳宗國《唐代科舉制度研究》第六章《學校與科舉》第四節有《私人講學的衰落》一目（遼寧大學出版社1992年版）；宋大川《唐代教育體制研究》第四章《私人教育的類型及其特點》第二節《私人講學》（山西教育出版社1998年版），均將屬於私授的內容融入私家講學之中，合併論述。

〔註43〕關於私家講學的教育資源及其成效，請參閱本章第二節《私家講學的教育資源及其等級性》的相關論述。

〔註44〕趙璘：《因話錄》，《唐五代筆記小說大觀》，上海古籍出版社2000年版，第846頁。又參〔宋〕王讜撰，周勛初校證：《唐語林校證》卷2《文學》（中華書局1987年版，第146～147頁），楊敬之、李漢之名即據周勛初校證補。

〔註45〕《全唐詩》卷154蕭穎士《江有歸舟三章・序》作「盧冀」，第1597頁。

『蕭夫子』。召爲集賢校理」。又《新唐書》卷 143《戴叔倫傳》載其「潤州金壇人。師事蕭穎士，爲門人冠」。

《全唐文》卷 395 劉太眞《上楊相公啓》自云：「伏念早年，僻居江介，泛窺經典，莫究宗源。天寶中，嘗遇故揚州功曹蘭陵蕭君，語及文學，許相師授，而家貧世亂，不克終之。」〔註46〕

《南部新書‧辛》：「章八元嘗於郵亭偶題數言，蓋激楚之謂也。會嚴維至驛，問元曰：『汝能從我學詩乎？』曰：『能。』少頃遂發，元已辭家，維大異之，遂親指喻。數年間，元擢第。」按章八元大曆六年（771）進士第〔註47〕。

《新唐書》卷 162《獨孤及傳》：「及喜鑒拔後進，如梁蕭、高參、崔元翰、陳京、唐次、齊抗皆師事之。」《全唐文》卷 409 崔祐甫《獨孤公神道碑銘並序》：「公平生聞人之善，必揄揚之，氣量與之，不啻若身得之，後進有才而業未就者，教誨誘掖之。」

《舊唐書》卷 160《韓愈傳》：「大曆、貞元之間，文字多尙古學，……而獨孤及、梁蕭最稱淵奧，儒林推重。愈從其徒遊，銳意鑽仰，欲自振於一代。」

《舊唐書》卷 160《柳宗元傳》載元和十年後，柳宗元爲柳州刺史，「江嶺間爲進士者，不遠數千里皆隨宗元師法；凡經其門，必爲名士」。

《唐國史補》卷下：「韓愈引致後進，爲求科第，多有投書請益者，時人謂之『韓門弟子』。」又《新唐書》卷 176《韓愈傳》稱李翺、李漢、皇甫湜、賈島、劉義（又〔註48〕）皆「韓門弟子」。《唐摭言》卷 4《師友》：「（韓）愈自潮州量移宜春郡，郡人黃頗師愈爲文，亦振大名。」〔註49〕

史傳中這類例子甚多，此不贅舉，據以上數例，可知私授大致有如下特點：

私授中的教師並非以教授爲專職，往往是在職官吏，多爲古文大家。上引

〔註46〕《舊唐書》卷 137《劉太眞傳》稱：「劉太眞，宣州人。涉學，善屬文，少師事詞人蕭穎士。天寶末，舉進士。」第 3762 頁。本書所引正史俱爲中華書局標點本。

〔註47〕傅璇琮主編：《唐才子傳校箋》卷 4《章八元傳》，冊 2，中華書局 1989 年版，第 110 頁。

〔註48〕按劉義乃劉叉之誤。參《唐才子傳校箋》卷 5《劉叉傳》，冊 2，第 278 頁。

〔註49〕按「韓門弟子」遠非這幾人，據劉海峰考證，韓愈私門弟子僅姓名可考者，至少也有三十四人。參氏著「韓門弟子」與中唐科舉》，《漳州師院學報》1997年第 3 期。

數例中，嚴維時爲諸暨尉〔註50〕，獨孤及先後任濠州、舒州、常州刺史〔註51〕，柳宗元爲柳州刺史，韓愈指點賈島時爲河南令、指點黃頗時是宜春刺史，蕭穎士雖然當時被劾免，但不久即召爲集賢校理。

因此，私授與私家講學不同，授業者授徒並非因經濟拮据，乃以獎掖、提攜後進爲己任。受學者並非泛泛之輩，多半已學有所成，好學請益主要是爲了獲得援引和推薦。如章八元師事嚴維時已能題詩，劉太眞師事蕭穎士時已泛窺經典，其他如梁蕭、韓愈等師事獨孤及時在學業上已小有成就，師事柳宗元、韓愈者也已是「爲進士者」。

授業者既非爲了經濟原因，受學者又已學有所成，故私授下的師生關係某種程度上介乎師友之間〔註52〕。韓愈《答崔立之書》云「近有李翺、張籍者，從予學文」〔註53〕，但韓愈「少時與洛陽人孟郊、東郡人張籍友善」〔註54〕，李翺亦云「我友韓愈」〔註55〕。梁蕭表述其與獨孤及的關係：「初公視蕭以友，蕭亦仰公猶師，每申之話，言必先德禮而後文學。」〔註56〕無論是韓愈與孟郊、張籍、李翺，還是梁蕭與獨孤及之間，皆亦師亦友。

師生之間這種亦師亦友的關係反映到傳授形式上，就非私家講學一對多的聚徒講學，而是一對一的交流和切磋。據上引材料，無論章八元向嚴維學詩，劉太眞向蕭穎士學文學，韓愈從獨孤及、梁蕭徒遊，黃頗師韓愈爲文，都是以文學爲傳授內容。梁蕭回憶師事獨孤及的情形：

> 顧惟小子，慕學文史。公初來思，拜遇梅裏。如舊相識，綢繆慰止。更居恫貧，四稔於此。嘗謂蕭曰：「爲學在勤，爲文在經。勤則能深，經則可行。吾斯願言，勉子有成。」又曰：「文章可以假道，道德可以長保。華而不實，君子所醜。」敬服斯言，敢忘永久。〔註57〕

〔註50〕《唐才子傳校箋》卷3《嚴維傳》，冊1，第606頁。
〔註51〕分見郁賢皓：《唐刺史考全編》，安徽大學出版社2000年版，第1734、1747、1884頁。
〔註52〕這種介乎師友之間的關係已爲吳宗國揭出，參氏《唐代科舉制度研究》，第134頁。按本段觀點受吳先生啓發，論據則爲筆者讀書檢得。
〔註53〕《唐摭言》卷4《師友》，第52頁。
〔註54〕《舊唐書》卷160《韓愈傳》，第4203頁。
〔註55〕《全唐文》卷635李翺《與陸傪書》，中華書局1983年版，第6415頁。
〔註56〕《文苑英華》卷703梁蕭《常州刺史獨孤及集後序》，中華書局1966年版，第3625頁。
〔註57〕《全唐文》卷522梁蕭《祭獨孤常州文》，第5306頁。

據之，獨孤及對梁肅的所謂師授，大體止於韓愈《師說》所云之「傳道」，只是在理論上和學習方法上對門生進行一些指導，並不進行系統的講授〔註58〕。之所以如此，一方面是爲師者多在職官吏而非專職教師，不可能專闢大量的時間用於系統知識的傳授；而受業者又已有較好的學業基礎，也不需要再接受系統的知識灌輸。另一方面文學不像經學重師承，主要是靠個人的稟賦與悟性，故系統的講授就顯得不那麼重要。更爲關鍵的是，學子負笈求師本非爲系統的學習，而有更爲現實的目的，即希望得到當時社會上著名文士的引薦〔註59〕；授業者亦非爲系統傳授經史、文學知識，而以推廣古文爲旨歸。

綜上，私授作爲科舉應試教育，擁有較爲優質的教育資源：以文學理論和方法爲主要傳授內容，順應了開天以來重文學的趨勢；以一對一的交流和切磋爲主要授學方式，是一種典型的精英教育模式，符合科舉考試精英選拔的要求；授學者爲發揚古文而獎拔後進，求學者爲得到薦引而仰慕徒遊，亦師亦友，融洽的師生關係乃師授者提攜引薦弟子的重要前提。這種優質的教育資源是產生顯著教育成效的重要基礎。

二、私授的顯著成效及其原因

上引材料中涉及到的門生數共二十四人，其中賈邕天寶九載（750）進士登第，劉太眞、尹徵天寶十三載（754）同科進士，章八元、陳京大曆六年（771）同科進士，唐次建中元年（780）進士第，梁肅建中元年（780）登文詞清麗制科，崔元翰建中二年（781）狀元，韓愈貞元八年（792）龍虎榜，李翱貞元十四年（798）進士及第，皇甫湜元和元年（806）擢進士第，李漢元和七年（812）登進士第，黃頗會昌三年（843）進士第，戴叔倫〔註60〕、盧異（冀）

〔註58〕參閱吳宗國：《唐代科舉制度研究》，第 135 頁。

〔註59〕呂思勉云：「隋唐之世，科舉浸盛，而學校日微，此即教育之權由公家移於私家之證。然學子之負笈尋師者，亦或依附其名而求著籍，未必眞有所得，欲深造博涉者，實仍在自爲也。」見氏《隋唐五代史》，上海古籍出版社 2005 年版，第 1065 頁。

〔註60〕按戴叔倫進士及第的年份，辛元房《唐才子傳》繫於貞元十六年（800）。岑仲勉《唐史餘瀋》卷 2《德宗・戴叔倫貞元進士》據《全唐文》卷 502 權德輿《戴叔倫墓誌》，指出戴叔倫已於貞元五年（789）卒，不可能貞元十六年及第，疑戴叔倫非由進士出身。《唐才子傳校箋》卷 5《戴叔倫傳》據《郡齋讀書志》載戴叔倫及第及《文苑英華》所載戴叔倫省試詩《曉聞長樂鐘聲》，以爲戴叔倫由進士出身無疑，但年月不可考。當以《唐才子傳校箋》所說爲是。

亦進士及第〔註61〕，科舉及第登科者共十五人，占總數的一大半，且都為進士或制科，無明經之例，與私授的教授內容主要為文學相合。

私授的成效如此顯著，源於其所具有的諸種優質資源。《唐摭言》卷8《通榜》：

> 貞元十八年，權德輿主文，陸傪員外通榜帖，韓文公薦十人於傪，其上四人曰侯喜、侯雲長、劉述古、韋紓〔註62〕，其次六人：張弘、尉遲汾、李紳、張俊餘〔註63〕，而權公凡三榜共放六人，而弘、紳、俊餘不出五年內，皆捷矣。

韓愈是怎樣向陸傪推薦門徒弟子的呢？《與祠部陸員外書》：

> 文章之尤者，有侯喜者、侯雲長者。喜之家，在開元中，衣冠而朝者，兄弟五六人。及喜之父仕不達，棄官而歸。喜率兄弟操耒耜而耕於野，地薄而賦多，不足以養其親，則以其耕之暇，讀書而為文，以干於有位者而取足焉。喜之文章，學西京而為也。舉進士十五六年矣。雲長之文，執事所自知。其為人淳重方實，可任以事。其文與喜相上下。有劉述古者，其文長於為詩，文麗而思深，當今舉於禮部者，其詩無與為比，而又工於應主司之試。其為人溫良誠信，無邪佞詐妄之心，強志而婉容，和平而有立。其趨事靜以敏，著美名而負屈稱者，其日已久矣。有韋群玉者，京兆之從子。其文有可取者，其進而未止者也。其為人賢而有才，志剛而氣和，樂於薦賢為善。其在家無子弟之過。居京兆之側，遇事輒爭，不從其令而從其義。求子弟之賢而能業其家者，群玉是也。凡此四子，皆可以當執事首薦而極論者。主司疑焉，則以辯之；問焉，則以告之；未知焉，則殷勤而語之。期乎有成而後止可也。有沈杞者、張弘者、尉遲汾者、李紳者、張後餘者、李翊者，或文或行，皆出群之才也。凡此數子，與之足以收人望，得才實。主司疑焉，則與解之；問焉，則以對之；廣求焉，則以告之可也。〔註64〕

陸傪「與司貢士者相知誠深」，而韓愈又與陸傪相善，故有此薦書。此書共推

〔註61〕俱見《登科記考補正》，卷數與頁碼不俱列。

〔註62〕韋紓，當作韋珩，即下引韓文中之韋群玉，乃韋夏卿之侄，係出京兆韋氏。參《韓愈全集校注》，第1518頁注㉓。

〔註63〕張俊餘當作張後餘，參下引韓文及《韓愈全集校注》第1520頁注㉜。

〔註64〕《韓愈全集校注》，第1514～1515頁。

薦十人，除《唐摭言》已列八人外，尚有沈杞、李翊二人。侯喜、侯雲長、劉述古、韋玎四人爲韓愈尤所推重，故用心尤切。此十人嗣後數年內全數進士及第。

綜合上引韓愈薦書及前述，導致私授顯著成效的諸多優質資源包括：

首先，韓愈們多歷經多次科舉考試考驗，對科舉考試的運作模式、文體要求、考官喜尙等非常清楚，故傳授的方法非常有針對性，這在韓愈推薦侯喜、侯雲長、劉述古時，特意強調他們「文章學西京而爲」、「工於應主司之試」得到佐證。

其次，私授本爲一種典型的精英教育，求學者多半已學有所成，且多天資聰穎、學業出眾者。韓愈用心尤切之四人，甚至自身即已參加過多次省試。私授只是使他們在科舉考試中的應試能力得到進一步增強，社會資源的動員能力得到進一步的拓展。

再次，私授者無論嚴維、蕭穎士、獨孤及、梁肅、韓愈、柳宗元，都是當時的著名文人，他們在京師有廣泛的社會資源，科舉考試時，他們把門生弟子引薦甚至「通榜」於知貢舉者或與知貢舉者相善之人，其作用無疑是非常明顯的，韓愈通過陸傪向權德輿通榜弟子十人，爾後俱進士及第，即爲顯例〔註65〕。而且，既然私授下師生多爲亦師亦友的關係，授業者自然會全心全意爲遊從者引薦、通榜，韓愈「少時與洛陽人孟郊、東郡人張籍友善。二人名位未振，愈不避寒暑，稱薦於公卿間，而籍終成科第，榮於祿仕」〔註66〕，是爲明證。

總之，在私授這種社會教育形式下，無論是其教育資源本身，還是其後所隱藏的社會資源動員能力，均極具優勢，故教育成效也就非常顯著。那麼，是哪些士子從私授顯著的教育成效中獲益呢？

三、私授對士子讀書晉身的意義及其等級性

爲考察私授顯著教育成效的涵蓋面，茲將上述涉及到的受業者共36人，

〔註65〕關於通榜對士子及第的意義，又參《唐摭言》卷8《通榜》載：「陸忠州榜時，梁補闕肅、王郎中傑佐之，肅薦八人俱捷，餘皆共成之。」所謂「陸忠州榜」，即貞元八年陸贄知貢舉時所放的著名的龍虎榜。又《金華子雜編》卷下云：「中朝盛時，名重之賢指顧即能置人羽翼。」故《登科記考》卷28《別錄上》引《考索續》說：「若夫崔群之第緣梁肅，杜牧之第緣吳武陵，李商隱之第緣令狐綯，盧肇之第緣李德裕，每每類此，亦何惡於請託哉！」

〔註66〕《舊唐書》卷160《韓愈傳》，第4203頁。

按階層和科目分類，制《唐代私授受業成效表》（見本目最後頁）。

據表，受業者 36 人中，廣義士族子弟得 15 人，庶民和出自不詳者共得 21 人，受業其中的庶民士子略多。這是因爲，廣義士族家有藏書，有塾學，子弟多在家習業，私授並非其教育投資的主戰場，而庶民階層缺乏投資塾學的諸多資源，子弟讀書率多求諸私學。27 位及第登科者中，廣義士族子弟共 13 人，庶民 5 人，二者及第絕對數目差距比較大。若把出自不詳者 9 人歸入庶民階層，則兩者的及第數基本持平。未及第者 9 人中，廣義士族子弟 2 人；庶民 2 人，二者持平。若出自不詳者 5 人歸入庶民階層，則二者差距很大，未及第者絕大多數爲庶民士子。比較結果表明，雖然私授並無等級限制，受業者以庶民士子居多，但廣義士族子弟的科舉及第量卻多於或至少持平於庶民士子，庶民士子似乎並未能充分利用私授的優質教育和社會資源。推究其原，不外如下數端：

首先，私授是一種精英教育，雖無等級限制，卻有智識和學養要求，故能得援引者率多天資聰敏或學業出眾者。因此，對庶民俊秀而言，私授是一個較好的選擇，而對資質或學業平平的一般庶民士子而言，則有如唐初的國學，是一個欲入其門檻而不能得之所在。故私授雖無等級限制，能入其門者卻很少，籍此科舉入仕的庶民士子，數目其實非常有限。

其次，庶民俊秀雖然有幸接受私授教育，但與士族子弟不僅自身擁有較好的社會資源，而且通過授業師又可擴展其社會資源不同，庶民士子社會資源極其有限，及第與否很大程度僅能倚賴授業師的引薦。貞元十七年（801），韓愈曾向汝州刺史盧虔推薦侯喜：

> 其人爲文甚古立志甚堅，行止取捨有士君子之操。家貧親老，無援於朝，在舉場十餘年，竟無知遇。愈常慕其才而恨其屈，與之還往，歲月已多，常欲薦之於主司，言之於上位，名卑官賤，其路無由。觀其所爲文，未嘗不掩卷長歎。〔註67〕

前述可知，次年，韓愈《與祠部陸員外書》推薦十人，又首推侯喜。綜合所引韓愈二書內容，有三點值得注意。其一，侯喜文章「學西京而爲」，爲韓愈所稱賞，自是擅於應試科舉的才俊之士。其二，被韓愈推獎之前，侯喜因父仕不達，無援於朝，屈滯舉場十餘年。其三，一旦被韓愈連續引薦，侯喜即於貞元十九年（803）進士及第。按侯喜出自小姓階層，社會資源自然比一般

〔註67〕 韓愈《與汝州盧郎中論薦侯喜狀》，《韓愈全集校注》，第 1486 頁。

庶民爲優，但對於科舉及第而言，其社會資源的動員能力仍然顯得捉襟見肘，故雖在舉場奔波十餘年，卻勞而無成，「竟無知遇」。可見社會資源動員能力處於劣勢的庶民士子，如果沒有私授恩師之極力推獎與引薦，僅依自身能力，及第何其之難！

此外，私授主要存在於盛、中唐，長慶以後衰微，影響時間較短。正如前述，私授這種熱心傳道授業和好學請益的風氣，是在開元以後進士科錄取標準偏重於文學，大曆、貞元以來古文運動蓬勃發展的背景下出現的。因此，穆宗長慶以後，隨著古文運動的式微，私授走向衰落，也就勢所必然。其一，「文學尚性靈，重個性發展，不重師承。時風所煽，人不相師」〔註68〕，師承對請益者而言，其實並不重要。其二，授業者提攜後進是爲了發揚光大古文，受學者好學請益則爲了得到薦引，這種「相須」、「相資」的關係是鬆散而不穩固的〔註69〕。韓愈身爲古文運動的旗手，曾以「奮不顧流俗，犯笑侮，收召後學，作《師說》，因抗顏而爲師」揚名當時〔註70〕。然而，當其致力於古文推廣之時，則「頗能誘勵後進，館之者十六七，雖晨炊不給，怡然不介意」，所謂「大抵以興起名教弘獎仁義爲事」；當其官高，對古文推廣不復有心之後，則「不復爲也」〔註71〕，「稍謝遣」〔註72〕。韓愈所爲正與私授之興衰軌迹暗合，故曰古文運動式微之時，即爲私授衰敗之始。私授既然與古文運動相始終，僅盛於中唐，對庶民士子獲取優質教育資源的積極意義自然有限。

誠然，私授爲庶民士子提供了無等級限制的受業機會，其教育、社會資源的諸多優勢，又創造了較多的科舉及第機會，使其中的庶民俊秀較能脫穎而出。然而，精英教育的特質限制了其受眾面，隱性地擡高了其準入門檻，使進入該教育領域的庶民士子數量不多；庶民士子自身社會資源的匱乏，又限制了其最終科舉及第量。因此，私授雖有諸多優質的教育、社會資源，庶民士子卻終究無法充分利用，藉此科舉入仕者畢竟只是極少數俊秀。

〔註68〕 嚴耕望：《唐人習業山林寺院之風尚》，氏《嚴耕望史學論文選集》，中華書局 2006 年版，第 266 頁。
〔註69〕 引薦者與被引薦者的關係，頗類於唐代遊丐者與施捨者之間「相須」、「相資」的利益轉換關係，關於「相須」、「相資」關係，詳參第六章第三節《唐代士子的遊丐資讀及其等級性》。
〔註70〕 柳宗元：《柳宗元集》卷 34《答章中立論師道書》，中華書局 1979 年版，第 871 頁。
〔註71〕 李肇：《唐國史補》卷下「韓愈引後進」，《唐五代筆記小說大觀》，第 195 頁。
〔註72〕 《新唐書》卷 176《韓愈傳》，第 5265 頁。

唐代私授受業成效表：

科目\階層	進士	制科	未第者
士族	崔元翰、陳京、唐次、李漢、韋珩、李紳。		柳並
小姓	劉太眞、韓愈、李翺、侯喜、侯雲長、孟郊。	梁肅	齊抗
庶民	章八元、戴叔倫、皇甫湜、黃頗、張籍。		賈島、劉叉。
不詳	尹徵、盧冀、賈邕、劉述古、沈杞、張弦、張後餘、尉遲汾、李翊。		王恒、盧士式、趙匡、閭士和、高參。

備註：本表所謂「士族」、「小姓」，以及下文將提到的「廣義士族子弟」的提法，借
鑒了毛漢光有關中古社會階層的劃分法，參氏《中古統治階層之社會成分》、《中
國中古社會史論》，上海書店出版社 2002 年版，第 37 頁。唯毛氏「寒素」的
提法容易引起歧義，故本書採用通行的、界線較爲清晰的「庶民」的提法。所
謂「不詳」，指依現有資料無法知其出身者，具體分析時俱不甚恰當地併入庶
民士子中。

第四節　山林寺觀教育的教育資源及其等級性

　　唐中葉以來，士子求學更多選擇山林寺觀教育。山林寺觀教育主要屬科
舉應試教育，乃私學的重要形式，在唐代中後期地位非常重要。嚴耕望《唐
人習業山林寺院之風尚》對此已有精深研究〔註 73〕。本節先依嚴文已有結論
簡單介紹唐代中葉以來山林寺觀教育之興盛。然後依嚴文提供的資料，主要
從經濟資源佔有影響士子習業成效的視角，重新分析相關材料，以考察山林
寺觀教育的教育資源，分析其對士子讀書求學的意義及其時代性特徵，進而
揭示隱藏在其後的等級性特徵。

一、山林寺觀教育之興盛

　　漢代教育中心在中央太學，地方官學及私家教授均非其比。私家教授
多在政局方亂之時的平原鄉邑進行，在山林川澤者實不多見。漢末魏晉之
世，政府不重教育。都城常有變亂，太學形同虛設。州郡之學自然更形衰
敝。當時政治社會皆爲世家大族所把持，教育中心亦移至世家大族。雖有
習業山林巨刹者，但並不多見。南北朝時，士子較多教授於山澤者，但多

〔註73〕嚴耕望：《唐人習業山林寺院之風尚》，《嚴耕望史學論文選集》，第 232～271
頁。

隱逸者流，隋世教授自學於山澤者亦較多，蓋世亂逼人，欲安心肄業，不能不投身山林。

　　唐興，中央置國子六學，州縣亦各置學。由於政治社會安定，公立學校發達，私家教授相對弱勢，士子群趨官學，自無隱遁山林之必要。武后擅權，薄於儒術，「二十年間，學校頓時隳廢矣」〔註74〕，其後雖復振興，但開元十五年「省司定限」後，官學日衰，士子讀書山林者日見眾多。中葉以後，中央太學薈為茂草〔註75〕，而讀書山林寺觀，論學會友，蔚為風尚，學成出山應試以求聞達者眾。故嚴先生廣泛檢索、爬梳史籍的結果，共得唐代山林寺觀教育受業者兩百餘例，除極少數幾例外，皆在開元以後，中葉以後尤盛。

　　在兩百餘人中，後為宰相者、後為一代文章宗伯者、後為一代名臣者、後為詩文名家者大有其人，足見唐代士子習業山林寺觀風氣興盛、人才輩出。李頎《緩歌行》：「男兒立身須自強，十年閉戶穎水陽。業就功成見明主，擊鍾鼎食坐華堂。」劉得仁《送車濤罷舉歸山》：「要路知無援，深山必遇師。」〔註76〕鼓勵青年立身自強，不言入學從師，而以閉戶山谷、深山遇師相勉，有其現實依據和榜樣。因山居孤寂，士子一般結伴同處，故許渾有《卜居招書侶》詩，云「微雨秋栽竹，孤燈夜讀書。憐君亦同志，晚歲傍山居」〔註77〕。然普通亦不過兩三人，或三五人，多亦不過十餘人，過此則甚少。

　　士子習業可謂遍佈名山巨剎。北方以嵩山、終南山、中條山為盛，華山次之，均在河、渭兩岸，逼近兩都。東嶽泰山盛於安史之亂以前，其後遂衰；而僻處其東北之長白山則較盛。南方以當東西南北水道交通樞紐之廬山為最盛，次有當南北交通要道之南嶽衡山、逼近海上交通貿易中心廣州之羅浮山、鄰近池口津渡之九華山。浙東西之惠山、會稽剡中歷來為人文蔚盛之中心地帶。劍南道則以鄰接西南政治經濟文化中心成都之青城山為盛。揚州為中葉以後東南水陸交通之最大中心，亦為當時中國第一大商業都市，士子讀書寺院者亦多。此外，閩中諸山亦頗有之。敦煌為西北對外交通樞紐，亦為西北宗教文化中心，士子習業寺院亦多有。因此士子習業雖在山林寺觀，但並非荒郊僻壤，而是交通便利，經濟繁榮，人文蔚盛的區域。

〔註74〕　《舊唐書》卷189上《儒學傳・序》，第4942頁。
〔註75〕　參閱《全唐文》卷532李觀《請修太學書》，第5402頁；同書卷727舒元輿《問國學記》，第7492頁。
〔註76〕　分見《全唐詩》卷133，第1349頁；卷544，第6344頁。
〔註77〕　《全唐詩》卷532，第6120頁。

　　唐中葉後，山林寺觀教育如此興盛而廣泛，據嚴先生的分析，原因大致在於：其一，經學衰文學盛的影響。明經與進士爲唐代科舉兩大要途，但這兩種出身在唐初政治上均不居重要地位。自武后擅權，廣開文士仕進之路，進士科第逐漸佔優勢；中葉以後，政治勢力幾爲出身進士科第者獨佔，給唐代教育造成了顯著的影響：由於官學教育例爲經學，經學即衰，官學教育亦日益式微，故習業者散處四方；由於文學尙性靈，重個性發展，不重師承，時風所煽，人不相師，故士子多三五成群，最多不過數十人聚居習業，相與切磋，教授生徒至數千百人者幾乎絕迹；由於詩文習業更賴於環境的陶養，群居亦不必多人，故深山邃谷最宜習業。其二，世家大族沒落與平民寒士進用的影響。由於經學衰微而進士科第興盛，世家大族政治人才的登進由經學與蔭襲轉變爲進士科第，但世家子弟有條件較好的家塾，故他們雖有入山林讀書者，仍以習業家塾爲多；由於進士較有客觀標準，平民寒士可有平等權利自由參加考試，多習進士業，但家庭條件不好，故多習業山林寺觀。因此，進士科第愈盛，習業山林寺觀之風愈熾。其三，佛教鼎盛亦助長習業山林之風尙。當時第一流思想家多爲佛家，而他們多能詩文，故士子樂從遊學；山林寺觀眾多，寒士既惟有勤習詩賦以取進士科第，卻貧無營山居之資，勢必借寓寺院靜境以爲習業之所。其四，總觀唐人詩文雜記小說，一般文士所交遊者，除同行友朋外，非達官貴人即寺觀僧道，一般文士既喜過林泉生活，自然助長書生肄業山林之風尙。其五，山林寺觀有豐富的藏書可資閱讀。

二、山林寺觀受業者之階層分佈特徵

　　爲了探討山林寺觀教育的教育資源及其階層差別，筆者逐一考察了嚴文中二百餘位士子的生平和出自〔註78〕，製成《唐代山林寺觀教育受業者出自表》（見本目最後頁）。其中那波利貞和耿慧玲自敦煌文書題記中考出的二十餘位，信息太少；龐式、薛氏子、薛生、伍喬〔註79〕、李徵古、陳氏子弟、陳沆、陳覬、劉洞、江爲、古成之、張易、毛炳、王正字某等十來位士子已入五代，均不擬考察。此外，嚴氏據《唐才子傳》楊衡與符載、竇群、李渤同隱廬山的記載，列入此四人。按竇群、李渤實爲辛文房誤植

〔註78〕詳見附錄二：《唐代山林寺觀教育受業情況表》。
〔註79〕《唐才子傳》云伍喬與杜牧同時，隱居廬山讀書。嚴氏引用時未做詳考。其實伍喬爲南唐時人，所謂習業廬山，實爲入廬山國學就讀。詳見《唐才子傳校箋》卷7《伍喬傳》，冊3，第258頁。

〔註80〕，僅依其他資料留取李渤〔註81〕。又，盧鴻純屬聚徒講學，已見於
《私家講學的教育資源及其等級性》；柳鎮屬明經及第後避亂山林，教授子
侄，已見於《個體家庭教育及其等級性》；靈一道人乃童子出家後習業，亦
不在考察範圍；江州陳氏書堂已見於《族塾的特點及其等級性》。除此而外，
合併重出者，共得姓名俱全者、有姓無名者、無名無姓者 193 人。

　　一般而言，正如嚴氏所云，世家子弟由於家有藏書，有學塾，以留讀莊
塾者為多；平民寒士家屋仄陋，不宜習業，勢必擇山林靜境建茅以居。然而，
據《唐代山林寺觀教育受業者出自表》，193 例山林寺觀教育受業者中，士族
和小姓子弟共得 85 例，即廣義士族子弟占總數的 44%。出自庶民者 32 例，
加出自不詳者 77 例，共 109 例，占總數的 56%，兩者相較，後者稍多，差別
不甚懸殊。這種階層分佈特點說明：其一，士子是否在山林寺觀習業，與其
出自沒有必然聯繫，換言之，山林寺觀教育似乎沒有等級限制，頗俱開放性
和平等性。其二，庶民佔據了唐代人口的絕大多數，但在山林寺觀習業的庶
民士子僅比廣義士族子弟稍多。如果不考慮大量庶民士子的習業資料可能未
較好的保存下來的因素（這種可能性極大，詳見下文），這一統計結果至少說
明：雖然村坊學遍及全國各地，但村坊下層民眾的學童能順利完成基礎教育
者並不多，完成基礎教育後能繼續深造科舉應試教育者更少。因此，山林寺
觀教育的開放和平等只是形式上的，庶民士子受制於諸種資源的匱乏，並不
能充分地利用山林寺觀教育提供的比較沒有等級限制的教育資源。

　　詳繹 40 位士族子弟的家庭背景，其中韋丹、李紳、韋昭度、韋應物、
韋成緒、李渤、李涉、崔曙、李賀、崔從、崔能、杜牧、楊收、楊發、劉晏、
王播、顏眞卿、柳璨 18 人，幾占總數的一半，雖出自士族，其實皆為孤寒
〔註82〕，他們在山林寺觀習業多因家庭經濟狀況不佳所迫。士族子弟尚且

〔註80〕　竇群與白居易同歲，生於大曆七年（772），絕無天寶間與符載同隱盧山之可
　　　　能。李渤為山中四友之一，亦似辛氏臆補。詳參《唐才子傳校箋》卷 5《楊衡
　　　　傳》，冊 2，第 598～599 頁。
〔註81〕　按《舊唐書》卷 171、《新唐書》卷 117 本傳云李渤隱於嵩山，以讀書業文為
　　　　事；宋人陳舜俞《盧山記》卷 2 云李渤與李逢吉同學於盧山折桂庵。
〔註82〕　韋丹見《全唐文》卷 566 韓愈《韋丹墓誌銘》。薛據見《舊唐書》卷 146《薛
　　　　播傳》。李紳見《舊唐書》卷 173 本傳。韋昭度見《舊唐書》卷 179 本傳。韋
　　　　應物、韋成緒見《唐才子傳校箋》卷 4《韋應物傳》，冊 2；《全唐詩》卷 192
　　　　韋應物《題從侄成緒西林精舍書齋》。李渤、李涉見《舊唐書》卷 171《李渤
　　　　傳》；《唐才子傳校箋》卷 5《李涉傳》，冊 2。崔曙見《唐才子傳校箋》卷 2
　　　　《崔署傳》，冊 1。李賀見《唐才子傳校箋》卷 5 本傳，冊 2。崔從、崔能見

如此，出自其他階層者自可推知。故山林寺觀教育受業者雖遍佈各個階層，但率多貧寒者。

　　山林寺觀教育受業者，既有廣義士族子弟，又有庶民士子；既有家資富足者，更多家境貧寒者。故同在山林寺觀習業，卻因出身背景不同，習業環境別若天壤。

唐代山林寺觀教育受業者出自表：

階層	士子姓名
士族	韋丹、薛據、盧元裕（盧正己〔註83〕）、李紳、韋昭度、韋應物、趙伉、李渤、岑參、杜黃裳、崔曙、房琯、李賀、徐商、王龜、李華、杜鵬舉、盧藏用、李棲筠、崔從、崔能、孔巢父、李逢吉、楊衡、韋成緒、杜牧、楊收、李端、李涉、顏翃、李泌、劉瞻、王播、張浚、顏眞卿、趙璘、李元平、裴坦、楊發、柳璨。共40人。
小姓	閻防、李商隱、張仲殷、許稷、張策、牛僧孺、竇乂、韓愈侄、沈聿、孟郊、孔述睿、孔克符、孔克讓、劉長卿、盧霈、陽城、姚氏子、張鎬、趙生、李白、高漢筠、溫庭筠、姚崇、盧肇、王昭海、陳子昂、柏大兄弟、竇九、鮮于仲通、段文昌、羅珦、鄭谷、李昭象、呂溫、王昭宗、顧非熊、齊抗、林藻、林蘊、歐陽詹、陳嶠、高適、元結、白居易。共45人。
庶民	韋士儀〔註84〕、郗昂（郗純〔註85〕）、張諲、張謂、李頎、呂向、張仁亶（張仁願）、閻庚、徐彥伯、盧群、蘇源明、劉軻、朱樸、符載、王建、杜荀鶴、仲子陵、劉蛻、顧雲、殷文圭、張喬、方干、邱爲（丘爲〔註86〕）、李頻、徐安貞、黃滔、錢起、朱慶餘、許渾〔註87〕、莫宣卿、崔塗。共31人。

　　　　《舊唐書》卷177《崔慎由傳》。杜牧見《樊川文集》卷16《上宰相求湖州第二啓》。楊收、楊發見《舊唐書》卷177《楊收傳》。劉瞻見《太平廣記》卷54「劉瞻」。王播見《舊唐書》卷164本傳。顏眞卿見《新唐書》卷153本傳。柳璨見《舊唐書》卷179本傳。

〔註83〕盧正己本名元裕，因避代宗李豫音諱，改名正己。參《全唐文》卷420常袞《太子賓客盧君（正己）墓誌銘》，第4293頁；《新唐書·宰相世系表》三上，第2919頁。

〔註84〕韋士儀事僅見於《全唐文》卷518梁肅《送韋拾遺歸嵩陽舊居序》，云出自京兆韋氏逍遙公房，不載先祖名諱。查《新唐書·宰相世系表》四上無韋士儀，逍遙公房更無「士」字行，疑係假託，故入「庶民」。

〔註85〕郗昂當爲郗純之誤，事見《舊唐書》卷157、《新唐書》卷143《郗士美傳》。詳考參《登科記考補正》，第314頁。

〔註86〕「邱爲」當即「丘爲」，「邱」「丘」諸書互見。今通行本皆作「丘」。參《登科記考補正》，第349頁。

〔註87〕《新唐書·藝文志》、《郡齋讀書志》、《唐詩紀事》俱謂許渾係高宗朝宰相許

| 不詳 | 盧生、李生、尹縱之、班行達、田卓、二秀才、楊禎、林校書、文鍊、范璋、李垣、智弘、韋思恭、董生、王生、封陟、韋安之、張道、任生、李玫、苗縱、段維、光化寺客、王洙、韓沆、裴政、張叔明、陶沔、九經者、劉弇、王簡言、李元象、茅某、李十、費某、元處士、許彬、唐求友、祝秀才、江某、李中、張璟、薛肇、崔宇、閭丘方遠、鍾輻、戴十五、李寬中、楊生、楊環、宋濟、獨孤秀才、馬秀才、元庭堅、宗密、薛大信、李驤、李蟾、郭全、鄭某、曹璩、裴秀才、沈秀才、許寂、陳蔚、黃楷、歐陽碣、許龜圖、黃彥修、李范、宇文裝、薛洪、車濤、許敬、張閒、任頊。共 77 人。|

備註：（1）有些士子先後在多處山林寺觀習業，如李紳就有先後在無錫惠山寺、會稽剡川佛寺、華山等習業的經歷，統計時均只算一例。
　　　（2）人物列舉沒有規律可言，僅按嚴文引用時出現的先後順序排列。

三、山林寺觀教育的習業環境及其等級性

　　家資富足者既然多在家塾中讀書，他們若放棄優越的習業環境，選擇在山林寺觀教育中受業，自然別有考慮。《太平廣記》卷 65「姚氏三子」引《神仙感遇傳》：「唐御史姚生，罷官，居於蒲之左邑。有子一人，外甥二人，各一姓，年皆及壯，而頑駑不肖。姚之子稍長於二生。姚惜其不學，日以誨責，而怠遊不悛。遂於條山之陽，結茅以居之，冀絕外事，得專藝學。林壑重深，囂塵不到。」姚御史在中條山為子侄三人結茅讀書，「冀絕外事，得專藝學」乃其目的。

　　《太平廣記》卷 373「楊禎」引《慕異記》講述了一個鬼怪故事。家在渭橋的進士楊禎，曾詣昭應縣長借石甕寺文殊院習業。十來天後，佛寺中的一盞長明燈化身為姿色豔麗的紅裳女子，比楊禎平日所親近者漂亮很多，一到夜晚便來與楊禎相會，夜夜歡娛。每至星落天曉，女子即要求回去，而楊禎則依依不捨，女子遂曰：「公違晨夕之養，就岩谷而居者，得非求靜，專習文乎？」以勸阻楊禎。按楊禎平日既多姝麗伴其左右，相信亦家資富足，當有家塾供其習業。由此可見，楊禎「以居處繁雜，頗妨肄業」，借住石甕寺文殊院，乃欲避居清靜之所專心習業，不料未能抵禦美色誘惑，與本願相去甚遠。

國師之後。杜牧《樊川集遺收詩補錄》中有《分司東都寓居履道叨承川尹劉侍郎大夫恩知上四十韻》，實為許渾詩，夾註云許國師為其六代祖。參《唐才子傳校箋》卷 7《許渾傳》，冊 3，第 232 頁。按許渾不見於《新唐書·宰相世系表》，而世系又與許國師相隔達六代之遠，在無其他材料可證其曾祖以下曾仕宦的情況下，列入「庶民」似較妥。

　　合此二事，家資富足者選擇在山林寺觀習業，非爲其他，「冀絕外事，得專藝學」，是也。他們的習業環境自然甚爲優越。大曆年間，和州刺史穆寧爲其四子贊、質、賾、賞專關山居以習業，《全唐文》卷 409 崔祐甫《穆氏四子講藝記》：「其年或成人，或幾成人，學《詩》學《禮》，則亦既戒遠子之節，吾事可不務哉。於是考州之東西四十里，因僧居之外，階庭戶牖，芳草拳石。近而幽，遠而曠，澶漫平田，霉沸溫泉。可以步而適，可以濯而蠲，謂爾群子，息焉遊焉。」可謂環境幽靜、景色雅致，正是讀書爲文之勝地，故崔祐甫讚歎之餘，云「穆氏之門欲不大，不可得也」，誠哉斯言。

　　因此，唐人筆記小說或詩文中講述家資富足者在山林寺觀習業時，絕少提及衣食住行、筆墨紙硯、書籍、照明工具等等習業必備條件。顯然，他們繼承和先賦的經濟資源極其優越，一應裝備俱全，他們唯一要做的，也是父母和家庭唯一希望他們做的，就是不要爲外邪所擾，心無旁騖地讀書爲文。

　　貧寒士子在山林寺觀習業則有另一番完全不同的景象，最爲常見者乃是衣食不充。《舊唐書》卷 177《崔慎由傳》載其父崔從：「少孤貧，寓居太原。與仲兄能同隱山林，苦心力學。屬歲兵荒，至於絕食，弟兄採稽拾橡實，飲水棲衡，而講誦不輟，怡然終日，不出山岩。如是者十年，貞元初，進士登第。」又，杜牧《盧秀才（霈）墓誌》云盧霈生長於河北，年二十不知周公、孔子，後爲儒士黃建誘導，投奔中原求學，徑入王屋山，請詣道士觀，「道士憐之，置於門外廊下，席地而處。始開孝經、論語。布褐不襪，捽草爲茹，或竟日不得食，如此凡十年。年三十，有文有學。……開成三年來京師舉進士」〔註88〕。杜牧與盧霈友善，有《句溪夏日送盧霈秀才歸王屋山將欲赴舉》詩〔註89〕，墓誌云盧霈靠吃草根度日苦學凡十年，或有誇辭，結合崔從、崔能兄弟的遭遇，大致可見，貧士習業山林，多乏口食，以是之故，率多寄食寺院。又，《唐摭言》卷 7《起自寒苦》共載六事，有三事講述貧寒子弟寄食寺院，「王播少孤貧，常客揚州惠昭寺木蘭院，隨僧齋餐。諸僧厭怠，播至，已飯矣」；「徐商相公常於中條山萬固寺泉，入院讀書。家廟碑云：『隨僧洗缽』」；「韋令公昭度少貧窶，常依左街僧錄淨光大師，隨僧齋粥。淨光有人倫之鑒，常器重之」。王播、徐商〔註90〕、韋昭度三人皆因家境貧寒，衣食不給，

〔註88〕杜牧撰，陳允吉校點：《樊川文集》，上海古籍出版社 1978 年版，第 144 頁。
〔註89〕杜牧：《樊川文集》卷 3，第 45 頁。
〔註90〕按《唐詩紀事》卷 48《徐商》條載其鎮襄陽時，手下有一名觀察判官叫王傅，

故寄居寺院求學。

　　寄食寺院亦常忍饑挨餓。王播爲惠昭寺僧厭怠至飯後敲鐘，難免挨餓。
二十年後王播出鎮揚州，重訪此地，作《題木蘭院》詩：「上堂已了各西東，
慚愧闍黎飯後鐘。」感慨良多。同樣的遭遇又發生在段文昌身上，《北夢瑣言》
卷 3《段相踏金蓮》：「家寓江陵，少以貧窶修進，常患口食不給，每聽曾口寺
齋鐘動，輒詣謁餐，爲寺僧所厭，自此乃齋後扣鐘，冀其晚屆而不逮食也。」
段文昌《題曾口寺》詩有「曾遇闍黎飯後鐘」句。與「飯後鐘」相類者又有
「錦衣歸」的故事。段文昌曾於廣都縣龍華山杜門力學，長慶初授劍南節度
使，有邑人贈詩：「昔日騎驢學忍饑，今朝忽著錦衣歸」。又《鑒誡錄》卷 8
「衣錦歸」條云：「盧使君向本盧州人，……常投福泉寺僧房寄足。每旦隨僧
一食，學業而已。歷二十年間，持節歸郡。泊入境，專遊福泉寺，駐旌戟信
宿，書其壁曰：『二十年前此布衣，鹿鳴西上虎符歸。行時賓從歌前事，到處
杉松長舊園。』」按羅向、羅珦、羅炯實爲同一人〔註 91〕。「飯後鐘」、「錦衣
歸」之類故事的廣泛流傳，本身就說明貧寒士子衣食不充所在多見，他們寄
食寺院，皆事出無奈，處境艱難。

　　貧寒士子寄居寺院習業，既爲充食，亦在有個遮風避雨之所。《全唐詩》
卷 678 許彬《酬簡熊尊師以趙員外廬山草堂見借》：「豈易投居止，廬山得此
峰。主人曾已許，仙客偶相逢。顧已恩難答，窮經業未慵。還能勵僮僕，稍
更補杉松。」許彬有僮僕可以使喚，經濟狀況應該不差。即便如此，也因「投
居止」確屬不易，而借居趙員外廬山閒置之別墅。可以想見經濟狀況較差的
寒士營建茅屋之困難，寄居寺院遂爲常態。

　　貧寒士子在山林寺觀習業的又一常見窘境爲缺乏書寫紙張。廣文館博士
鄭虔好書而苦於無紙，乃取柿葉練書，《尚書故實》：「鄭廣文學書而病無紙，
知慈恩寺有柿葉數間屋，遂借僧房居止，日取紅葉學書，歲久殆遍。」〔註 92〕
以葉爲紙鍊字非鄭虔一人，《全唐文》卷 433 陸羽《僧懷素傳》：「（懷素）貧
無紙可書，嘗於故里種芭蕉萬餘株，以供揮灑。書不足，乃漆一盤書之，又

　　　「登大中三年進士第。初貧窶，於中條山萬固寺入院讀書。家廟碑云『隨僧
　　　洗缽』」，誤。考見〔宋〕計有功撰，王仲鏞校箋：《唐詩紀事校箋》，中華書
　　　局 2007 年版，第 1630 頁。
〔註91〕《全唐詩》卷 313 羅珦小傳，第 3524 頁。按載羅珦事迹最詳者當屬《全唐文》
　　　卷 506 權德輿《羅公（珦）墓誌銘並序》，第 5148 頁。
〔註92〕《新唐書》卷 202《文藝中·鄭虔傳》所載略同，當本之於《尚書故實》。

漆一方板，書至再三，盤板皆□。」想來唐代士子鍊字，紙張成本頗高，遂
以葉爲紙以供鍊字之需。姚合《送進士田卓入華山》詩云「偶坐僧同石，閒
書葉滿林」〔註93〕，正是此意，讀來寫意，卻倍感酸辛。鍊字可以用樹葉、
芭蕉葉代替，吟詩作賦寫文章卻不能。於是就有李紳以佛經爲文稿的故事，《雲
溪友議》卷上「江都事」條：「初貧，遊無錫惠山寺，累以佛經爲文稿，被主
藏僧毆打，故終身憾焉。」佛門重地，佛經神器，李紳的做法確屬不敬之極，
卻足徵貧寒士子習業之艱難。

貧寒士子習業山林寺觀的艱辛還在於嚴重缺乏照明燈燭。李中《壬申歲
承命之任淦陽再過廬山國學感舊寄劉鈞明府》：「三十年前共苦辛，囊螢曾寄
此煙岑。讀書燈暗嫌雲重，搜句石平憐蘚深。」〔註94〕昏暗的燈光下，士子
埋頭苦讀的景象躍然紙上，其情可歎。又《舊唐書》卷179《柳璨傳》：「少孤
貧，好學，僻居林泉，晝則採樵，夜則燃木葉以照書。」苦學如此。以上一
爲有燈而昏暗，一爲燃薪以照書，無不見貧寒士子在山林寺觀習業的照明條
件之惡劣。而仔細分析前引《太平廣記》卷373「楊禎」條所述，楊禎夜讀時
的豔遇故事要順利展開，至少要具備兩個條件：一是佛寺中有長明燈盞，整
晚不滅；二是此長明燈盞無人照看或利用。因爲，倘若此時寄居寺院習業者
非楊禎之類富家子弟，而是柳璨之類貧寒士子，這種照明機會肯定會被充分
利用來苦讀，燈盞就不可能有隙化身紅衣豔姬與人歡娛。山林不缺柴火，寺
院供奉一般也有長明燈。要之，缺乏照明燈燭即見貧寒士子習業條件之惡劣，
亦是他們習業山林寺觀的重要原因。

杜甫《八哀詩‧故秘書少監蘇公源明》以敘事詩的形式講述蘇源明習業
山林寺觀的情形：

> 武功少也孤，徒步客徐兗。讀書東嶽中，十載考墳典。時下萊
> 蕪郭，忍饑浮雲巘。負米晚爲身，每食臉必汝。夜字照熬薪，垢衣
> 生碧蘚。庶以勤苦志，報茲劬勞顯。學蔚醇儒姿，文包舊史善。灑
> 落辭幽人，歸來潛京輦。射君東堂策，宗匠集精選。制可題未干，
> 乙科已大闡。〔註95〕

〔註93〕《全唐詩》卷496姚合《送進士田卓入華山》，第5670頁。
〔註94〕《全唐詩》卷750，第8633頁。據嚴氏所考，壬申爲梁乾化二年，三十年前
　　　爲唐僖宗中和中，時廬山尚未有國學，故李中亦是隱居廬山習業。《唐人習業
　　　山林寺院之風尚》，第249頁。
〔註95〕《全唐詩》卷222，第2358頁。

蘇源明，京兆武功人，《新唐書》卷 202 有傳，不載其父祖，《宰相世系表》亦不錄其名，恐非武功蘇氏所出。源明少孤，客居徐兖，讀書東嶽泰山，缺衣少食乏燈燭，集中反映了前述貧寒士子習業山林寺觀的諸種困窘。

綜上所述，有兩點值得注意。其一，雖然家境富足者不完全出自廣義士族家庭，但在官本位的中國古代社會，一般而言，廣義士族子弟家庭多家資富足者，貧寒士子則多來自庶民家庭。其二，由於絕大多數庶民士子的習業環境已無從知曉，以上所舉習業環境惡劣者雖分佈於各個階層，但以孤寒和小姓子弟爲多。然而，既然廣義士族子弟習業環境尚且如此，等而下之，恐怕習業山林寺觀的庶民士子，讀書求學的環境只會更差。由此推測，廣義士族子弟的習業環境總體較庶民士子爲優，應不爲過。

總之，廣義士族家庭經濟資源佔有的優勢，使其子弟在山林寺觀的習業環境較庶民士子爲優，這種習業環境的優劣差別，必然會對他們的習業成效，主要是科舉及第的數量，帶來重大影響。

四、山林寺觀教育的成效及其等級性

《唐代山林寺觀教育受業者出自表》所列 193 位士子中，據現有資料，可知及第登科者共得 80 人，茲按階層和科目分類製表（見本目最後頁）。

據表，80 位及第、登科者中，進士 66 位，明經 4 位，制科 8 位，童子科 1 位，科目不詳者 1 位，高度集中於進士科。嚴氏云讀書山林寺觀者率多習進士業者，於此表可徵。須稍作說明的是，唐代每年明經錄取數遠遠多於進士，大致是 4：1 的比例，但《登科記》僅錄進士，故占多數的明經均湮沒不可考。既然貞元以後各級官學衰敗，科舉人才主要來自各類私學，而山林寺觀教育是唐中葉後的重要私學形式之一，相信其中習明經業者當不在少數，只是限於資料，未能在表中反映出來。

80 位及第、登科者中，出自士族家庭者 28 位，出自小姓家庭者 22 位，即出自廣義士族家庭者共 50 位。出自庶民家庭者 23 位，加出自不詳者 7 位，共 30 位〔註96〕。士族子弟及第登科的絕對數亦多於庶民士子，爲 5：3 的比例。若引入所有 193 位習業者做及第登科率比較，則士族子弟的及第登科率約爲 60%，庶民士子約爲 27%，士族子弟與庶民士子的及第率之比爲 6：2.7，

〔註96〕按：若僅從姓氏看，這七位中居然有六位姓王、韋、李、楊、崔，均爲魏晉迄隋唐之大姓，故將他們合入寒庶士子，其實大可商榷。

差距更大。需要強調的是,上述比較結果,以世家或官宦子弟多在家(族)塾中讀書,庶民士子則多在山林寺觀習業爲前提,若考慮此前提,二者及第率之比只會更懸殊。

在山林寺觀習業的庶民士子,總量比廣義士族子弟稍多,但其生平資料卻留存甚少,以至於很難詳細瞭解其具體習業環境,原因至此得到部分解釋。因爲,即便山林寺觀教育完全開放,幾乎沒有任何等級限制,庶民士子的及第率仍然遠低於廣義士族子弟。而且,不僅及第量少,成名者更屬稀有。

總之,山林寺觀教育的平臺上,廣義士族子弟與庶民士子的機會,在形式上是平等的,但前者經濟資源佔有的優勢,通過營造習業環境的顯著差異,爲自身獲得了更高的科舉及第率。當然,廣義士族子弟的優勢,並非不可撼動,隨著時間和空間的變化,庶民士子在某些時候某些區域,會有更多的機會。

唐代山林寺觀教育受業者及第情況統計表:

科目 出自	進士 66	明經 4	制科 8	童子 1	不詳 1
士族 28	薛據(開元 9)、杜黃裳(開元 22)、顏眞卿(開元 22)、李華(開元 23)、崔曙(開元 26)、岑參(天寶 3)、李棲筠(天寶 7)、李端(大曆 5)、崔從(貞元初)、裴垍(貞元 3)、楊衡(貞元 5)、王播(貞元 10)、趙伉(貞元)、李紳(元和元)、杜牧(大和 2)、楊發(大和 4)、徐商(大和 5)、楊收(會昌元)、趙璘(大中 8)、韋昭度(咸通 8)、柳璨(光化 2)。共 21。	韋丹(大曆間)、李逢吉(貞元中)。	杜鵬舉(武后朝)、盧藏用(神龍 3)盧元裕(開元後)、房琯(開元 22 前)。	李泌(開元 16)	
小姓 22	陳子昂(嗣聖元)、劉長卿(開元 21)、鮮于仲通(開元 21)、閻防(開元 22)、元結(天寶 13)、陽城(大曆)、林蘊(貞元 4)、林藻(貞元 7)、歐陽詹(貞元	趙生(天寶中)。	姚崇(儀鳳 2)、高適(天寶 8)		

	8）、孟郊（貞元 12）、呂溫（貞元 14）、白居易（貞元 16）、許稷（貞元 18）、牛僧孺（永貞元）、李商隱（開成 2）、盧肇（會昌 3）、顧非熊（會昌 5）、鄭谷（光啓 3）、陳嶠（光啓 4）。共 18。				
庶民 23	徐安貞（神龍 2）、郗昂（開元 22）、李頎（開元 23）、邱爲（天寶初）、張謂（天寶 2）、錢起（天寶 10）、蘇源明（天寶）、仲子陵（大曆 13）、劉軻（元和 13）、朱慶餘（寶曆 2）、許渾（大和 6）、劉蛻（大中 4）、李頻（大中 8）、杜荀鶴（咸通）、顧雲（咸通末）、崔塗（光啓 4）、張喬（大順元）、黃滔（乾寧 2）、殷文圭（乾寧 5）。共 20。	朱樸（乾寧中）。	徐彥伯（高宗朝）、莫宣卿（大中 5）		張諲（開元中）
不詳 7	王洙（元和 13）、韋安之（大和間）、李蟾（會昌元）、李垣（會昌後）、楊環（咸通末）、鍾輻（廣明）、崔宇（唐末）。共 7。				

備註：本表士子及第登科時間及科目均據《登科記考補正》，具體頁碼不贅。

五、山林寺觀教育的時代性與地域性特徵

　　同樣是習業山林寺觀，不同階層不同地域的士子在不同時期，教育資源佔有能力會有一定程度的變化，並通過科舉及第量反映出來。爲了有效的考察此種變化，茲引入時間和空間維度，製《唐代山林寺觀教育及第者及其時間與空間分佈表》（見本目最後頁）。據表，對出自不同階層的士子而言，山林寺觀教育有著明顯的時代性和地域性特徵，所可注意者有如下數端。

　　其一，僅就時間分佈考察，唐代習業名山巨剎的及第登科者，開元以前僅有 6 例，之後則達 70 例之多。這 70 例中，中期 38 例，後期 32 例，前後變化不大。可見，山林寺觀教育確實是開元以後士子求學的重要平臺，而且這個平臺一直爲士子提供較穩定的教育進而科舉及第的機會。這與唐代教育

與貢舉發展的總體趨勢，即自開元十五年（727）「省司定限」以來，隨著各級官學的日益衰敗，各種私學已經穩定成爲唐代科舉人才的主要產生場所，是高度一致的。

其二，僅就空間分佈考察，在北方，及第登科者主要從終南山、華山及長安南郊區，嵩山及其近區諸山，中條山、太行山區的習業士子中產生，分別爲 10 例、12 例和 10 例。即逼近兩都的河、渭兩岸政治、經濟及社會文化中心區產生了北方山林寺觀習業者中絕大多數的及第登科者。在南方，則在社會經濟發展較快，社會相對安定的江西廬山、兩浙諸山寺及福建諸山習業者中，產生了該區域山林寺觀習業者中絕大多數的及第登科者，分別爲 11 例、9 例及 7 例。可見，即便習業山林寺觀，也並非與世隔絕；無論南、北方，社會經濟較發達區域的士子，都有更多接受山林寺觀教育和科舉及第的機會。

其三，若結合空間與時間分佈因素考察，在北方，終南山、華山及長安南郊區 10 例及第登科者中，有 7 例出現在中期；嵩山及其近區諸山 12 例中，有 10 例出現在中期；中條山、太行山 10 例中，有 3 例出現在前期，5 例出現在中期，可見北方山林寺觀習業者的及第登科者主要在中期出現。在南方，廬山 11 例中，有 7 例出現在後期；兩浙諸山寺 9 例中，有 7 例出現在後期；更有甚者，九華山 5 例竟然全部出現在後期，可見南方山林寺觀習業者的及第登科者則主要出現在後期。也就是說，同樣是山林寺觀習業者，北方士子在唐代中期佔有更多的及第機會，南方士子則在唐後期佔有更多的及第機會。

其四，若結合階層與時間分佈因素考察，唐中期 38 例及第者中，出自士族者 18 例，小姓 13 例，庶民 7 例，廣義士族子弟與庶民士子及第量之比爲 31：7；後期 32 例中，出自士族者 8 例，小姓 7 例，庶民 11 例，在不計出自不詳者 6 例的情況下，廣義士族子弟與庶民士子及第量之比爲 15：11，若將出自不詳者 6 例併入庶民，廣義士族子弟與庶民士子及第量之比則爲 15：17。對比結果顯而易見，總體而言，廣義士族子弟山林寺觀習業更有成效，其優勢在唐中期更明顯；但在唐後期，山林寺觀教育逐漸成了庶民士子趕超廣義士族子弟，打破其對教育資源的壟斷優勢的重要舞臺。也就是說，山林寺觀教育的成效具有明顯的等級性和時代性特徵。

其五，綜合階層、地域、時間分佈因素考察，依前表，製《唐代山林寺觀教育及第者及其時間與空間分佈簡表》（見本目最後頁）。據簡表，整體而言，在山林寺觀教育中，廣義士族子弟擁有更好的教育資源、更多的科舉及

第量。以此為前提，唐中期，北方士子無論廣義士族子弟還是庶民士子，其科舉及第量均較南方士子更高，表明期間北方士子的整體教育資源佔有更有優勢，廣義士族子弟的優勢則尤為明顯。唐後期北方士子的科舉及第量，無論廣義士族子弟還是庶民士子，均比南方低很多，可見期間南方士子的教育資源佔有更有優勢。尤可注意者，唐後期南方庶民士子的教育資源佔有能力非常突出，及第量甚至超過了廣義士族子弟。推究其原，在於安史亂後，南方的穩定帶來了經濟、社會、文化的日益發展；而北方的動蕩既使其經濟、社會、文化地位相對式微。由於士族殘餘勢力主要集中在北方，從而使其對教育和選舉資源的佔有能力遭到沉重打擊；南方的發展，卻為庶民士子提供了更多的受教育機會〔註97〕。因此，唐後期，南方庶民士子以山林寺觀教育為平臺，對廣義士族子弟在教育和選舉資源佔有上的巨大優勢，產生了強有力的衝擊。

綜上所述，山林寺觀教育雖然沒有準入門檻，在此受業的庶民士子稍多於廣義士族子弟，但總體而言，廣義士族子弟以經濟資源佔有的優勢，通過營造習業環境的顯著差異，獲得了較多的及第量和更高的及第率。只是到了唐後期，隨著自身社會經濟地位的上昇，庶民尤其南方的庶民士子通過投資和努力，獲得了更多的經濟、教育資源，對讀書入仕有了更多的訴求，他們以山林寺觀教育為平臺，同廣義士族子弟展開競爭，對後者的教育和選舉資源佔有優勢構成重大威脅。

唐代山林寺觀教育及第者及其時間與空間分佈表：

時間　空間	唐前期6（士族2.小姓2，庶民2）	唐中期38（士族18，小姓13，庶民7）	唐後期32（士族8，小姓7，庶民11，不詳6）
終南山、華山及長安南郊區10		薛據（士）、閻防（小）、盧元裕（士）、韋丹（士）、許稷（小）、趙伉（士）、牛僧孺（小）。	李紳（士）、李商隱（小）、韋昭度（士）。

〔註97〕關於唐後期南方社會經濟發展對該地域教育發展的促進作用。詳參牟發松師：《唐代長江中游的經濟與社會》第五章《經濟開發與社會——人口、政區變動及文化發展》，武漢大學出版社1989年版；〔臺灣〕黃玫茵：《唐代江西地區開發研究》第四章《人文發展》；凍國棟：《唐代閩中進士登場與文化發展管見》，《魏晉南北朝隋唐史資料》（第11期），武漢大學出版社1991年版。

嵩山及其近區諸山 12		劉長卿（小）、房琯（士）、郗昂（庶）、杜黃裳（士）、李頎（庶）、崔曙（士）、張諲（庶）、張謂（庶）、岑參（士）、孟郊（小）。	李垣（不）、韋安之（不）。
中條山、太行山區 10	徐彥伯（庶）、杜鵬舉（士）、盧藏用（士）	李華（士）、李棲筠（士）、趙生（小）、陽城（小）、崔從（士）。	徐商（士）、李商隱（小）。
泰山及其近區諸山 2		蘇源明（庶）。	王洙（不）
廬山 11	姚崇（小）	李端（士）、楊衡（士）、李逢吉（士）。	劉軻（庶）、杜牧（士）、楊收（士）、盧肇（小）、杜荀鶴（庶）、鍾輻（不）、朱樸（庶）。
衡山 1		李泌（士）。	
羅浮山 2			劉軻（庶）、楊環（不）。
蜀中諸山寺觀 5	陳子昂（小）	鮮于仲通（小）、仲子陵（庶）、楊衡（士）。	劉蛻（庶）。
九華山 5			杜荀鶴（庶）、顧雲（庶）、鄭谷（小）、張喬（庶）、殷文圭（庶）。
揚州寺院及淮南其他諸寺山 2		王播（士）、呂溫（小）。	
惠山寺及浙西其他諸山 6		顏眞卿（士）、邱爲（庶）。	李紳（士）、李蟾（不）、顧非熊（小）、李頻（庶）。
會稽剡中及浙東其他諸山 3	徐安貞（庶）		李紳（士）、趙璘（士）。
福建諸山寺 7		林蘊（小）、林藻（小）、歐陽詹 2（小）。	陳嶠 2（小）、黃滔（庶）。

備註：（1）由於部分及第士子習業之山林寺觀所在區域不可考，未能列入此表，故僅得七十六例，與《唐代山林寺觀教育受業者及第情況統計表》八十例的數目不合。

（2）由於有些士子輾轉習業於多處山林寺觀，不便歸屬，爲討論方便，凡多處習業者，出現一次計一人，故此表實列七十六例中，有多例重出。

唐代山林寺觀教育及第者及其時間與空間分佈簡表：

時間和空間 階　　層	唐中期		唐後期	
	北方	南方	北方	南方
廣義士族	18	13	5	10
庶民	5	2	3	14

備註：（1）表中僅列唐中、後期的及第量，因唐前期僅有6例，數目太少，不便考察。
　　　（2）本表所謂北方，指長江以北地區；南方指長江以南地區，是一個大致的空間概念。
　　　（3）爲直觀，表中直接將士族與小姓子弟的及第數合二爲一；出自不詳者併入庶民。

本章小結

　　私學教育的類型豐富多樣，準入門檻較低，爲各階層士子提供了優劣不等的教育資源，創造了不少讀書求學的機會。

　　村坊學是廣泛存在於鄉村和坊巷間的的一種私學資源，有儒生自設學舍聚徒授業者，有村坊民眾出資興辦，延師教授者。主要爲村坊下層民眾包括商戶家的學童提供基礎性教育。由於經費投入的缺乏，教學條件很差，教師水平不高。

　　私家講學是儒士開館招生、聚徒講授的教育活動。授業者多爲通經博學之士，有些還是在專門學問上堪稱翹楚之輩。主要進行科舉應試教育，教授內容以經義爲主。授業師以收取學生「束脩」資家，對學生沒有出身、地域和員額的限制。由於所授內容既非學生參加科舉考試必需；授業者又多爲官場失意者或本身即爲準備科舉應試者，缺乏社會資源；加以非體制內的身份，受制於鄉貢極其有限的錄取配額，故受業者籍此及第登科者甚少。

　　私授既是精英教育，也是一種再教育。授業師多爲在職官吏，學生既有廣義士族子弟，亦又庶民士子，後者稍多。授業者不以「束脩」爲目的，以提攜後進、發揚古文爲己任；受業者多學有所成，徒遊意在得到汲引、舉薦，爲科舉及第開拓更多社會資源。教學以文學爲主，多理論和方法上的指導，多一對一的交流和切磋。師生之間是一種亦師亦友的關係。授業者多詩文大家，既有廣泛的社會資源，傳授又極有針對性；徒遊者多天資聰穎、學業出眾，故受業者科舉及第率相對較高。

　　中唐後，隨著官學的衰微，習業山林寺觀成為風尚。山林寺觀有較好的師資，有豐富的藏書，有三五成群的同學。由於廣義士族子弟多在家（族）塾習業，習業山林寺觀的庶民士子稍多於前者。習業者的讀書環境差別很大，家資富足者山居幽靜而雅致，一應裝備俱全，可以心無旁騖的習業；貧寒士子或缺衣少食、居止難求，或讀無燈燭、書乏紙筆，寄食寺院又常被寺僧侮辱。大致而言，廣義士族子弟的習業環境好於庶民士子。因此，雖然習業山林寺觀的庶民士子稍多於廣義士族子弟，但後者的及第量和及第率均高於前者。

　　以上私學教育資源對所有士子開放，庶民士子因而獲得了較多讀書求學的機會。然而，基礎性教育主要在教育資源很差的村坊學完成，意味著庶民士子已經輸在了起跑線上。私家講學雖然有教無類，為庶民士子提供科舉應試教育的機會，但其科舉及第率極低，庶民士子藉此及第登科難度太大。私授科舉及第率固然較高，但精英教育的特質及較短的存在時間，製造了較高的隱形門檻，使進入此領域的士子本來就少，加以及第者以廣義士族子弟為多，藉此科舉及第的庶民士子只是極少數才俊秀士。山林寺觀習業較具開放性，但廣義士族子弟籍其經濟資源佔有的優勢，通過營造更好的習業環境，獲得了更多的及第量和更高的及第率；雖然至唐後期，隨著社會經濟的發展，庶民尤其南方的庶民士子通過努力和投資，獲得了更多的教育資源，他們以山林寺觀教育為舞臺，對廣義士族子弟的教育資源佔有優勢造成強有力的衝擊，但這種衝擊又以廣義士族子弟多在家庭（家族）教育中受業為前提。

　　總之，教育機會平等和開放的表象後面，隱藏的卻是，庶民士子由於自身和社會資源的嚴重匱乏，藉此科舉及第者很少的真實。

下　篇

第六章　教育資源視野下士子的習業 經費來源及其等級性

　　唐代士子的習業費用，包括日常生活所需之衣食住行，學習所需之書籍、筆墨紙硯，及每年送與教師的「束脩」之禮等，數目不在少數，一般由父母供給。當此種供給因某種原因而缺失時，士子若欲繼續學業，則需尋求其他的資助途徑。那麼，唐代士子通過哪些途徑獲取習業經費？為此動員了哪些個人和社會資源？付出了怎樣的代價？上述問題的回答，對於理解唐代士子習業經費來源結構及其等級性，以及由此導致的習業環境優劣的階層差異，是一個有效的途徑。而且，文獻中較多唐代士子求學的材料，記載的並非當時士子求學的常態——士子在父母的蔭護下無憂無慮地讀書作文，而是士子克服各種現實困難，孜孜不倦，勵志苦學的信息，這也對探討非常態下唐代士子教育資源佔有的階層差別有著特殊的意義。然而，學界對此鮮有措意〔註 1〕。本章在教育資源視野下，以唐代士子習業經費來源為視角，旨在考察士子習業經費的來源結構及其等級性，探討唐代士子將自有個人和社會資源轉化為習業經費的艱難歷程，探明經費來源結構影響習業環境的作用機制，在前幾章的基礎上，進一步深入探討經濟資源對士子教育投資的深刻影響。

〔註 1〕 學界目前對唐代士子習業經費來源的關注甚少，囿於筆者視野，相關論著僅
　　　　見黃雲鶴《唐宋下層士人研究》第四章《唐宋下層士人的經濟來源》，劉琴麗
　　　　《唐代舉子科考旅費來源探析》(《雲南社會科學》2007 年第 4 期)。前者雖以
　　　　士子的經濟來源為考察對象，但幾乎未討論習業經費問題。後者則以舉子的
　　　　應舉資費來源為主要考察對象，亦與習業經費來源關係不大。

第一節 繼承或先賦的習業經費及其等級性

所謂「繼承或先賦的習業經費」，指通過父母、親屬、友朋的轉讓獲得的習業經費。正常情況下，父母供給士子習業經費，天經地義，由於人們習以爲常，文獻中相關記載反而極少，與其習業經費的主體地位並不相稱，茲通過有限的幾例材料略作考察。

唐代士子在外求學，無論在官學還是私學受業，每年入學時皆須向授業師敬奉「束脩」之禮，日常相關開銷亦是必不可少，其經費一般由父、母供給。如郭元振爲太學生，有家僕至，「寄錢四百千以爲學糧」，其在太學習業的開銷即來自父母的供給〔註 2〕。又，商人之子陳會，「家以當壚爲業，爲不掃街，官吏毆之。其母甚賢，勉以修進，不許歸鄉，以成名爲期。每歲餱糧、紙筆、衣服、僕馬，皆自成都齎致」〔註 3〕。據之，無論陳會受學於官學抑或私學，其在外求學，每年的衣食住宿、筆墨紙硯，甚至僕人、馬匹及其他費用，皆由父母自成都供給。

至於家庭（家族）教育的受業者，家塾的設立，教師的聘用，書籍、筆墨紙硯等的配備等，自然多由父母一手操辦，勿需習業士子考慮。猶可注意者，無論個體家庭教育還是家（族）塾，此等多見於廣義士族家庭，已見前述〔註 4〕。

若不幸父親早卒或父母雙亡，有些士子可以依靠繼承金銀財物、屋宅田地、家傳書籍等遺產，維持習業所需，完成學業。如牛僧孺七歲孤，寄身外家周氏完成基礎教育，年十五歸宗，利用先祖遺存的「賜田數頃，書千卷」，「孜孜矻矻，不捨晝夜」，進士及第〔註 5〕。元稹八歲父卒，與母依養舅氏，十五明經及第，歸宗後繼續習業，家有老屋舊宅，「因捧先人舊書，於西窗下鑽仰沉吟，僅於不窺園井矣」，二十五拔萃登科〔註 6〕。河東薛氏二兄弟，父親曾爲州刺史之類的大官，去世後留下部分家業，二人「力田藏書，皆務修進」，後因貪心作祟，錢財全被術士騙走〔註 7〕。又，此前章節中提及的眾多

〔註 2〕 《文苑英華》卷 972 張說《郭公（震）行狀》，第 5111 頁。參《新唐書》卷 122《郭元振傳》，第 4361 頁。

〔註 3〕 《北夢瑣言》卷 3《陳會螳螂賦》，第 62 頁。

〔註 4〕 詳考可參本書第四章《唐代家庭（家族）教育的教育資源及其等級性》相關論述。

〔註 5〕 《全唐文》卷 720 李珏《牛僧孺神道碑銘並序》，第 7406 頁。

〔註 6〕 《元稹集》卷 30《誨侄等書》，第 355 頁。

〔註 7〕 《唐闕史》卷下《薛氏子爲左道所誤》，《唐五代筆記小說大觀》，第 1363 頁。

幼孤士子，其習業經費的具體來源雖不見於文獻記載，恐怕也應以所繼承的家庭財產為主。

士子少孤至成年前後數年甚至十數年時間內，如果依靠家庭財產的繼承，也能維持習業所需，一般而言，非曾經榮耀或富足過、家底不差的家庭或家族不能，故此類士子多來自廣義士族階層，以上牛僧孺、元稹、薛氏二兄弟皆是。

有些士子則由兄弟資助完成學業。對於年幼者而言，往往是兄、嫂直接資助幼弟完成學業。如李遜幼孤，「與其弟建，皆安貧苦，易衣並食，講習不倦。遜兄造，知二弟賢，日為營丐，成其志業」，李遜、李建在家自修，費用主要是其兄李造多方籌措所得，後來「兄弟同致休顯」，李造日為操勞之功不可沒〔註8〕。韓愈乃秘書郎仲卿子，「生三歲而孤」，由從父兄會及嫂鄭氏撫育成長，習業資費自然亦是由其兄供給〔註9〕。張中立「幼失恃怙，授兄長之訓」，「隨兄之任，孜孜務學，以至成人」〔註10〕，習業用度亦來自兄長。畢坰生始四歲，父廣平太守抗為安史叛軍所害，坰陷於賊為生口，寶應二年，被宗兄宏以家財贖出，「養於家，教讀書」，畢坰的習業經費則由宗兄資助〔註11〕。

對於成年求學者而言，其身份既是求學者，又是人夫、人父、人子，求學時要兼顧仰事俯畜的責任和義務，「親老無官養，家貧在外多」〔註12〕，乃是常情，此時，兄弟的資助就呈現出新的特點。《蔡公（希周）墓誌銘並序》：希周乃清河郡漳河令元凱孫，汝南郡吳房令勘之子，「少為諸生，已知名太學，天質開朗，贍於文詞」，開元中，只因「同氣九人，羈孤不振，諸兄未遇，群弟好書，生事廢落，日闕無儲」，「繇是不得已，起就常調，補廣平郡肥鄉尉」〔註13〕。父親去世後，蔡希周兄弟九人，因求學、應舉者眾，開銷既大又皆無暇照顧家業，致使家資不足，故希周放棄科舉之路，以他途入仕，取俸資家，資助兄弟完成學業。又，《李府君（則）墓誌銘》：歙州長史則幼子克慕，「少讀書學文，以兄舉進士，家事自飭，弗克求名，故年四十六，始奏授睦

〔註8〕　《舊唐書》卷155《李遜傳》，第4125頁。
〔註9〕　參《舊唐書》卷160《韓愈傳》，第4195頁；《新唐書》卷176《韓愈傳》，第5255頁。
〔註10〕　《唐文拾遺》卷52□蒙《張府君（中立）墓誌銘並序》，《全唐文》，第10963頁。
〔註11〕　韓愈《畢君（坰）墓誌銘》，《韓愈全集校注》，第1843～1844頁。
〔註12〕　《全唐詩》卷200岑參《閿鄉送上官秀才歸關西別業》，第2083頁。
〔註13〕　《唐代墓誌彙編續集》天寶036，第607頁。

州司兵」〔註 14〕，克慕為助兄長求舉，主動承擔起整飭家業的責任，無暇舉業。

以上兩例，俱出墓誌，將墓主不第入仕完全歸因於其奉獻精神，容有諛辭。但不可否認，士子居家習業或遊學在外，如有兄弟代為照顧家事，甚至代行晨昏之養，對遊學者專心求學確實意義非常。王勃勉勵從父弟劼赴太學，但云：「至於竭小人之心，申猶子之道，飲食衣服，晨昏左右，庶幾乎令汝無反顧憂也。」又曰：「不有居者，誰展色養之心？不有行者，孰就揚名之業？」〔註 15〕王建勉勵其弟遊學，亦云：「與爾俱長成，尚為溝壑憂。豈非輕歲月，少小不勤修。從今解思量，勉力謀善猷。但得成爾身，衣食寧我求。」〔註 16〕二人立意高度一致，皆在使遊學者安心讀書，學有所成。

以上所列由兄弟資助完成學業的例子，資助者俱出廣義士族階層，可見此類習業經費的供給，亦多見於廣義士族家庭。

此外，親朋故舊的資助也是士子習業經費來源之重要一途。有依養外族、舅氏以習業者，詳見本書第四章第一節《個體家庭教育》相關論述，此不贅。要之，此種情形下，孤兒寡母的生活費用、孤兒的教育支出等一應用度，皆由外族、舅氏負擔，這對外族、舅氏的家境有較高的要求，故多見於廣義士族階層。

有在妻族鼎力資助下完成學業者。如呂諲，兵部郎中崇粹子，「少力於學，志行整飭。孤貧不自業，里人程氏財雄於鄉，以女妻諲，亦以諲才不久困，厚分貲贍濟所欲，故稱譽日廣」，開元二十七年（739），舉進士及第〔註 17〕。唐代重進士，及第者乃為公卿擇婿之重點對象，每年新及第進士赴曲江宴，「公卿家率以其日揀選東床，車馬闐塞，莫可殫述」〔註 18〕，但新及第進士數量畢竟太少，故作為及第進士候選人的眾多操進士業者，自然也成為人們矚目的對象，其中文采詞華出眾者，更是東床之佳選。如《抒情詩》講述了一段才子佳人的故事：李翱刺江淮，有進士盧儲投卷，李翱女偶見詩卷，大為讚

〔註 14〕《全唐文》卷 639 李翱《李府君（則）墓誌銘》，第 6455 頁。
〔註 15〕《全唐文》卷 181 王勃《送劼赴太學序》，第 1837 頁。
〔註 16〕《全唐詩》卷 297 王建《留別舍弟》，第 3363 頁。
〔註 17〕《新唐書》卷 140《呂諲傳》，第 4648 頁。又參《舊唐書》卷 185 下《良吏·呂諲傳》，第 4823 頁；《新唐書》卷 75《宰相世系表》五上，第 3371 頁；《登科記考補正》，第 335 頁。
〔註 18〕《唐摭言》卷 3《散序》，第 25 頁。

賞，云此進士必爲狀元，李翱遂嫁女於盧儲，令隨計進京應試，來年果爲狀頭〔註19〕。又，唐末李仁表寓居許州，以詩詠擅長，薛能鎮許，仁表「繕所業詩以爲贄」，「明日，投能詩，大加禮待；居數日，以女妻之」〔註20〕。此種世情之下，佳婿在妻族資助下完成學業可謂士林佳話，相信與呂諲有相近遭遇的士子不在少數。所可注意者，士子在此種情形下獲得資助，人才出眾乃爲第一要件。

有因故舊、友朋仗義資助得以完成學業者。如鄭畋，父亞任桂管觀察使時，以年邁，曾將畋託付給監軍宦官西門思恭，大中二年（848），鄭亞貶死於循州刺史任上，時西門已任神策軍中尉，「使人召畋，館之於第，年未及冠，甚愛之，如甥侄，因選師友教導之」〔註21〕。又，《太平廣記》卷336「宇文覿」條引《廣異記》：「韓徹者，以乾元中任隴州吳山令。素與進士宇文覿、辛稷等相善，並隨徹至吳山讀書，兼許秋賦之給。」韓徹可能曾經與宇文覿、辛稷等一起習業，但韓徹先舉，宇文覿、辛稷等後出，故韓徹爲縣令後，熱心資助其他人修業、應舉。

當然，士子求學經費的來源多數情況下是多途並舉。如元稹八歲而孤，其生活、讀書，十二歲之前主要是依養外家，十二歲後又有異母兄集的俸祿供給，十五歲歸宗之後，則依靠家庭財產的繼承以維持〔註22〕。又，杜牧自述：「某幼孤貧，安仁舊第置於開元末，某有屋三十間而已。去元和末，酬償息錢，爲他人有，因此移去。八年中凡十徙其居，奴婢寒餓，衰老者死，少壯者當面逃去，不能呵制。止有一豎，戀戀憫歎，挈百卷書，隨而養之。奔走困苦無所容，歸死於延福私廟，支拄欹壞而處之。」杜牧「幼孤」，十七歲前〔註23〕，其日常用度和習業經費，主要依靠安仁裏舊宅祖屋三十間，其他遺產如奴僕、書籍，及雖未言及但必定存在的金銀財物等維持；之後，則因償息失去祖屋，輾轉各處，僅剩破敗私廟寄身，百卷舊書相伴，一奴忠心隨

〔註19〕《太平廣記》卷181「李翱女」條引《抒情詩》，第1346頁。
〔註20〕〔清〕吳任臣：《十國春秋》卷42《前蜀八‧列傳‧李仁表》，中華書局1983年版，第623頁。
〔註21〕《北夢瑣言》卷13《鄭文公報恩》，第270～271頁。又參《舊唐書》卷178《鄭畋傳》，第4630頁；《唐刺史考全編》，第3195、3254頁。
〔註22〕參閱《元稹集》卷11《答姨兄胡靈之見寄五十韻並序》；卷30《誨侄等書》；卷33《同州刺史謝上表》。
〔註23〕按杜牧大中六年（853）卒，年五十，故元和末（820）時，年十七。參《唐才子傳校箋》卷6《杜牧傳》，冊3，第193頁。

行，只能依靠長兄「遊丐於親舊」，多方籌措以維持〔註24〕。

綜上，士子獲得繼承或先賦的習業經費，或因父母撫育子女的責任，或因兄弟親族之親情，或因朋友故舊之友情，或因家庭遺產之傳承，均勿需士子個人投資和努力即可輕易獲得，是爲士子習業經費的主要供給源。

既然繼承或先賦的習業經費是轉讓所得，其前提自然是父母、親屬、友朋有足夠的資財，能夠在維持自身及家庭日常開銷之外，提供額外的用於習業的費用。因此，雖然以此爲主要習業經費來源者，既有廣義士族子弟也有庶民士子，但正如前述，比較能滿足此前提者，多爲廣義士族家庭。

本書此前章節對唐代士子教育資源的考述中，曾經反復分析過士子的經濟資源佔有水平對其教育資源佔有的影響，論證結果表明，經濟資源佔有的優勢，正是導致廣義士族子弟在優質教育資源的投資和佔有上，比庶民士子更具優勢的重要原因之一，而其中經濟資源的主要構成成分，即是由繼承或先賦途徑而來者。由此可見，廣義士族子弟在繼承或先賦習業經費上的優勢，直接導致了其教育資源佔有的優勢。

第二節　自我籌措的習業經費及其等級性

所謂「自我籌措的習業經費」，指士子通過個人投資和努力方可獲得的習業經費。比較常見的途徑是依居住環境不同，因地制宜，或半耕（獵、樵、漁、商）半讀，或寄食寺觀，或傭力取資，不一而足，目的無非保障日常生活、求學的基本需求，完成學業。

寓居鄉里者可耕稼自給。如戴叔倫，德州司士參軍好問曾孫，「家世素業儒，子孫鄙食祿。披雲朝出耕，帶月夜歸讀」〔註25〕；董召南，「朝出耕。夜歸讀古人書，盡日不得息」〔註26〕；王質，揚州天水丞潛子，「少孤，客壽春，力耕以養母。講學不倦」〔註27〕；劉軻結廬於廬山之陽，「農圃餘隙，積書窗下，日與古人磨礱前心。歲月悠久，浸成書癖」〔註28〕；趙隱、趙騭

〔註24〕杜牧《樊川文集》卷16《上宰相求湖州第二啓》，第244頁。
〔註25〕《全唐詩》卷273戴叔倫《南野》，第3061頁。《全唐文》卷502權德輿《戴公（叔倫）墓誌銘並序》，第5115頁。
〔註26〕韓愈《嗟哉董生行》，《韓愈全集校注》，第51頁。
〔註27〕《舊唐書》卷163《王質傳》，第4267頁。《新唐書》卷164《王質傳》，第5052頁。
〔註28〕《全唐文》卷742載劉軻《上座主書》，第7673頁。

兄弟，係出新安趙氏，「力耕稼以奉親，造次不干親戚」，「杜門讀書，不應辟命」〔註29〕；楊去甚，杞王府諮議某子，雖「三十口之衣之食，絕寸祿以田桑爲資」，「汲汲終歲，不離凍餒」，仍「孜孜早夜」，苦讀不休〔註30〕，俱屬且耕且讀之例。

居近市鎮者可貨賣資讀。呂向少孤，隱於陸渾山，「強志於學，每賣藥，即市閱書，遂通古今」〔註31〕。王泠然，博州清平主簿義諶子，因「親老常少供養，兄弟未有官資，嗷嗷環堵，菜色相看」，故「貧而賣漿」，以資家用〔註32〕。當街貨賣本非讀書人所爲，但完成學業乃讀書人最爲要緊之大事，故呂向、王泠然二人以商資讀，實出無奈。

避居山林者可樵採資讀。崔從「與仲兄能同隱山林，苦心力學。屬歲兵荒，至於絕食，弟兄採穭拾橡實，飲水棲衡，而講誦不輟，怡然終日，不出山岩」〔註33〕，雖甚清苦，習業不輟。

家近山林寺觀之士子，又多寄食寺觀者，詳考見本書第五章第四節《山林寺觀的教育資源》相關論述。《雲溪友議》卷上《江都事》：「（李紳）初貧，遊無錫惠山寺，累以佛經爲文稿，致主藏僧毆打，終身所憾焉。後之剡川天宮精舍，……老僧知此客非常，延歸本院，經數年而辭赴舉。將行，贈以衣鉢之資。」李紳係出趙郡南祖房，晉陵縣令晤子，少孤貧，習業無錫惠山寺，被寺僧毆打，終身爲憾，卻又輾轉至剡川另一寺院寄學數年，在於「讀書寺院不但已成風尚，且必寺院中有其優良條件，貧士縱所不願，亦不得不寄寓寺院以便習業也」。所謂寺院之「優良條件」，指其爲習業士子提供的免費食宿和豐富藏書〔註34〕。可見，寄食寺觀雖然條件清苦，又多以遭受寺僧的輕視和侮辱爲代價，但對亟待完成學業的貧寒士子而言，仍然不失爲一種較好的習業經費來源，具有一定的積極意義。

又有傭力取資者。裴乂係出河東中眷房，家道中落，少好學，以家貧，「甘

〔註29〕《舊唐書》卷178《趙隱傳》，第4622頁。

〔註30〕《全唐文補遺（千唐誌齋新藏專輯）》楊去甚《楊公府君夫人太原王氏玄堂誌並序》，第411頁。

〔註31〕《新唐書》卷202《文藝中·呂向傳》，第5758頁。

〔註32〕《唐摭言》卷2《忘恨》，第22頁。按王泠然又作王冷然，參《唐代墓誌彙編》天寶002《王府君（冷然）墓誌銘序》，第1532頁。

〔註33〕《舊唐書》卷177《崔慎由傳》，第4577頁。

〔註34〕以上多參嚴耕望《唐人習業山林寺院之風尚》，第232～271頁。不再詳注。

役勞於師，雨則負諸弟以往，卒能通《開元禮》書」〔註35〕。所謂「役勞於師」，可能是為授業師做一些灑掃、整理、謄抄之類的輕體力活，類似於書童，多半還有照顧的性質。又，程驤父為盜，頗積財貨，程驤恥之，散財居貧，「就里中舉負，給薪水灑掃之事，讀書日數千言，里先生賢之，時與饘糗布帛，使供養其母」〔註36〕，可見程驤亦是靠為塾師做些伐薪、挑水、灑掃之事換取養親、習業之資。

以上耕稼自給、貨賣資讀、樵採資讀、寄食寺觀、傭力取資之類，多半只能維持士子生活、習業的基本甚至最低需求，故士子若要順利完成學業，還得有其他經費來源的補充。

在文化並不發達的中國古代，士子滿腹的經史文學知識，橫溢的詩賦辭章才華，顯然是因稀缺而凸顯其價值，能為自己帶來額外收入的優勢資源，因此，士子們利用此種文化資源，「以學養學」，就成為其習業經費的又一重要來源。

其一為潤筆資用。「潤筆」乃為人寫作文字書畫所獲的酬謝財物。《唐摭言》卷11《無官受黜》：「開成中，溫庭筠才名籍甚；然罕拘細行，以文為貨，識者鄙之。」按溫庭筠為唐末著名詩人，素有浮浪惡名〔註37〕，所謂「以文為貨」，指其以潤筆為目的，到處兜售詩文，故為士林不恥。然而，如果摒棄道德批判的因素，溫庭筠此舉亦不失為一種獲取習業資費的較佳途徑。文獻中較常見者，乃士子為人寫作書判、字畫、碑誌等。鬻書判資身者如陳季卿，「家於江南，辭家十年，舉進士，志不能無成歸，羈棲輦下，鬻書判給衣食」〔註38〕。賣字資家者如喬龜年，「善篆書，養母甚孝。大曆中，每為人書大篆字，得錢即供甘旨。或見母稍失所，必仰天號泣，自恨貧乏」〔註39〕。撰碑誌取資者如段維，在中條山學有所成後，「請下山求書糧。至蒲陝間，遇一前資郡牧即世，請維誌其墓。維立成數百言，有燕許風骨，厚獲濡潤」〔註40〕。

其二為傭書自給、抄書售賣。所謂「傭書」，指受雇為人抄書，如蕭銑係

〔註35〕參《元稹集》卷55《裴公（乂）墓誌銘》，第589～590頁；《新唐書》卷71《宰相世系表》一上，第2219頁；《登科記考補正》，第1363頁。

〔註36〕《全唐文》卷780李商隱《齊魯二生·程驤》，第8150頁。

〔註37〕參《舊唐書》卷190下《文苑·溫庭筠傳》；《新唐書》卷91《溫大雅傳附庭筠傳》。

〔註38〕《太平廣記》卷74「陳季卿」引《慕異記》，第462頁。

〔註39〕《太平廣記》卷304「喬龜年」引《瀟湘錄》，第2409頁。

〔註40〕《唐摭言》卷10《海敘不遇》，第112頁。

出蘭陵齊梁房，梁安平王岩孫，「少孤貧，傭書自給」〔註41〕；王琚，中書侍
郎隱客侄，年二十爲駙馬王同皎所善，及同皎敗，王琚「變姓名詣於江都，
傭書於富商家」〔註42〕。與「傭書」相類者爲抄書自賣，如高宗時人王紹宗，
梁左民尚書銓曾孫，「少勤學，遍覽經史，尤工草隸。家貧，常傭力寫佛經以
自給，每月自支錢足即止，雖高價盈倍，亦即拒之。寓居寺中，以清淨自守，
垂三十年」〔註43〕。按唐代佛教盛行，佛經的需求量很大，但中唐以前雕版
印刷的應用並不普及，大量的佛經還得靠手抄，故王紹宗僅靠抄寫佛經售賣，
即可滿足日常生活及習業所需，清淨自守三十年。又，《傳奇・文簫》講述了
這樣一個故事：唐憲宗元和年間，書生文簫娶仙女爲妻，簫窮寒不能自贍，
仙女遂「寫孫愐《唐韻》售賣，「日一部，運筆如飛，每鬻獲五緡。緡將盡，
又爲之。如此僅十載」。按四庫提要《孫氏唐韻考》稱：「初，隋陸法言作《切
韻》，唐禮部用以試士。天寶中，孫愐增定其書，名曰《唐韻》。後宋陳彭年
等重修《廣韻》，丁度等又作《禮部韻》，略爲一代場屋程序。」可知《唐韻》
乃唐宋讀書人參加科舉考試之必備工具書，需求量很大，故《傳奇・文簫》
具體情節固然虛幻，所述文簫夫婦不用其他方式，僅靠抄寫《唐韻》一書售
賣即可維持日常用度，倒是當時實情。

　　其三爲授徒取資。開館授徒既達到教學相長的目的，又可收取學生的「束
脩」，以維持日常生活的開銷，收入微薄卻較爲穩定。如王質，「寓居壽春，
躬耕以養母，專以講學爲事，門人受業者大集其門。……元和六年，登進士
甲科」〔註44〕。咸通中，「荊州有書生號『唐五經』者，學識精博，實曰鴻儒，
旨趣甚高，人所師仰，聚徒五百輩，以束脩自給」〔註45〕。昭宗時，顧蒙避
亂於廣州，「困於旅食，以至書《千字文》授於聾俗，以換斗筲之資」〔註46〕。
唐代中後期，像王質、「唐五經」、顧蒙這樣聚徒講授，以「束脩」資讀的士

〔註41〕《舊唐書》卷56《蕭銑傳》，第2263頁。按《新唐書》卷71《宰相世系表》
　　　　一下蘭陵蕭氏齊梁房安平王岩下未錄銑，第2287頁。
〔註42〕《舊唐書》卷106《王琚傳》，第3249頁。
〔註43〕《舊唐書》卷189《儒學下・王紹宗傳》，第4963頁。
〔註44〕《舊唐書》卷163《王質傳》，第4267頁。《新唐書》卷164《王質傳》，第5052
　　　　頁。
〔註45〕《北夢瑣言》卷3「不肖子三變」，第60頁。按「唐五經」又有另一版本，《唐
　　　　文拾遺》卷33王廷嗣小傳：「廷嗣，閩王審知從子，不受官爵。閩將亡，改
　　　　姓唐，隱居廷平，以五經教授生徒，人呼唐五經。」想來唐末五代亂世，士
　　　　子隱身鄉里，聚徒教授者眾。
〔註46〕《唐摭言》卷10《韋莊奏請追贈不及第人近代者》，第118頁。

子，相信不在少數，此爲唐代中後期私學興盛，庶民士子教育資源得到較大改善的重要原因。

以上幾種類型，皆是士子以自身擁有的稀缺文化資源作爲交換，獲取習業經費的方式，既利於文化的下行，亦部分解決了士子自身的日常用度，故曰「以學養學」。

上述表明，自我籌措習業經費的士子，或孤，或孤貧，皆已成年或至少是少年。可見，他們主要是繼承或先賦的習業經費因故缺失或不能滿足需求的，可以自食其力的成年或少年士子。他們既可依居住環境的不同，因地制宜，多途取資；亦可以自有文化資源作爲交換，「以學養學」。他們或獨賴一途之功，或施多途並用之力，不辭艱辛，皆以完成學業爲旨歸。

自我籌措的習業經費，需要士子的投資和努力方可獲得。對於半耕（獵、樵、漁、商）半讀、傭力取資者而言，他們通過投資和付出一定的體力勞動，經過努力獲取一定的經費。對於「以學養學」者而言，則是以自有之文化資源交換他有之經濟資源。無論何種情形之籌措方式，皆以時間和精力的付出作爲機會成本。因此，即使士子的付出最後都得到了回報，獲得了他們所需的習業經費，自我籌措習業經費者的習業環境，仍然不如通過繼承或先賦途徑獲得習業經費者，因爲他們把部分本應用於讀書的時間和精力用在了其他事情上。

雖然自我籌措習業經費的士子，既有廣義士族子弟又有庶民士子，資料所見，二者數量上不分仲伯，但既然士子自我籌措習業經費的前提之一，是繼承或先賦的習業經費因故缺失或不能滿足需求，推測此等以庶民士子爲多應無問題。

鑒於上述，由於習業經費來源結構的不同，直接影響了不同階層士子投入讀書過程的時間和精力，廣義士族子弟的習業經費以繼承或先賦爲主，庶民士子則以自我籌措爲主，相比較而言，前者的習業環境比後者更優越。

第三節　唐代士子的遊丐資讀及其等級性

所謂「遊丐」，作爲「以學養學」的特殊形式，在唐代尤其是中唐後，極爲普遍，係指已然學有所成的士子攜文策輾轉於各州府、節鎮之間，通過行卷以邀求賞識，獲取經濟資助。〔註47〕

〔註47〕關於唐代士子的遊丐活動，黃雲鶴《唐代舉子游丐之風——〈太平廣記〉所

　　中唐以後，不少藩鎮爲了擴大自己的實力和影響而採取種種辦法延攬名士，文人士子亦蜂擁而至。如貞元時，徐泗濠節度使張建封「禮賢下士，無賢不肖，遊其門者，皆禮遇之」，「天下名士向風延頸，其往如歸」〔註48〕。同樣在貞元間，劍南西川節度使韋臯「延接賓客」，「遠近慕義，遊蜀者甚多」〔註49〕。元和時河陽節度使烏重胤「善待賓寮，禮分同至」，「當時名士，咸願依之」〔註50〕。唐亡未久的前蜀永平四年（914），王宗訓爲黔州節度使，「四方負藝之士，罔不集其門」〔註51〕。所謂「禮賢下士」、「禮遇之」、「禮分同至」之「禮」，很大程度上就是指的優厚待遇和經濟資助。能夠吸引士人們「向風延頸，其往如歸」的節鎮，相當程度上也在於他們能夠提供資助。所可注意者，爲所禮遇之士，率多「名士」、「負藝之士」。

　　唐代科考一年一度，舉子常年在外奔波，因「遊」而「丐」，對他們而言，「丐」主要是「遊」的副產品〔註52〕。尚在求學的士子則恰恰相反，他們的主要任務是集中精力讀書，若萬不得已踏上游丐之路，多因家庭經濟困窘到無法正常習業，多屬爲「丐」而「遊」，以貧寒士子居多。如元莫之，某官次子，少孤，年十四五，「讀書爲文，舉進士，每歲抵刺史以上，求與計去，且取衣食之資以供養，意義漸聞於朋友間」，時在大曆間〔註53〕。侯喜，父仕不達，「喜率兄弟操耒耜而耕於野，地薄而賦多，不足以養其親，則以其耕之暇，讀書而爲文，以干於有位者而取足焉」，時在貞元間〔註54〕。舒元輿因應舉滯

見唐代舉子生活態之一》（《古籍整理研究學刊》2004年第1期）是目前僅見有專門研究的論文。黃文的研究對象是舉子的遊丐，尚在習業階段的士子以籌措習業經費爲目的的遊丐活動則似未措意，而二者有著明顯不同的動因。另，本節經修改後以《唐代士子的遊丐資讀》爲題發表於《甘肅社會科學》2011年第3期，總體論點與本節無異，結構和論述略有不同，可對參閱讀。

〔註48〕《舊唐書》卷140《張建封傳》，第3832頁。
〔註49〕《太平廣記》卷47「許棲岩」條引《傳奇》，第294頁。
〔註50〕《舊唐書》卷161《烏重胤傳》，第4224頁。
〔註51〕《太平廣記》卷262「楊錚」條引《王氏見聞》，第2047頁。按《廣記》稱其時黔州節度使爲王茂權，誤。檢《資治通鑒》卷269均王乾化四年（914）八月條，前蜀永平四年（914）鎮黔州者有王宗訓。又檢同書卷259昭宗乾寧元年（894）五月條，知王茂權於當年改名王宗訓。可知《廣記》之王茂權實即王宗訓。
〔註52〕前揭黃雲鶴《唐代舉子游丐之風——〈太平廣記〉所見唐代舉子生活態之一》，第32頁。
〔註53〕《元稹集》卷57《元君（字莫之）墓誌銘》，第607頁。
〔註54〕韓愈《與祠部陸員外書》《韓愈全集校注》，第1514～1515頁。

留京師年餘，諸弟居家習業，「懼旨甘不繼，困於薪粟，日丐於他人之門」，時在元和初〔註55〕。盧生客居於饒州，「以業丐資家」，「年十七八，即主一家骨肉之飢寒，常與一僕東泛滄海，北至單于府，丐得百錢尺帛，囊而聚之，使其僕負以歸，饒之士皆憐之」，時在大和年間〔註56〕。苗弘本，丞相晉卿繼孫，少府少監稷子，「少謹厚，沉深寡語，不妄嬉喜，亦未嘗輕慍忿。讀《周易》得其大意，迫於生活，計不得卒業，浮江湖乞食」，時在大和間〔註57〕。以上遊丐資讀的士子，既有出自廣義士族階層者，又有庶民士子，他們走上遊丐之路，皆因家庭經濟因故出現困難所迫。

　　士子既然被迫踏上遊丐之路，心裏自然懷著「丐」有所獲的希望。然而，士子的遊丐過程卻難免坎坷，他們或勞而無功，或所獲甚少，不能逐其願者十有八九。如開元中，「有士人家貧，投丐河朔，所抵無應者。轉至黎陽，日已暮，而前程尚遙」〔註58〕。該士人因「家貧」，先「投」河朔，又「轉」至黎陽，其目的就在「丐」，但「所抵無應者」。貞元末，有齊君房者，家於吳，「自幼苦貧，雖勤於學，而寡記性。及壯有篇詠，則不甚清新。常為凍餒所驅，役役於吳楚間，以四五六七言干謁，多不遇侯伯禮接。雖時所獲，未嘗積一金」〔註59〕。齊君房有篇詠而不甚清新，有一定文化但才氣不足，是典型的平庸士子，故「役役於吳楚間」，雖欲以「丐」資讀，卻得不到地方官的禮接。長慶寶曆間，南卓「吳楚遊學十餘年，衣布縷，乘牝衛，薄遊上蔡。蔡牧待之似厚，而為客吏難阻」，以至於「羈旅窮愁，似無容足之地」〔註60〕。南卓以「遊」資「學」，但其「丐」所得甚少，只能「羈旅窮愁」。唐末，「有張生者，家在汴州中牟縣東北赤城阪。以飢寒，一旦別妻子遊河朔，五年方還」〔註61〕。張生因「飢寒」，別妻兒「遊」河朔，其目的亦在「丐」，但過程並不順利，故「五年方還」。

　　以上士子遊丐資讀之路並不順利，推究其原，或因文名不著，或因才氣

〔註55〕《全唐文》卷727舒元輿《貽諸弟砥石命》，第7489頁。
〔註56〕杜牧《樊川文集》卷10《送盧秀才赴舉序》，第153頁。
〔註57〕《唐代墓誌彙編》大中093《苗公（弘本）墓誌銘》，第2322頁。
〔註58〕《太平廣記》卷333「黎陽客」條引《廣異記》，第2642頁。
〔註59〕《太平廣記》卷388「齊君房」引《纂異記》，第3091～3092頁。
〔註60〕《雲溪友議》卷中《南黔南》，《唐五代筆記小說大觀》，第1300頁。又，據卞孝萱考證，南卓「薄遊上蔡」乃大和二年前事，參《唐刺史考全編》，第885頁。
〔註61〕《太平廣記》卷282「張生」條引《纂異記》，第2250頁。

不足。總之，普通或平庸乃其遊丐不順的根源。有人歡喜有人憂，出類拔萃的「名士」和「負藝之士」，則較易得到節鎮禮遇。大中時，「溫庭筠有詞賦盛名。初從鄉里舉，客遊江淮間，揚子留後姚勗厚遺之」〔註62〕，因文名較「盛」，故溫庭筠能從姚勗處輕易獲得舉糧。褚載「家貧」，乾寧初，「客梁宋間，困甚，以詩投襄陽節度使邢君牙云：『西風昨夜墜紅蘭，一宿郵亭事萬般。無地可耕歸不得，有恩堪報死何難。流年怕老看將老，百計求安未得安。一卷新詩滿懷淚，頻來門館訴飢寒。』君牙憐之，贈絹十疋」〔註63〕。褚載頗具才情，他用聲情並茂的文字，把自己的艱難處境形諸詩卷，終於打動州鎮長官而獲得資助。

　　既然遊丐如此艱難，士子為了提高成功率和獲益最大化，自然會避害趨利，選擇親友故舊為遊丐對象。如前述杜牧、杜顗兄弟寄身私廟習業時，即依賴其長兄「遊丐於親舊」，多方籌措以維持〔註64〕。又，龐嚴進士及第後，在壽春任從事，「有江淮舉人，姓嚴，是《登科記》誤本，倒書龐嚴姓名，遂賃舟丐食」，時在元和間〔註65〕。雖然嚴姓舉人鬧了個極大的笑話，但其本意顯然是想跟龐嚴攀上本家關係，以便遊丐。嚴姓舉子所為就恰好證明，士子遊丐時投奔親友故舊，是自然又必要的選擇。

　　然而，現實與預期之間往往存在較大的差距。《舊唐書》卷168《馮宿傳附馮定傳》：「於頔牧姑蘇也，定寓焉，頔友於布衣間。後頔帥襄陽，定乘驢詣軍門，吏不時白，定不留而去。」《尚書故實》：「嘗有一淪落衣冠，以先人執友方為邦伯，因遠投謁，冀有厚需。及謁見，即情極尋常，所資至寡。歸無道路之費，愁怨動容。」《太平廣記》卷74「俞叟」條引《宣室志》：「尚書王公潛節度荊南時，有呂氏子，衣敝舉策，有飢寒之色，投刺來謁。公不為禮。甚怏怏，因寓於逆旅。月餘，窮乏益甚，遂鬻所乘驢於荊州市。……呂生曰：『吾家於渭北，家貧，親老無以給旨甘之養。府帥公吾之重表丈也，吾不遠而來，冀哀吾貧而周之。入謁而公不一顧，豈非命也？』」〔註66〕

〔註62〕　《玉泉子》，《唐五代筆記小說大觀》，第1428頁。
〔註63〕　傅璇琮主編：《唐才子傳校箋》卷10《褚載傳》，冊4，中華書局1990年版，第388～389頁。據校箋，此處稱襄陽節度使為邢君牙，大誤。因其時距邢君牙卒年已近百年，兩人斷不可能相遇，《唐才子傳》失察。但其所反映的中唐以後士子至州府、節鎮遊丐，求取生活、求學資費的現象卻是實情。
〔註64〕　杜牧《樊川文集》卷16《上宰相求湖州第二啓》，第244頁。
〔註65〕　《因話錄》卷4《角部‧諧戲附》，《唐五代筆記小說大觀》，第859頁。
〔註66〕　《太平廣記》卷84「俞叟」條引《補錄記傳》略同，第543頁。

　　無論馮定，《尚書故實》中的「淪落衣冠」，還是呂氏子，都是衝著親友故舊的關係前往遊丐，「冀有厚需」。結果，馮定為門吏怠慢，憤而離去；「淪落衣冠」所獲至寡，連回家的旅費都不夠；而呂氏子呢，所謂的重表丈對他不屑一顧，最終一無所獲。對於這種出乎意料的結果，呂氏子在無法釋懷時，只能無奈地歸諸命運。其實，真正決定他們遊丐結果的，並不是冥冥的命運，而是遊丐者與施捨者之間「相須」、「相資」的資源交換關係。

　　韓愈《與鳳翔邢尚書書》：「布衣之士，身居窮約，不借勢於王公大人，則無以成其志；王公大人，功業顯著，不借譽於布衣之士，則無以廣其名。是故布衣之士雖甚賤而不諂，王公大人雖甚貴而不驕，其事勢相須，其先後相資也。」〔註 67〕按邢尚書即邢君牙，貞元時為鳳翔尹。韓愈上書邢君牙時身份為前進士，尚未任官。他認為貧寒士子與王公大人二者之間，是貧寒士子借王公大人之勢以成其志，王公大人借貧寒士子之譽以廣其名的關係。韓愈所論，不僅僅是為了使自己處在一個有利的對話地位上，而且符合當時的歷史實際。

　　各級官僚之所以願意對前來遊丐的「名士」和「負藝之士」進行資助，一方面，有韓愈所謂「廣其名」的現實需要，即各級官僚通過提攜遊丐士子而獲得美名，這是不久即可見其成效的。因為，遊丐士子口中傳播的所謂「政聲」和「民意」，自然對現任官僚的進一步陞遷大有裨益；相反，遊丐士子口中傳播的負面言論，也會對各級官僚的陞遷帶來不利影響。前蜀永平年間（911～915），楊鉁遊丐州鎮，地方官「慮其謗讟」，「無不逢迎」，「精意承事之」〔註 68〕，即從反面證明了韓愈所謂「廣其名」的說法。

　　此外，隨著魏晉以來的舊族勢力進一步衰落，至唐代，士族子弟僅靠門第和血緣即可高仕的情形已不復存在，特別是中唐以來，進士最受崇重，有「白衣公卿」、「一品白衫」之美譽〔註 69〕，今日貧窶之士，異日進士及第，「位極人臣，常有十二三；登顯列，十有六七」〔註 70〕。在這種社會背景下，現任官僚選擇那些今日是貧士，異日可能位極人臣的「名士」、「負藝之士」進

〔註 67〕《韓愈全集校注》，第 1191 頁。
〔註 68〕《太平廣記》卷 262「楊鉁」條引《王氏見聞》，第 2047 頁。據《廣記》本條，
　　　　楊鉁曾遊丐黔南，為節度使王茂權（即王宗訓，前蜀永平四年鎮黔州，參前
　　　　考）所辱。可知楊鉁遊丐州鎮當在前蜀永平年間。
〔註 69〕《唐摭言》卷 1《散序進士》，第 4 頁。
〔註 70〕《唐摭言》卷 1《述進士下篇》，第 4 頁。

行資助，除了前述「廣其名」的現實考慮外，還有將來從被資助者身上得到回報的長遠考慮，雖然這種預期中的回報可能蘊含著一定的風險，但從某種程度上來說，卻確有其投資的價值。《舊唐書》卷 178《張褐傳》：「於琮布衣時，客遊壽春，郡守待之不厚。褐以琮衣冠子，異禮遇之。琮將別，謂褐曰：『吾餉逆旅翁五十千，郡將之惠不登其數，如何？』褐方奉母，家貧，適得俸絹五十匹，盡以遺琮，約曰：『他時出處窮達，交相恤也。』」據之，張褐即是預期「衣冠子」於琮前途無量，將來會對自己仕途有利，故傾其所有予以資助。張褐云「他時出處窮達，交相恤也」，非常明白地坦露了其冒險投資的目的所在。張褐的投資獲得了所期望的回報，大中時，於琮一旦任相，即刻召一直在太原掌書記上徘徊的張褐為「司勳員外郎，判度支」，使張褐從此晉身高位。於琮與張褐之間這種勢與利的前後交換關係，深刻揭示了有潛質的貧寒士子與各級官僚之間「相須」、「相資」關係的本質。

其實，部分些貧寒士子也正是看到了這層屬害關係，才會摩肩接踵，甚至於趾高氣揚地投奔各州府節鎮遊丐。王泠然《與御使高昌宇書》云：「使僕一朝出其不意，與君並肩臺閣，側眼相視，公始悔而謝僕，僕安能有色於君乎？」〔註 71〕口氣如此狂妄，當然跟他張狂的個性有關，但更重要的是王泠然深刻地明白，有潛力的貧寒士子與現任官僚，在現實與未來之間，存在著利與勢相互交換的極大可能，這才是最為屬害的關節所在。

值得注意的是，遊丐士子與官僚之間這種「相須」、「相資」關係，在大多數情況下並非處於平等的狀態。總體上來說，貧寒士子借各級官僚之勢「以成其志」，較之各級官僚借貧寒士子之譽「以廣其名」，顯得更為迫切；貧寒士子對各級官僚的資助需求，較之各級官僚對貧寒士子的預期回報，顯得更為現實。這正是遊丐士子為數眾多，而能如願以償者卻只是少數「名士」、「負藝之士」的根源所在。

至此，我們已可明白前述馮定、「淪落衣冠」、呂氏子游丐無果的原因。在遊丐士子與官僚之間，本質上是一種勢與利的相互交換，即「相資」、「相須」關係，親友故舊關係不過是蒙於其上的一層溫情的薄紗。當遊丐士子沒有可資炫耀的文學才能時，由於他們與官僚之間已不可能進行勢與利的相互交換，無法建立起「相須」、「相資」的利益關係，那層溫情的薄紗自然就會缺乏韌性，一戳即破。

〔註71〕《唐摭言》卷 2《恚恨》，第 22 頁。

綜上，遊丐資讀者率多貧寒士子，他們以本應用於正常學習的時間和精力作為機會成本，懷著「遊」有禮遇，「丐」有所獲的美好願望，希翼憑自有之興情、文化資源交換他有之經濟資源，以完成學業，最終踏上應舉之路。然而，由於遊丐者與施與者之間本質上是「相須」、「相資」的資源交換關係，最終如願的遊丐士子卻只是少數「名士」、「負藝之士」。換言之，唐代雖遊丐者眾多，真正能籍遊丐以資讀者卻只是少數文才傑出之士。

總之，士子習業經費雖然門類多樣，結構複雜，究其實質，無外乎兩種基本途徑：一是繼承或先賦的，通過父母、親屬、友朋的轉讓而獲得；二是自我籌措者，此需士子投資和努力方可獲得〔註72〕。廣義士子子弟的經費主要來自繼承或先賦，相對穩定，數量上更有保障；庶民士子的習業經費則較多依賴自我籌措，不僅變數較多，而且數量上也較少。經費來源結構的不同，一方面導致前者教育資源佔有的優勢，另一方面使前者有更多的時間和精力投入讀書攻文，二者習業環境的優劣差別由此產生。

本章小結

唐代士子的習業經費有兩種最基本的來源：繼承或先賦的與自我籌措的。

繼承或先賦的習業經費最常見者自然是來自父母的供給，如果此種正常途徑因故缺失，繼承或先賦的習業經費有繼承遺產者，有兄弟資助者，有依養外親者，有妻族鼎力資助者，有故舊、友朋仗義資助者，等等。

自我籌措的習業經費來源多樣，比較常見的途徑是依居住環境不同，因地制宜。寓居鄉里者可耕稼自給，居近市鎮者可貨賣資讀，居近山林者既可樵採資讀又可寄食寺觀，又有傭力取資、勤工儉學者。此外，在文化並不發達的中國古代，讀書人的知識和才情因稀缺而凸顯其價值，故「以學養學」成為籌措習業經費的重要途徑。有潤筆資用者，有傭書自給、抄書售賣者，有開館授徒、「束脩」資家者，有遊丐資讀者，等等。士子一般不拘泥於一種經費來源，而是多途並舉。

廣義士族子弟的習業經費較多由繼承或先賦獲得，勿需投資和努力，相

〔註72〕此外，亦有來自社會資助的習業經費，但多屬偶然和個別，對士子整體習業環境的影響不大，本書不擬討論。如《太平廣記》卷328「閻庚」引《廣異記》：「張仁亶，幼時貧乏，恒在東都北市寓居。有閻庚者，馬牙荀子之子也，好善自喜。慕仁亶之德，恒竊父資，以給其衣食，亦累年矣。」

對容易，且較有保障；庶民士子的習業經費較多自我籌措，需要投資和努力方可獲得，即多變數，數量也較少。習業經費來源結構的差異，不僅影響士子的教育資源投資，還影響士子投入學習的時間和精力。因此，繼承或先賦者有相對優質的教育資源，較能心無旁騖的讀書攻文；自我籌措者不僅教育資源資質較差，而且要浪費大量本應用於正常習業的時間和精力在其他事情上。

第七章　教育資源視野下士子的 苦學現象及其等級性

　　綜合古代中國讀書人勤學、苦學的典故,讀書人的苦學無外乎兩種情形: 一是家庭經濟狀況惡劣,或布衣糲食,或家乏典籍、或貧乏燈燭、紙筆,但 仍然克服各種現實困難,孜孜不倦者,如所謂「王充閱市」、「鑿壁借光」、「囊 螢映雪」、「隨月讀書」、「截蒲爲牒 」之類;二是惜時如金、以夜繼日、不捨 晝夜者,如「董生下帷」、「懸梁刺股」、「高鳳流麥」、「聞雞起舞」、「三餘讀 書」之類。故本章所謂「苦學」,指求學者無論習業環境之優劣,以「學而優 則仕」爲旨歸,勵志自勉、苦心力學的讀書行爲。那麼,唐代士子的苦學主 要表現在哪些方面?苦學者主要來自哪個階層?茲以上述古人苦學情形爲標 準,全面檢索唐代人物傳記、筆記小說、詩文、墓誌碑文等資料,盡可能詳 盡地收集有關唐代士子苦學的材料,分類述論,擬在教育資源的視野下,探 討唐代士子的苦學現象及其等級性特徵,揭示隱藏在這種等級性特徵後的資 源背景及其作用機制。

第一節　家庭經濟困窘者的苦學及其等級性

　　士子苦學情形之一爲家庭經濟狀況惡劣,仍然克服各種現實困難,孜孜 不倦者。

　　其一,雖布衣糲食,苦學不止者。此類情形,此前曾考論過崔能、崔從、 盧霈、王播、徐商、韋昭度、段文昌、羅珦等八人的苦學情況,他們皆因衣

食不給而寄食山林寺觀，雖至竟日不得食，或常爲寺僧厭怠，仍勵志苦學，不隳其志〔註1〕。

困苦如斯而苦學不休者，文獻中頗有。《元稹集》卷55《裴公（乂）墓誌銘》：「（乂）少好學，家貧，甘役勞於師，雨則負諸弟以往，卒能通《開元禮》書。」〔註2〕裴乂係出河東中眷房，父、祖官卑，家道中落〔註3〕，雖至「役勞於師」，依然苦讀不休，終至成名。《劉禹錫集》卷40《絕編生墓表》：顧象以讀《周易》聞，其苦學，「手胝於運管，目曠於臨燭，而氣耗於詠呻。家居亡訾，不能與計偕；地偏且遠，亡有能晤語者。心愈苦而迹愈卑，寒膚嗛腹，以至於耆老」。顧象處偏遠之地，家貧無資，苦學不止，而計偕不成，誠可憫也。《全唐文》卷 780 李商隱《齊魯二生·程驤》：程驤父少良曾爲盜，後從事轉輸貿易，頗積財貨，少良卒後，程驤自母口得知少良前事，「乃悉散其財，逾年，驤甚苦貧，就里中舉負，給薪水灑掃之事，讀書日數千言，里先生賢之，時與饘糗布帛，使供養其母」。程驤雖出自匪盜之家，但志行高潔，散財居貧，勤學苦讀，頗異常流，李商隱特爲其立傳，亦理所宜。

《全唐文》卷 395 劉太眞《上楊相公啓》自述：「僻居江介，泛窺經典，莫究宗源。天寶中，嘗遇故揚州功曹蘭陵蕭君，語及文學，許相師授，而家貧世亂，不克終之。」與劉太眞相類者又有李翶，翶曾從韓愈學文，頗有所得，然「家貧多事，未能卒其業」〔註4〕。劉太眞、李翶皆爲廣義士族子弟，家道衰落〔註5〕，貧不能從師卒業，仍然苦學不休，皆進士及第。

史籍中又有少小失去父祖蔭護，居貧苦學者。如馬周「少孤貧好學，尤精《詩》、《傳》」〔註6〕。喬琳「少孤貧志學，以文詞稱」〔註7〕。按馬周、喬琳皆父祖不詳。李懷遠「早孤貧好學，善屬文。有宗人欲以高蔭相假者，懷遠竟拒之，退而歎曰：『因人之勢，高士不爲；假蔭求官，豈吾本志？』」未幾，

〔註1〕 詳參本書第五章第四節《山林寺觀的教育資源》的相關論述。
〔註2〕 按原文不載墓主名諱，據孟二冬考證，墓主爲裴乂，詳見《登科記考補正》，第 1363 頁。
〔註3〕 《新唐書》卷 71《宰相世系表》一上，第 2219 頁。
〔註4〕 韓愈：《與馮宿論文書》，《韓愈全集校注》，第 1343 頁。
〔註5〕 劉太眞事見《全唐文》卷 538 裴度《劉府君（太眞）神道碑銘並序》，第 5466 頁。李翶事見《舊唐書》卷 160《李翶傳》，第 4205 頁。
〔註6〕 《舊唐書》卷 74《馬周傳》，第 2612 頁。
〔註7〕 《舊唐書》卷 127《喬琳傳》，第 3576 頁。

應四科舉擢第」，李懷遠宗人既有高蔭，則懷遠至少出自小姓階層〔註8〕。又，呂諲，兵部郎中崇粹子，少孤貧不能自振，但「志行修整，勤於學業」〔註9〕。崔署（又作曙）係出博陵大房，「少孤貧」，「苦讀書」〔註10〕。岑參係出南陽岑氏，貞觀名相文本之後，「早歲孤貧，能自砥礪，遍鑒史籍，尤工綴文」〔註11〕。楊綰係出弘農太尉房，「早孤家貧」，「及長，好學不倦」〔註12〕；李遜係出趙郡申公房，「幼孤」，「與其弟建，皆安貧苦，易衣並食，講習不倦」〔註13〕；王彥威係出太原中山房，「少孤貧。苦學，尤通三禮」〔註14〕。

以上馬周、喬琳、顧象、程驤四人為庶民，其餘十九人，李懷遠、呂諲、劉太眞、李翺、羅珦、段文昌、盧需七人出自小姓階層，崔署、岑參、楊綰、裴乂、崔能、崔從、李遜、李建、王彥威、王播、徐商、韋昭度十二人出自士族階層，換言之，居貧苦學者，率多廣義士族子弟。

其二，讀無燈燭、書無紙筆者。《全唐詩》卷115王泠然《夜光篇》：「兩京貧病若為居，四壁皆成鑿照餘。未得貴遊同秉燭，唯將半影借披書。」乃王泠然看見山火肆虐，有感而發，並非他當時求學情形的眞實寫照。但王泠然一見山火，竟然如此自然地聯想到讀書照明上，恐怕平時讀書，確有無燭照書的經歷〔註15〕。又，《文苑英華》卷510有《對求鄰壁光判》，判題為「郜珍性好讀書，家貧，鄰家富，乃穿鄰壁取燭光，鄰告為盜」，此為擬判，目的在考察作判者的辭句識見，並非當時眞有郜珍其人鑿壁其事。但所取判事既要考慮到作判者的不同背景，避免不熟悉情況者無從下手，自然要針對當時現實中較俱普及性的某些情況擬題，故就判題選擇而言，無燈燭照書的情形

〔註 8〕《舊唐書》卷 90《李懷遠傳》，第 2920 頁。

〔註 9〕《舊唐書》卷 185 下《良吏・呂諲傳》，第 4823 頁。《新唐書》卷 75《宰相世系表》五上，第 3371 頁。

〔註 10〕《唐才子傳校箋》卷 2《崔署》，冊 1，第 276～278 頁。《新唐書》卷 72《宰相世系表》二下，第 2784 頁。

〔註 11〕《全唐文》卷 459 杜萬《岑嘉州集序》，第 4692 頁。

〔註 12〕《舊唐書》卷 119《楊綰傳》，第 3429 頁。《新唐書》卷 71《宰相世系表》一下，第 2364 頁。

〔註 13〕《舊唐書》卷 155《李遜傳》，第 4125 頁。

〔註 14〕《舊唐書》卷 157《王彥威傳》，第 4154 頁。《劉禹錫集》卷 39《王公（俊）神道碑》，第 593～596 頁。

〔註 15〕按王泠然家貧，曾自云：「僕家貧親老，常少供養，兄弟未有官資，嗷嗷環堵，菜色想看，貧而賣漿。」故推測他有無燭照書的經歷，並不為過。參《唐摭言》卷 2《恚恨》，第 22 頁。

可能在當時比較普遍，這爲文獻記載所證明。

　　文獻中有家庭經濟困窘，貧無燈燭，只能燃薪讀書者。如馬懷素，檢校江州潯陽丞文超子，「家貧無燈燭，晝採薪蘇，夜燃讀書，遂博覽經史，善屬文」〔註16〕；蘇源明少孤，「讀書東嶽中，十載考墳典。時下萊蕪郭，忍饑浮雲巘。負米晚爲身，每食臉必泫。夜字照爇薪，垢衣生碧蘚。庶以勤苦志，報茲劬勞顯」〔註17〕；畢諴，汾州長史淩孫，協律郎匀子，「少孤貧，燃薪讀書，刻苦自勵。既長，博通經史，尤能歌詩」〔註18〕；柳璨係出河東柳氏，父祖皆不仕，「少孤貧，好學。僻居林泉，晝則採樵，夜則燃木葉以照書」〔註19〕。

　　當然，燃薪照書者並非都屬家貧，也有因各種各樣原因，暫時缺少燈燭，因而燃薪苦學者。如韋思謙年少時，「屬隋運崩離，生資窘乏。躬勤稼穡，取備甘鮮。常夜讀書，無有燈燭。拾薪爲燎，披閱終宵。研思典墳，遂成器業」〔註20〕。韋思謙係出京兆小逍遙房，夜讀無燈燭，非家貧，乃因隋末唐初戰火紛飛，物資缺乏所致。又，蘇頲「少不得父意，常與僕夫雜處，而好學不倦。每欲讀書，又患於燈燭，常於馬廐竈中，旋吹火光照書誦焉。其苦學如此」〔註21〕。蘇頲係出京兆武功蘇氏，其借竈火苦讀書，亦非家貧無燭，乃因不得其父蘇瓌所喜〔註22〕。又，唐末李琪，乃士族子弟，年十四丁母憂，「因流寓青齊間，然糠照薪，俾夜作晝，覽書數千卷，間爲詩賦」〔註23〕，李琪乃因流寓他鄉，讀書條件有限，故照薪苦學。

　　文獻中又有夜無燈燭，默念所記者。如杜牧幼孤貧，「八年中，凡十徙其居，奴婢寒餓，衰老者死，少壯者當面逃去，不能呵制。有一豎，戀戀憫歎，擎百卷書隨而養之。奔走困苦，無所容庇，歸死延福私廟，支拄欹壞而處之。長兄以驢遊丐於親舊，某與弟顗食野蒿藋，寒無夜燭，默念所記者，凡三周

〔註16〕《舊唐書》卷102《馬懷素傳》，第3163頁。

〔註17〕《全唐詩》卷222杜甫《八哀詩·故秘書少監蘇公源明》，第2358頁。

〔註18〕《舊唐書》卷177《畢諴傳》第4609頁。

〔註19〕《舊唐書》卷179《柳璨傳》，第4669頁。

〔註20〕《全唐文補遺》第2輯范履冰《韋仁約墓誌銘並序》，第6頁。

〔註21〕〔五代〕王仁裕撰，曾貽芬點校：《開元天寶遺事》卷下《吹火照書》，中華書局2006年版，第46頁。

〔註22〕按蘇頲不得父意，又見於《明皇雜錄》卷上《蘇頲文學該博》條，「蘇頲聰悟過人，日誦數千言，雖記覽如神，而父瓌訓屬至嚴，常令衣青布襦伏於床下，出其頸受榎楚。」中華書局1994年版，第12頁。

〔註23〕《太平廣記》卷175「李琪」引《李琪集序》，第1304頁。

歲，遭遇知己，各及第得官」〔註24〕。按杜牧係出京兆杜氏，元和名相杜佑
之孫，只因其父駕部員外郎杜從郁早逝，而家道中落如斯，不能不令人扼腕
歎息。又，李戡幼孤，「旁無群從可以附託，年十餘歲即好學，寒雪拾薪自炙，
夜無然膏，默念所記」，李戡乃宗室渤海王奉慈之後，亦屬家道衰落者〔註25〕。

　　至於書無紙筆者，此前曾對顏惟貞、元孫兄弟，顏真卿以「黃土掃壁」
學書有過辨析〔註26〕，又考論過鄭虔、僧懷素以葉練書，李紳以佛經為文稿
之事〔註27〕。又，《全唐文》卷433陸羽《陸文學自傳》云其自幼為禪師積公
收養，卻一心向儒，雖歷經苦楚而堅執不屈，勤苦詩文，終至成名。其苦學，
「牧牛一百二十蹄。竟陵西湖無紙，學書以竹畫牛背為字。他日問字於學者，
得張衡《南都賦》，不識其字，但於牧所仿青衿小兒，危坐展卷，口動而已」。

　　以上所舉，蘇源明、鄭虔、陸羽、僧懷素四人為庶民，其餘十三人，馬
懷素、畢諴出自小姓階層，韋思謙、蘇頲、顏惟貞、顏元孫、顏真卿、李紳、
杜牧、杜顗、李戡、李琪、柳璨皆為士族子弟。換言之，讀無燈燭，書無紙
筆的苦學者，絕大多數為廣義士族子弟。

　　其三，家乏典籍，「借書」、「閱市」者。本書此前曾考論過柳宗元「無書」、
元稹「借書」的情況，不贅。此外，史籍中尚有四例家乏典籍，借書以讀者，
茲逐一討論。

　　《全唐文》卷228張說《裴公（行儉）神道碑》：唐初，裴行儉補為弘文
生，「絕事篤學，累年不舉」，房玄齡問其因，對曰：「隋室喪亂，家乏典籍，
館有良書，探討未遍，故少留耳。」按裴行儉出自河東聞喜裴氏，乃一流士
族高門子弟，此處云「家乏典籍」，是針對博覽群籍的需要而言，並非非要倚
賴弘文館藏書修科舉業，否則也不至於有「累年不舉」之事。

　　《全唐文》卷274劉子玄《自敘》：「予幼奉庭訓，早遊文學，年在紈
綺，便受《古文尚書》。每苦其辭艱瑣。難為諷讀，雖屢逢捶撻，而其業不
成。嘗聞家君為諸兄講《春秋左氏傳》，每廢《書》而聽，逮講畢，即為諸
兄說之。因竊歎曰：『若使書皆如此，吾不復怠矣！』先君奇其意，於是始

〔註24〕杜牧《樊川文集》卷16《上宰相求湖州第二啟》，第244頁。
〔註25〕杜牧《樊川文集》卷9《李府君（戡）墓誌銘》，第137頁。又見《新唐書》
　　　　卷78《宗室·李戡傳》。
〔註26〕詳參本書第四章第三節《家庭（家族）教育的教育資源與成效及其等級性》
　　　　的相關論述。
〔註27〕詳參本書第五章第四節《山林寺觀教育的教育資源及其等級性》的相關論述。

授以《左氏》，期年而講誦都畢，於時年甫十有二矣。……次又讀《史》、《漢》、《三國志》，既欲知古今沿革，歷數相承於是觸類而觀，不假師訓。……年十有七，而窺覽略周。其所讀書，多因假貸。（後略）」按劉知幾係出彭城劉氏，在家中受學，所謂讀書「多因假貸」，亦以其周覽諸史、閱讀範圍很大為前提。

《舊唐書》卷 192《隱逸·陽城傳》：「代為宦族。家貧不能得書，乃求為集賢寫書吏，竊官書讀之，晝夜不出房，經六年，乃無所不通。既而隱於中條山，遠近慕其德行，多從之學。」此後，於貞元四年（788）被徵召為諫議大夫〔註28〕，順宗永貞元年（805）卒，年六十餘〔註29〕。由此推之，陽城求為寫書吏時，至少二十出頭，所謂「家貧不能得書」、入集賢院竊書以讀，乃學業已成之後，欲求博覽群籍，更上一層樓。

辛文房《唐才子傳》卷 8《汪遵》：「遵，宣州涇縣人。幼為小吏，晝夜讀書良苦，人皆不覺。咸通七年韓袞榜進士。遵初與鄉人許棠友善，工為絕句詩，而深自晦密。以家貧難得書，必借於人，徹夜強記，棠實不知。」本之於《唐摭言》卷 8《為鄉人輕視而得者》。按《摭言》只云汪遵「善為歌詩，而深自晦密」，所謂「晝夜讀書良苦」、「家貧難得書，必借於人，徹夜強記」云云，乃辛氏臆加。想來辛氏內心深處，以為汪遵之進士及第，非苦學不能，故發揮之外，意猶未盡，評曰：「汪遵，涇之一走耳。拔身卑污，奪譽文苑。家貧借書，以夜繼日，古人閱市偷光，殆不過此。昔溝中之斷，今席上之珍，丈夫自修，不當如是耶。」〔註30〕

而且，文獻中確有唐代士子「閱市」的記載。《新唐書》卷 202《文藝·呂向傳》：「（向）少孤，託外祖母隱陸渾山。工草隸，能一筆環寫百字，若縈髮然，世號「連錦書」。強志於學，每賣藥，即市閱書，遂通古今。玄宗開元十年，召入翰林。」按呂向可能確屬無書可讀而閱於市，但他與高門舊族子弟房綰同隱陸渾山達十來年之久〔註31〕，自可充分利用房綰的藏書，似不至於無書可讀，所謂「即市閱書」，可能亦有利用書肆豐富的書籍擴大閱讀量之意。

〔註28〕《柳宗元集》卷 9《國子司業陽城遺愛碣》，第 204 頁。
〔註29〕韓愈《順宗實錄四》，《韓愈全集校注》，第 2924 頁。
〔註30〕以上所引，俱見《唐才子傳校箋》卷 8《汪遵傳》，冊 3，第 465～467 頁。
〔註31〕《舊唐書》卷 111《房琯傳》，第 3320 頁。

　　唐代士子在及第、入仕前的求學過程中，有「無書」、「借書」、「閱市」情形者，筆者僅見以上七例〔註 32〕。其中裴行儉、劉知幾、陽城之例爲家藏不能滿足博覽群書的要求，柳宗元、元稹之例爲特定情況導致的暫時缺書，汪遵之例屬辛文房臆加，呂向之例是唯一可能眞的無書可讀者。可見所謂士子借書苦學，多數並非指缺應試科舉的必備書籍，而是指自有書籍無法滿足更高的求知欲需求。以上七人，呂向、汪遵爲庶民士子，裴行儉、劉知幾、柳宗元、元稹皆出自士族階層，陽城亦代爲宦族。也就是說，史籍所見，家貧無書、少書情況下，依然「借書」「閱市」苦讀者，絕大多數爲廣義士族子弟。

　　綜上，家庭經濟狀況惡劣，仍然克服各種現實困難，孜孜不倦的讀書人，或衣食不給、讀無燈燭、書無紙筆，仍苦學不止；或家乏典籍，「借書」、「閱市」，仍不隳其志。他們遭遇各異，皆苦心力學，以廣義士族子弟爲多。

第二節　惜時如金者的苦學及其等級性

　　士子苦學情形之二爲惜時如金、以夜繼日、不捨晝夜者。

　　其一，年雖幼小，心無旁鶩，專心讀書，勤學不輟者。如狄仁傑，夔州長史知遜子，「爲兒童時，門人被害者，縣吏就詰之。眾咸移對，仁傑堅坐讀書」〔註 33〕。褚無量，隋豫章郡丞範孫，「幼孤貧，勵志好學。家近臨平湖，時湖中有龍鬥，傾里閈就觀之，無量時年十二，讀書晏然不動」〔註 34〕。韋述係出京兆韋氏，房州刺史景駿子，「少聰敏，篤志文學。家有書二千卷，述爲兒童時，記覽皆遍」，景駿姑子元行沖，當時大儒，常載書數車自隨，「述入其書齋，忘寢與食」〔註 35〕。蔣乂，係出義興蔣氏，國子司業將明子，吳

〔註 32〕　墓誌中又有王羊仁「閱市」之例。《唐代墓誌彙編》開元 418《王府君（羊仁）墓誌銘並序》（第 1445 頁）：「學綜九流，文該六藝。常閱書於洛陽之市，或賣藥於長安之肆」，其所謂「閱市」，多半屬諛墓之辭，不敢遽信。又，《舊唐書》卷 189 上《儒學·徐文遠傳》：文遠爲梁元帝外孫，「屬江陵陷，被虜於長安，家貧無以自給。其兄休，鬻書爲事，文遠日閱書於肆，博覽五經，尤精《左氏春秋傳》。」事在梁元帝承聖三年（554）西魏陷江陵之後。

〔註 33〕　〔唐〕劉肅撰，許德楠、李鼎霞點校：《大唐新語》卷 6《舉賢》，中華書局 1984 年版，第 92 頁。《舊唐書》卷 89《狄仁傑傳》，第 2885 頁。

〔註 34〕　《舊唐書》卷 102《褚無量傳》，第 3164～3165 頁。《全唐文》卷 258 蘇頲《褚公神道碑》，第 2611 頁。

〔註 35〕　《舊唐書》卷 102《韋述傳》，第 3183 頁。

兢外孫，「以外室富墳史，幼便記覽不倦」〔註36〕。權順孫，係出天水權氏，刑部尚書德興孫，「童時，讀《孝經》、《論語》、《尚書》，尤好筆箚，不離硯席，方肄小戴禮，感疾，年十三卒」〔註37〕。權叢，亦德興孫，「每退自庠序，諸兒或遊戲逐樂，獨以筆箚錄所讀書凡數通，用以自娛。年九歲卒」〔註38〕。魯謙，京中名醫璠子，「七歲，好讀詩書，旰衣忘寢，勤學不輟，師喻以文義，皆記之心腑。未逾十五，《孝經》、《論語》、《尚書》、《爾雅》、《周易》皆常念，《禮記》貼盡通」〔註39〕。莫宣卿生父早年不祿，生母梁氏恐宣卿孤立無倚，改適莫及芝，及芝樂善好施，歲歉則出粟米周濟鄰里，有二子，宣卿遂為季，「二兄習讀，公幼在側，天性迥異，聞言即悟，甫七歲，手不釋卷，過目輒成誦」〔註40〕。以上八人，魯謙、莫宣卿為庶民子，其他六人皆為廣義士族子弟。

其二，廢寢忘食、手不釋卷、晝夜苦讀者。如劉仁軌，「少恭謹好學，遇隋末喪亂，不遑專習，每行坐所在，輒書空畫地，由是博涉文史」〔註41〕。歐陽通，弘文館學士詢子，少孤，母教其父書，每遺通錢，云「質汝父書迹之直」，「通慕名甚銳，晝夜精力無倦，遂亞於詢」〔註42〕。戴令言，隋湘陰令集孫，「年十五，首讀兩漢，遂慨慷慕古，手不釋卷。未盈五旬，咸誦于口。十七，便歷覽群籍，尤好異書，至於算曆卜筮，無所不曉」〔註43〕。孟浩然自云「維先自鄒魯，家世重儒風。詩禮襲遺訓，趨庭沾末躬。晝夜常自強，詞翰頗亦工。三十既成立，嗟籲命不通」〔註44〕。士族子鄭生，在名妓李娃幫助下，「棄百慮以志學，俾夜作晝，孜孜矻矻」〔註45〕。湛賁為縣吏，姨父彭伉進士擢第，「妻族為置賀宴，皆官人名士，伉居客之右，一座盡傾。湛至，命飯於後閣，湛無難色。其妻忿然責之曰：『男子不能自勵，窘辱如此，復何為容！』湛感其言，孜孜學業，未數載一舉登第」〔註46〕。趙君旨父祖皆不

〔註36〕 《舊唐書》卷149《蔣乂傳》，第4026頁。
〔註37〕 《全唐文》卷506權德輿《殤孫進馬（順孫）墓誌銘並序》，第5152頁。
〔註38〕 《唐代墓誌彙編》元和102《權氏殤子墓誌銘並序》，第2020頁。
〔註39〕 《唐代墓誌彙編》大中132《魯氏子謙墓誌銘並序》，第2354～2355頁。
〔註40〕 《全唐文》卷816白鴻儒《莫孝肅公詩集序》，第8590～8591頁。
〔註41〕 《舊唐書》卷84《劉仁軌傳》，第2789頁。
〔註42〕 《舊唐書》卷189《儒學·歐陽詢傳附通》，第4947頁。
〔註43〕 《唐代墓誌彙編》開元010賀知章《戴府君（令言）墓誌銘並序》，第1157頁。
〔註44〕 《全唐詩》卷159孟浩然《書懷貽京邑同好》，第1625頁。
〔註45〕 《太平廣記》卷484「李娃傳」引《異聞集》，第3990頁。
〔註46〕 《唐摭言》卷8《以賢妻激勸而得者》，第89頁。

仕,「(君旨)耽於儒訓,尤好爲禮學。……取禮書陳於前,日夜諷誦不倦。業既就,來上國,應三禮科,果得高等」〔註47〕。牛僧孺自稱隋名臣牛弘之後,華州鄭縣尉幼簡子,「七歲而孤,依倚外族周氏。……年十五,知先奇章公城南有隋室賜田數頃,書千卷。乃辭親肄習,孜孜矻矻,不捨晝夜。洎四五年,業成舉進士,軒然有聲」〔註48〕。李梲,溫縣令豐子,少孤,「自幼及長,謹默不自逸,維勤力於學問,雖寒暑早暮無倦,遂博涉經史,業詩輟文」〔註49〕。張中立,殿中侍御史爽子,「幼失恃怙,授兄長之訓」,「隨兄之任,孜孜務學,以至成人」〔註50〕。楊去甚,洋州刺史王建侯外孫,家世以儒墨立身,父早卒,在其母諄諄訓誨下,「孜孜早夜,虔稟慈誠」,苦讀不已〔註51〕。以上十一人,劉仁軌、孟浩然、湛賁、趙君旨四人爲庶民,其餘七人皆出廣義士族階層。

其三,或擇靜處幽,或獨居一室,屏絕外事,閉門讀書者。他們中有居家習業,刻苦自修者。如白居易,衢州、襄州別駕季庚子,「十五六,始知有進士,苦節讀書。二十已來,晝課賦,夜課書,間又課詩,不遑寢息矣。以至于口舌成瘡,手肘成胝。既壯而膚革不豐盈,未老而齒髮早衰白,瞥然如飛蠅垂珠在眸子中者,動以萬數,蓋以苦學力文之所致,又自悲家貧多故,年二十七,方從鄉賦」〔註52〕。白居易讀書不捨晝夜,至於「口舌成瘡,手肘成胝」,可謂用心勤苦,從其「晝課賦,夜課書,間又課詩」的課業安排,可知白居易雖自言「家貧」,但習業環境相對較好,可以不憂衣食,集中時間讀書爲文。

正由於居家杜門苦學對習業環境的要求相對較高,士子既不必爲衣食所擾,且有專門的學舍,故多爲廣義士族子弟。如韋陟係出京兆郞公房,武后、中宗、睿宗三朝丞相安石子,十歲「有文采,善隸書,辭人、秀士已遊其門」,開元初,丁父憂,「自此杜門不出八年,與弟斌相勸勵,探討典墳,不捨晝夜,文華當代,俱有盛名」〔註53〕。邵說,殿中侍御史瓊之子,「十六而孤,長於

〔註47〕《唐代墓誌彙編》大和 087《趙公(君旨)墓誌銘》,第 2158 頁。
〔註48〕《全唐文》卷 720 李珏《牛僧孺神道碑銘並序》,第 7406 頁。
〔註49〕《唐代墓誌彙編續集》咸通 062《李府君(梲)墓誌銘》,第 1081 頁。
〔註50〕《唐文拾遺》卷 52□蒙《張府君(中立)墓誌銘並序》,《全唐文》,第 10963 頁。
〔註51〕《全唐文補遺(專輯)》楊去甚《楊公府君夫人太原王氏玄堂誌並序》,第 411 頁。
〔註52〕《舊唐書》卷 166《白居易傳》,第 4347 頁。
〔註53〕《舊唐書》卷 92《韋安石傳附陟傳》,第 2958 頁。《新唐書》卷 74《宰相世系表》四上,第 3093 頁。

母手，誓心墳史，不出戶庭」〔註54〕。蕭復係出蘭陵齊梁房，開元宰相蕭嵩之孫，新昌公主之子，「少秉清操，其群從兄弟，競飾輿馬，以侈靡相尚，復衣浣濯之衣，獨居一室，習學不倦，非詞人儒士不與之遊」〔註55〕。楊憑、楊凝、楊淩兄弟三人係出弘農越公房，少孤，「皆能文學，甚攻苦，或同賦一篇，共坐庭石，霜積襟袖，課成乃已」〔註56〕。柏元封，平原郡王、贈司空良器子，「七歲就學，達詩書之義理；十年能賦，得體物之玄微。十五以司空武功授太僕寺丞。公曰：『予家世儒也。……予不可不守吾世業而苟且於宦達也。』遂請授其弟。下帷讀書，不窺園林者周於天。業成名光，登太常第」〔註57〕。裴休係出河東東房，浙東團練觀察使肅子，「志操堅正，童齔時，兄弟同學於濟源別墅，休經年不出墅門，晝講經籍，夜課詩賦」〔註58〕。趙隱、趙騭兄弟係出新安趙氏，興元節度從事存約子，「少孤貧，弟兄力耕稼以奉親」，大和中，「杜門讀書，不應辟命」〔註59〕。以上十二人，均為廣義士族子弟。

又有隱居山林、水澤、寺觀，隔絕外事，專心藝業者。如鮮于仲通少好俠，以鷹犬射獵自娛，二十餘尚未知書，後被其父切責，「乃慷慨發憤，屏棄人事，鑿石構室以居焉。勵精為學，至以針鉤其臉，使不得睡。讀書好觀大略，頗工文而不好為之」〔註60〕。張鎬，代州司功參軍知古子，「少為業勤苦，隱王房（屋）山，未嘗釋卷」〔註61〕。天寶中有趙生，兄弟四人俱以進士明經入仕，惟趙生天資魯鈍，讀書而不能得其要，為兄弟嘲笑，憤懣不已，「後一日，棄其家遁去，隱晉陽山，葺茅為舍。生有書百餘篇，笈而至

〔註54〕《全唐文》卷452邵說《讓吏部侍郎表》，第4617頁。《新唐書》卷203《文藝·邵說傳》，第5782頁。

〔註55〕《舊唐書》卷125《蕭復傳》，第3550～3551頁。《新唐書》卷71《宰相世系表》一下，第2285頁。

〔註56〕《大唐傳載》，《唐五代筆記小說大觀》，第892頁。《新唐書》卷160《楊憑傳》，第4970頁。《新唐書》卷71《宰相世系表》一下，第2381頁。

〔註57〕《全唐文補遺》冊4郭捐之《柏元封墓誌銘》，第132頁。同書冊3張臺《柏氏墓誌銘》，第233頁。

〔註58〕《舊唐書》卷177《裴休傳》，第4593頁。《新唐書》卷71《宰相世系表》一上，第2232頁。

〔註59〕《舊唐書》卷178《趙隱傳》，第4622頁。《新唐書》卷73《宰相世系表》三下，第2982頁。

〔註60〕《全唐文》卷343顏真卿《鮮于公（仲通）神道碑》，第4383頁。

〔註61〕《太平廣記》卷64「張鎬妻」引《神仙感遇傳》，第399頁。《新唐書》卷72《宰相世系表》二下，第2721頁。

山中，晝習夜思，雖寒暑切肌，食粟襲芋，不憚勞苦。而生蒙庸，力愈勤而功愈小，生愈孳如，卒不易其志」〔註 62〕。孔述睿，寶鼎令齊參子，「少與兄克符、弟克讓，……既孤，俱隱嵩山，述睿好學不倦」〔註 63〕。宇文裴「讀書林下寺，不出動經年。……雲庭無履迹，龕壁有燈煙。年少今白頭，刪詩到幾篇」〔註 64〕。寶曆中，孝廉封陟居於少室，「志在典墳，僻於林藪。探義而星歸腐草，閱經而月墜幽窗，兀兀孜孜，俾夜作晝，無非搜索隱奧，未嘗蹔縱揭時日也。書堂之畔，景像可窺。泉石清寒，桂蘭雅淡」〔註 65〕。邵謁「少為縣廳吏，客至倉卒，令怒其不搘床迎待，逐去。遂截髻著縣門上，發憤讀書。書堂距縣十餘里，隱起水心。謁平居如里中兒未著冠者，發鬅鬙，野服。苦吟，工古調」〔註 66〕。張喬隱居九華山，「有高致，十年不窺園。以苦學，詩句清雅，迥少其倫」〔註 67〕。殷文圭，亦隱九華山，其苦學，「所用墨池，底為之穴」〔註 68〕。以上九人，鮮于仲通、張鎬、趙生、孔述睿四人出自小姓階層，其餘五人或庶民，或出自不詳。

上述所見，惜時如金，以夜繼日，苦學不休者，或年雖幼小，心無旁鶩；或廢寢忘食，手不釋卷；或屏絕外事，閉門讀書，不一而足，皆俾夜作晝，勤苦讀書。耐人尋味的是，此種情形之苦學者，依然是廣義士族子弟占多數。

第三節　苦學現象後的資源背景及其作用機制

正如本書此前章節所論，在優質教育資源的佔有水平上，無論是官學、私學還是家庭（家族）教育，庶民士子均不如廣義士族子弟。在這種情況下，以勤補拙，彌補習業環境劣勢者，按常理推測，本應以庶民士子為多。發人深思的是，無論是克服各種現實困難，孜孜不倦者；還是廢寢忘食，不捨晝夜者，絕大多數都為廣義士族子弟。

誠然，苦學者以廣義士族子弟居多的現象，與士子求學材料的留存情況不無關係。其一，讀書、應舉、入仕，本為每位文儒晉身者人生中必不

〔註 62〕　《宣室志》卷 5，《唐五代筆記小時大觀》，第 1025 頁。
〔註 63〕　《舊唐書》卷 192《隱逸・孔述睿傳》，第 5130 頁。
〔註 64〕　《全唐詩》卷 310 於鵠《題宇文裴山寺讀書院》，第 3498 頁。
〔註 65〕　《太平廣記》卷 68「封陟」引《傳奇》，第 424 頁。
〔註 66〕　《唐才子傳校箋》卷 8《邵謁傳》，冊 3，第 453 頁。
〔註 67〕　《唐才子傳校箋》卷 10《張喬傳》，冊 4，第 300 頁。
〔註 68〕　《唐詩紀事校箋》卷 68《殷文圭》，第 2273 頁。

可少的經歷，司空見慣，只有那些歷經艱難困苦，勤學不已，學業有成者的經歷，才容易引起撰述者的特別注意，在公私著述中大書特書，因而得以保存下來。其二，唐代士子讀書入仕，雖有其他途徑，但以科舉入仕為主，由於每年錄取數平均僅一百來人，而應試的貢舉人卻動輒二三千人甚至更多〔註 69〕。故正常情況下，科考及第極難，非苦學、勤學不能。唐人云「三十老明經，五十少進士」〔註 70〕，意在強調進士及第之不易，但讀書至三十、五十方得一第，孰能不苦？其三，研究表明，唐代的科舉及第者，廣義士族子弟遠多於庶民士子〔註 71〕。鑒於上述，保存下來的苦學材料，敘述對象本來多廣義士族子弟，資料所見苦學士子以他們為主，亦在情理之中。

　　然而，更為關鍵的是，唐代培養一個讀書人，確實不是一件容易的事。

　　《文苑英華》卷 972 張說《郭公（震）行狀》：「（震）十六入大學，與薛稷、趙彥昭同業，時有家僕至，寄錢四百千以為學糧。」時在咸亨二至四年間（671～673）。唐代前期的四百貫是個什麼概念呢？我們不妨以唐代官吏的俸祿收入來做一個比照。唐代官吏的俸祿收入主要來自職分田、永業田、祿米和俸料錢〔註 72〕。以五品京官的收入為例，大致估算，唐代前期的職分田、永業田、祿米三項收入折錢，月入為 9960 文；乾封元年（666）五品京官月俸為 3600 文，兩項合計，乾封元年（666）五品京官俸祿月收入為 13.56 貫，

〔註 69〕 關於唐代舉子的數目，據《唐摭言》卷 1《貢舉釐革並行鄉飲酒》條所載敕文，根據《新唐書・地理志》所錄唐代最盛的開元二十八年的全國州數計算，每年的舉子最多不超過 1000 人，但這個數據未考慮執行「必有才行，不限其數」的令文所超出的數目；據同書同卷《會昌五年舉格節文》條所載政府規定全國舉子的極限額，總計為 2053 人，但既是極限，說明在此之前一定是較多地超過這一數目的，因此才有這次的限額。詳參傅璇琮：《唐代科舉與文學》，第 47～50 頁。

〔註 70〕 《唐摭言》卷 1《散序進士》，第 4 頁。

〔註 71〕 參閱毛漢光：《唐代大士族的進士第》，氏著《中國中古社會史論》第九篇；卓遵宏：《唐代進士與政治》，第 15～17 頁；吳宗國：《唐代科舉制度研究》，第 164～206 頁；吳建華：《科舉制下進士的社會結構和社會流動》，《蘇州大學學報》1994 年第 1 期；金瀅坤：《中晚唐五代科舉與清望官的關係》，《中國史研究》2003 年第 1 期。

〔註 72〕 按唐代官吏的收入來源，項目多而繁雜，又依時代不同不斷有新的變化。本書借官吏俸祿收入作一個大致參照，僅取其主項職分田、永業田、祿米與俸料收入。關於唐代官吏收入詳情，請參李錦繡：《唐代財政史稿》（上卷）第三編第一章的《官吏待遇》門的相關考論，北京大學出版社 1995 年版，第 805～905 頁。

年收入約爲 163 貫〔註 73〕。郭元振（即震，以字行）在食宿免費的太學求學，郭家一次寄錢多達四百貫，相當於一個五品京官兩年半的總收入。郭元振父無祿，祖爲從六品上相州湯陰令〔註 74〕，即便舉全家之力供給元振在京求學一應用度，負擔亦屬沉重。

《太平廣記》卷 484「李娃傳」引《異聞集》：天寶年間，名妓李娃鼓勵士族子鄭生科考入仕，爲其購書習業，「至旗亭南偏門鬻墳典之肆，令生揀而市之，計費百金，盡載以歸」。此所謂「百金」當爲白銀百兩，約合錢 100 貫。按開元二十四年（736）五品京官月俸爲 9200 文，加上職分田、永業田、祿米三項收入 9960 文，合計當年五品京官的月收入爲 19.16 貫，年收入爲約 230 貫〔註 75〕。也就是說，天寶年間士子買齊科考必備的所有典籍，約需花掉一個五品京官近半年的俸祿收入。

《傳奇·文簫》：憲宗元和年間（806～820），書生文簫娶仙女爲妻，仙女「寫孫愐《唐韻》售賣，「日一部，運筆如飛，每鬻獲五緡」。按唐代後期五品官職分田、永業田、祿米三項收入折錢，月入爲 34860 文；貞元四年（788）至會昌間（841～846）五品京官月俸爲 50000 文，兩項合計，元和年間（806～820）五品京官俸祿月收入爲 84.86 貫〔註 76〕。期間士子習業最基本的音韻工具書《唐韻》，一部售價即爲五貫，則一個五品京官的月收入僅能購買 17 部《唐韻》。許渾云「家爲買書貧」〔註 77〕，誠載斯言。

唐代五品京官屬中上級官僚，其俸祿收入在皇室和三品以上高官之下，比四品官少不了多少，絕對屬於高收入群體。據以上測算，無論唐前、中、後期，即便一個五品官僚家庭，在其收入正常的情況下，舉全家之力負擔一個讀書人的一應用度，亦不輕鬆，更何況六品以下的下級官吏家庭。故一旦家庭出現變故，喪失正常的經濟來源，家庭經濟陷入困境，廣義士族子弟也不能在父母的蔭護下無憂無慮地讀書作文，苦學也就在所難免。

雖然如此，士子求學過程之「苦」，也只是相對而言，並非沒有底線。本書此前對元稹、柳宗元、牛僧孺等人的家境，對所謂讀無燈燭、書無紙筆，

〔註 73〕 參閱閻守誠：《唐代官吏的俸料錢》，《晉陽學刊》1982 年第 2 期，第 23 頁。
〔註 74〕 據《新唐書》卷 39《地理三》，相州湯陰縣爲上縣，又檢《唐六典》卷 30《三府都護州縣官吏》，「諸州上縣，令一人，從六品上」。
〔註 75〕 參閱閻守誠：《唐代官吏的俸料錢》，《晉陽學刊》1982 年第 2 期，第 23 頁。
〔註 76〕 參閱閻守誠：《唐代官吏的俸料錢》，《晉陽學刊》1982 年第 2 期，第 23 頁。
〔註 77〕 《全唐詩》卷 531 許渾《寄殷堯藩》，第 6114 頁。

以及家乏典籍、「借書」、「閱市」等苦學情形的詳細考論，表明唐代部分士子求學過程雖甚艱苦，但不至於使其無法完成學業。要之，所謂士子苦學之「苦」，是在維持最基本的生活、習業條件下的艱難困苦狀況。

廣義士族子弟個人和社會資源佔有的相對優勢，使他們在失去父母的供給後，較能獲得繼承或先賦的習業經費，保障其習業的基本需求，雖然不能不艱難，但至少不至於因而喪失讀書求學的機會，若勵志苦學，科舉及第也並非不可能。

庶民士子若無父母的供給，則多半只能自我籌措習業經費，需要投資和努力方可獲得。前考所見，自我籌措經費者多爲可以自食其力的少年或成年士子，也就是說，此時的他們求學的同時，還要兼顧仰事俯畜的責任和義務。然而，自我籌措所獲既少，過程又甚艱辛，資家已難，資讀就更是不易。要之，他們連最基本的習業條件都已很難滿足，即便苦學，對很多庶民士子而言，已經奢侈。

苦學者以廣義士族子弟爲主，除了經費來源因素外，還有家庭價值觀的淵源。

唐代自始至終將詩書傳家作爲家訓貫徹者，多爲廣義士族家庭。杜甫訓其子曰：「詩是吾家事，人傳世上情。熟精文選理，休覓彩衣裳。」〔註78〕裴令公（度）常訓其子：「凡吾輩但可文種無絕，然其間有成功，能致身爲萬乘之相，則天也。」〔註79〕無論「詩是吾家事」、「文種無絕」，表達的都是一個意願，即希望後人牢記，詩書才是傳家之根本，是維護門戶不倒之不二法門。楊去甚母訓云：「汝家儒墨不乏於世，汝身將嗣將立。不患食之惡，而患學不成；不患門之衰，而患名不彰。」〔註80〕恰爲廣義士族子弟苦心力學，不捨晝夜原因之正解。

韓愈激勵其子符勤苦讀書：「木之就規矩，在梓匠輪輿。人之能爲人，由腹有詩書。詩書勤乃有，不勤腹空虛。欲知學之力，賢愚同一初。由其不能學，所入遂異閭。兩家各生子，提孩巧相如。少長聚嬉戲，不殊同隊魚。年至十二三，頭角稍相疏。二十漸乖張，清溝映污渠。三十骨骼成，乃一龍一

〔註78〕《全唐詩》卷231杜甫《宗武生日》，第2533頁。

〔註79〕〔唐〕柳宗元：《龍城錄·裴令公訓子》，收入〔明〕佚名：《唐人百家短篇小說》，北京圖書館出版社1998年版，第52頁。

〔註80〕《全唐文補遺（千唐誌齋新藏專輯）》楊去甚《楊公府君夫人太原王氏玄堂誌並序》，第411頁。

豬。飛黃騰踏去，不能顧蟾蜍。一爲馬前卒，鞭背生蟲蛆。一爲公與相，潭潭府中居。問之何因爾，學與不學歟。金璧雖重寶，費用難貯儲。學問藏之身，身在則有餘。君子與小人，不係父母且。不見公與相，起身自犂鉏。不見三公後，寒饑出無驢。文章豈不貴，經訓乃菑畬。潢潦無根源，朝滿夕已除。人不通古今，馬牛而襟裾。行身陷不義，況望多名譽。時秋積雨霽，新涼入郊墟。燈火稍可親，簡編可卷舒。豈不旦夕念，爲爾惜居諸。恩義有相奪，作詩勸躊躇。」〔註81〕韓愈這首長詩的目的非常明確，就在告誡其子：命運掌握在自己手中，避免淪爲馬前卒、爭取置身公相的唯一途徑，只能是勤苦習業。是爲小姓之家的訓子箴言。

　　杜牧寄語其侄兒阿宜：「一似小兒學，日就復月將。勤勤不自己，二十能文章。仕宦至公相，致君作堯湯。我家公相家，劍佩嘗丁當。舊第開朱門，長安城中央。第中無一物，萬卷書滿堂。家集二百編，上下馳皇王。多是撫州寫，今來五紀強。尚可與爾讀，助爾爲賢良。經書括根本，史書閱興亡。高摘屈宋豔，濃熏班馬香。李杜浩泛泛，韓柳摩蒼蒼。近者四君子，與古爭強梁。願爾一祝後，讀書日日忙。一日讀十紙，一月讀一箱。朝廷用文治，大開官職場。願爾出門去，取官如驅羊。吾兄苦好古，學問不可量。晝居府中治，夜歸書滿床。後貴有金玉，必不爲汝藏。……願爾聞我語，歡喜入心腸。大明帝宮闕，杜曲我池塘。我若自潦倒，看汝爭翱翔。總語諸小道，此詩不可忘。」〔註82〕最可尋味。爲什麼要讀書？杜家曾經多麼的輝煌，宅邸聳立於長安城的中央，景致優美的樊川也是我們家的「池塘」，但一切已成往事。現在，「朝廷用文治，大開官職場」，只要勤苦讀書，重鑄杜家的輝煌只待時日。有可能嗎？我們家有悠遠深厚的文化傳統，有汗牛充棟的祖傳書籍，你還有學富五車的父親親自傳授，只要你肯苦心勵志，勤勉讀書，將來封公拜相皆有可能。是爲舊族子弟的家訓理念，詩書興家的種子就這樣在子弟幼小的心靈中生根發芽，等待開花結果。

　　然而，庶民家庭如何看待讀書入仕呢？薛逢生動形象地描述了兩家相鄰農戶兩種截然相反的態度：「東家有兒年十五，只向田園獨辛苦。夜開溝水澆稻田，曉叱耕牛墾埓土。西家有兒才弱齡，儀容清峭雲鶴形。涉書獵史無早暮，坐期朱紫如拾青。東家西家兩相誚，西兒笑東東又笑。西云養志與榮名，

〔註81〕韓愈《符讀書城南》，《韓愈全集校注》，第 722～723 頁。
〔註82〕杜牧：《樊川文集》卷 1《冬至日寄小侄阿宜詩》，第 9～10 頁。

彼此相非不同調。東家自云雖苦辛，躬耕早暮及所親。男春女爨二十載，堂上未爲衰老人。朝機暮織還充體，餘者到兄還及弟。春秋伏臘長在家，不許妻奴暫違禮。爾今二十方讀書，十年取第三十餘。往來途路長離別，幾人便得升公車。縱令得官身須老，銜恤終天向誰道。百年骨肉歸下泉，萬里枌榆長秋草。我今躬耕奉所天，耘鋤刈獲當少年。面上笑添今日喜，肩頭薪續廚中煙。縱使此身頭雪白，又有兒孫還稼穡。家藏一卷古孝經，世世相傳皆得力。爲報西家知不知，何須謾笑東家兒。生前不得供甘滑，歿後揚名徒爾爲。」〔註83〕東家子是持農家子讀書無用論的典型，西家子是憧憬通過讀書入仕、晉身統治階層的農家子代表。

　　東家子認爲西家子讀書可笑，因爲在他看來，年近弱冠方始讀書學文，起步太晚；十年寒窗且艱辛，聚少離多不孝親，過程太苦；勤苦半生多磨難，金榜題名有幾人，成名太難；待守得雲開見日月，已是年過半百，衰暮殘年，於身於家皆已意義不大，正所謂「可憐少壯日，適在窮賤時。丈夫老且病，焉用富貴爲」〔註84〕？受益太遲。東家子的看法正是當時庶民士子讀書求仕艱難境況的眞實寫照。由於諸種資源的相對弱勢，庶民士子開蒙晚，讀書難，及第更難，讀書入仕的環境的確很差。

　　西家子卻認爲東家子見識短淺，不知讀書可以揚名資家、光宗耀祖。他懷著「年少不應辭苦節，諸生若遇亦封侯」的美好願望〔註85〕。事實上，唐代有部分庶民士子確實通過讀書科考，最終置身顯位，這種現實的榜樣雖少，卻是如此的耀眼，給那些像西家子這樣的讀書人帶來了一種穩定的希望，他們堅信只要刻苦，有朝一日鯉魚跳龍門，跳出農門，從此榮身顯家，晉身統治階層並非不可能。

　　然而，老死文場不得一第的讀書人，多如過江之鯽，現實如此殘酷，過程卻這麼艱辛，希望又那麼渺茫。這一切皆使得視讀書入仕爲畏途的觀念，在唐代庶民家庭價值觀中居於主流地位，東家子即是其中抱此觀念的典型代表。又，登州商人馬行餘海上航行被風吹到新羅，新羅國王聽說他來自中國，以爲「中國之人，盡閑典教」，接以賓禮，欲與之討論經籍，行餘避位曰：「庸陋賈豎，長養雖在中華，但聞土地所宜，不識詩書之義。熟詩書明禮律者，

〔註83〕《全唐詩》卷548 薛逢《鄰相反行》，第6374頁。
〔註84〕《白居易集》卷1《悲哉行》，中華書局1979年版，第17頁。
〔註85〕《全唐詩》卷263 嚴維《送薛居士和州讀書》，第2913頁。

其唯士大夫乎，非小人之事也。」〔註86〕馬行餘認爲讀書非庶民之事，可見，經濟資源相對較具優勢，可以支撐子弟讀書的商人階層，卻因政治因素，也不認爲讀書入仕對他們是適合的。

只有到了唐後期，隨著庶民階層整體政治、經濟、教育資源佔有的改善，庶民士子及第人數有所增多，包括陳會、顧雲在內的工商子弟亦可應舉及第時〔註87〕，庶民階層對讀書入仕才有了更多的訴求。此時，庶民士子鼓吹或自勉讀書學文的詩文開始增多。如杜荀鶴《贈李鐔（鐔自維揚遇亂，東入山中）》：「著臥衣裳難辦洗，旋求糧食莫供炊。地爐不暖柴枝濕，猶把蒙求授小兒。」《喜從弟雪中遠至有作》：「晝短夜長須強學，學成貧亦勝他貧。」《書齋即事》：「時清秖合力爲儒，不可家貧與善疎。賣卻屋邊三畝地，添成窗下一床書。沿溪摘果霜晴後，出竹吟詩月上初。鄉里老農多見笑，不知稽古勝耕鋤。」等〔註88〕，俱屬此類。

總之，整個唐代，讀書考取功名在庶民階層的價值觀中從未居於主流地位。直到北宋，重要官員有一半來自民間、來自下層，且其中又以進士及第者爲主時〔註89〕，讀書入仕、榮身興宗，才眞正成爲全民價值觀的主流，讀書考取功名才被全民視爲人生的最佳出路。「萬般皆下品，唯有讀書高」、「朝爲田舍郎，暮登天子堂」、「富家不用買良田，書中自有千鍾粟；安居不用架高堂，書中自有黃金屋；出門莫恨無人隨，書中車馬多如簇；娶妻莫恨無良媒，書中自有顏如玉；男兒若遂平生志，六經勤向窗前讀」這類俗語自宋以後的廣泛流傳，只能以宋代平民社會的到來爲背景，全民擠獨木橋也是此後才有的事。

至此，唐代苦學現象的階層分佈特點——無論克服各種現實困難，孜孜不倦者；還是廢寢忘食，不捨晝夜者，絕大多數都爲廣義士族子弟，應可通釋。正是供給子弟讀書對家庭經濟資源的較高要求，以及不同階層家庭的主流價值觀，導致了絕大多數苦學士子出自廣義士族階層的現象。

〔註86〕《雲溪友議》卷上「夷君誚」條，《唐五代筆記小說大觀》，第1272頁。

〔註87〕陳會事見《北夢瑣言》卷3《陳會螳螂賦》，顧雲事見《北夢瑣言》卷6《羅顧升降》。參吳宗國：《唐代科舉制度研究》，第270～273頁；林立平：《唐宋時期商人社會地位的演變》，《歷史研究》1989年第1期。

〔註88〕分見《全唐詩》卷692，第8017、8037、8041頁。

〔註89〕據孫國棟研究，北宋入《宋史》的官員有46.1%來自寒族。參閱氏著《唐宋之際社會門第之消融——唐宋之際社會社會轉變研究之一》，收入《唐宋史論叢》，香港龍門書店1980年版，第211～308頁。

本章小結

　　本章以唐代士子非常態下習業的材料為基礎，以其苦學現象為研究對象，擬探明習業過程缺乏基本保障的情況下，唐代士子得以完成學業的資源背景。

　　苦學現象大致有兩種情形：其一為雖然家庭經濟狀況惡劣，仍然克服各種現實困難，孜孜不倦者。士子或布衣糲食，苦學不止；或讀無燈燭、書無紙筆；或家乏典籍，「借書」、「閱市」，雖遭遇各異，皆苦心力學。其二為惜時如金、以夜繼日、不捨晝夜者。士子或年雖幼小，心無旁鶩；或廢寢忘食，手不釋卷；或屏絕外事，閉門讀書，不一而足，皆俾夜作晝，勤苦讀書。無論何種情形之苦學者，絕大多數為廣義士族子弟。

　　苦學現象的這種階層分佈特點，主要源於兩個方面的影響。一是唐代供給子弟讀書的成本太高，對家庭經濟資源的要求較高。一旦失去父母蔭護，廣義士族子弟的習業經費多來自繼承或先賦，相對較容易也較有保障，雖不免苦學，但不至於喪失繼續讀書求學的機會；庶民士子則多須自我籌措經費，他們付出了很大的努力，但所獲太少，資家已難，資讀就更是不易，雖欲苦學而不能。二是家庭主流價值觀的影響。唐代真正將詩書傳家作為家訓貫徹者多為廣義士族家庭，子弟自小即被播下了讀書取功名的種子；而庶民階層雖也有相信「朝為田舍郎，暮登天子堂」，並願為之付出財富、時間和精力者，但整個庶民階層形成「萬般皆下品，唯有讀書高」的共識，只能是宋代平民社會到來之後的事。

　　總之，非常態情形下，個人和社會資源的優劣不同，導致廣義士族子弟與庶民士子習業經費來源結構的不同。不同的經費來源結構使前者在讀書時間和精力的投入，教育機會的獲得，優質教育資源的佔有上都更具優勢。加之「(讀書)非小人之事」的價值觀，又阻斷了更多庶民士子投資教育的念頭。多種因素的合力作用，致使苦學士子的絕大多數只能是廣義士族子弟。要之，唐代廣義士族子弟的教育資源佔有，不僅在常態下佔據絕對優勢，非常態下，仍然佔據絕對優勢；庶民士子則甚至連苦學的機會都很少，欲讀書晉身，何其之難！

第八章　結　論

一

　　唐代無論官學、私學，表面上都對所有士子開放，但依學校性質、級別或類型不同，開放程度不同，存在著或公開、或隱性的等級限制。而且，各類教育實體的教育資源優劣不同，對不同階層教育投資者的求學，意義亦非一致。

　　官學興盛之時，相較於私學而言，擁有較多優質教育資源。教師多科舉正途出身，即便未及第者亦多屬通經能文之士；校舍營修、生員食宿、教師聘用等，皆由各級政府財政承擔；教師、生員皆有相應的行爲規範，日常教學管理較爲完善；錄取配額高度集中，優勢明顯。但優質教育資源佔有並非各級官學一致，而是依學校級別高低不同，有較大差距。弘文、崇文二館最優；國子優於太學，太學優於四門學；四門學中，四門生優於四門俊士；京師國學優於州縣學。大致而言，教育資源優勢明顯的學校，其生員相對容易及第。官學科舉及第量（率）高度集中於二館、國子和太學生，其他學校生員及第者較少，現存資料未見以州縣學生徒及第者。

　　官學依入學資格的高低不同，據員闕等額補足，品官子弟依其家庭官階、門蔭，直接補入相應級別的學校，庶民士子則須考補。弘文、崇文二館爲貴族學校，只對皇室和三品以上子開放；國子監除廣文館、各類專科學校及四門俊士對庶民開放外，國子、太學、四門、崇玄等學只對七品以上品官子弟開放；州縣學、鄉學對除工商及賤民階層外的所有讀書人開放。大多數庶民士子只能考補教育資源佔有與京師國學不可同日而語的州縣學，有少數庶民

秀士經多層轉折和選拔，可以考補國子監爲四門俊士，也只能獲得國學中最差的教育資源。相反，廣義士族子弟既可憑出身優勢輕鬆補入各級官學，而且可以相對容易地升入高級官學，獲得更優質的教育資源。優質教育資源的佔有程度影響了不同階層士子的科舉及第量（率），廣義士族子弟獲得了較高的科舉及第量（率），庶民士子的科舉及第量（率）則極低。要之，在官學這一特殊場合，不同階層士子優質教育資源的佔有，進而科舉及第量（率），從一開始就被其政治資源佔有水平決定了，廣義士族子弟憑其出身優勢，獲得了官學最大部分的優質教育資源。

家庭（家族）教育的教育資源優勢主要表現在如下方面：授業者學養普遍較高，即便教孤之寡母，亦有一定的經史文學修養；家庭藏書大致能滿足子弟習業之需，雖也有借書以讀者，多屬暫時現象；家庭經濟狀況一般較好，至少可以保障子弟完成學業的基本需求，故其中雖有「家貧」、「孤貧」者，但不至於因而放棄學業。此外，個體家庭教育教授對象多爲子弟孫侄甥等至親，更有其他教育所無的情感優勢；家塾、族塾又有專門的學塾，或隱於家院之內，或遠離人群聚居區，皆環境幽靜，利於子弟習業。相對優勢的教育資源帶來了顯著的教育成效。家庭（家族）教育的基礎性教育非常成功，爲子弟在激烈的科舉競爭中佔據優勢打下了堅實的經史文學基礎，因此，家庭（家族）教育的科舉及第率較高。

然而，上述教育資源的優勢乃家庭（家族）投資和努力所得，故優勢同時就意味著較高的準入門檻。父兄傳業、母親訓誨、宗親師授者，需要一定的文化修養和授業的閒暇時間；學塾的營建及修繕、經史書籍的購置、塾師的聘用需要家庭（族）財產的支撐；士子讀書求學一應用度也依賴於家庭的供給。因此，家庭（家族）教育雖然在各個階層家庭中都可見到，但見於庶民階層者極少，幾乎可以忽略不計，主要存在於廣義士族家庭（族）。換言之，對家庭（家族）教育的教育資源的投資和佔有，廣義士族子弟佔據著絕對的優勢。

家庭（家族）以外的私學教育類型多樣，教育資源優劣不同，各有其特點。進行基礎性教育的村坊學，教學條件很差，教師水平普遍不高。私家講學對學生沒有出身、地域和員額的限制，但有教無類的特點與科舉考試精英選拔的特點相悖；授業者雖然水平較高，但所授既非省試必需，授業者又缺乏社會資源，無力引薦學徒；加之出現於官學興盛之時，非體制內的身份受

制於鄉貢有限的錄取配額，故由此及第者極少。村坊學的教授對象主要是村坊下層民眾包括商戶家的學童，私家講學的受業者絕大多數為庶民士子。

私授是精英教育，其教育資源的優勢主要體現在，授業者多當時名士，有較優質的社會資源，教學又極富針對性；入門受業者少而精，多天資聰穎，學業出眾，且多飽經省試歷練者，故及第量（率）很高。然而，由於社會資源佔有的差距，雖然私授受業者以庶民士子居多，但廣義士族子弟卻佔據著私授領域科舉及第量（率）的優勢。

山林寺觀教育是最為開放的教育資源，其優勢在於有較好的師資，有豐富的藏書，有三五成群的同學。由於家庭經濟資源佔有的差距，士子山林寺觀習業的環境差異很大：家資富足者有環境幽靜、遠離塵囂的別墅，勿需為衣食、住宿、照明、紙筆擔憂，只須心無旁騖的讀書求學；家境貧寒者或缺衣少食、居止難求，或讀無燈燭、書乏紙筆，故多寄食寺院，遭寺僧之厭怠和侮辱，他們習業之餘為衣食住宿分心者多。因此，雖然廣義士族子弟多家居習業者，山林寺觀習業的庶民士子稍多於廣義士族子弟，但廣義士族子弟仍然因教育投資的優勢，有更佳的習業環境，獲得了更高的科舉及第量（率）。

要之，家庭（家族）以外的私學教育資源，雖非廣義士族子弟教育投資的主陣地，但在優勢教育資源的投資和佔有上，庶民士子仍然居於下風。

終唐一代，廣義士族子弟在優質教育資源的投資和佔有上，無論官學、私學還是家庭（家族）教育，均居於絕對優勢地位，因此，整個唐代，廣義士族子弟均佔據著絕大多數的科舉及第量，致使社會階層的垂直流動處於凝固狀態。

二

士子對優質教育資源的投資和佔有，並非一成不變，而是依時代不同而有相應的變化，庶民士子的投資和佔有水平有個緩慢提升的過程。

開元以前，官學有著優質教育資源佔有的絕對優勢，私學不可同日而語，故士子完成基礎性教育後，群趨各級官學。然而，較高的入學門檻，使多數庶民士子只能考補教育資源資質最差的州縣學；即便有少數才俊秀士經多層轉折和選拔，考補四門學為俊士，依然只能獲得國學中最差的教育資源。

庶民士子若不能獲得官學的優質教育資源，只能投資私學。然而，家庭經濟狀況的不佳，又使絕大多數庶民家庭只能放棄對家庭（家族）教育的投

資。大量庶民士子只能進入教育資源極差的村坊學，接受基礎性教育，輸在起跑線上。完成基礎性教育後，其中部分庶民士子進入私家講學場所接受科舉應試教育。雖然私家講學進行的是普及型教育，但此時的教學內容尚與科舉考試內容關聯較緊，故能提供較好的教育資源。然而，生徒得省試錄取配額的絕大多數，鄉貢的錄取配額極低，受業私家講學的庶民士子既然只能走鄉貢一途，科舉及第量（率）自然極低。換言之，開元以前，受制於政治、經濟資源佔有的劣勢，庶民士子不僅教育資源投資和佔有處於絕對的劣勢，而且，意圖經鄉貢一途科舉及第，其概率也極低。

開元十五年（727）「省司定限」，既定限了省試錄取總量，也定限了兩監生徒、鄉貢的錄取配額，大致各占一半。雖然從錄取率來說，此時兩監生徒仍然佔據配額的優勢，但相對於此前少數生徒佔據高達 90%錄取配額的絕對優勢，官學生徒顯然受到重創。武后朝以來就存在的，官學教育內容與考試、社會脫節的消極作用，此時也因錄取配額優勢喪失而急速放大。雖然唐玄宗、代宗、德宗尚能極力挽救官學，官學尚能保有部分教育資源的優勢，官學的優質教育資源還是在逐漸喪失。使得開元至貞元年間，成為官、私學優質教育資源佔有勢均力敵局面形成，接著又打破的過渡時期。

在官學領域，隨著部分廣義士族子弟開始主動放棄官學教育機會，相對於唐前期的極度弱勢，庶民士子固然獲得了相對增多的入學機會，也獲得了相對優質的教育資源。然而，廣義士族子弟仍然籍其出身優勢，獲得了多數的優質教育資源，保有著較高的科舉及第量（率）。

在私學領域，隨著鄉貢錄取配額增加，地位上昇，廣義士族子弟與庶民士子的競爭逐漸加劇。基礎性教育階段，庶民家庭仍然以投資教育資源資質極差的村坊學為主，子弟繼續輸在了起跑線上；廣義士族家庭則多投資於家庭（家族）教育，子弟因而獲得了較優質的教育資源，得到良好的基礎教育，為深造科舉應試教育打下堅實的基礎。科舉應試教育階段，庶民士子多受學於已然衰落的私家講學，由於所授既非考試必需，授業者又缺乏可資利用的社會資源，故受業者藉此科舉及第極難。廣義士族子弟則多在家塾中習業，相對優質的教育資源，使佳子弟能得到較好的培養，故科舉及第者較多。此外，無論庶民士子、廣義士族子弟，或入門私授，或習業山林寺觀，教育投資有了更多的選擇。私授和山林寺觀教育，皆非廣義士族子弟教育投資的主戰場，故求學其中的庶民士子在絕對數量上略占多數。即便如此，庶民士子

因個人和社會資源的匱乏，如經史文學基礎較差，有益於科舉及第的社會關係極度缺乏，家庭經濟狀況十分困難等，在優質教育資源的投資和佔有上居於劣勢，故科舉及第量（率）仍然低於廣義士族子弟。

由此可見，開元至貞元年間，庶民士子雖然有了更多的教育投資機會，並在一定程度上提升了教育資源的佔有水平，但由於個人和社會資源的相對劣勢，對優質教育資源的投資和佔有，與廣義士族子弟相較，差距仍然很大。

憲宗元和以後直至唐亡，官學職能偏廢，州縣學已經不再是教學實體，兩監也淪為舉子在京的落腳處所，私學完全取代官學，成為科舉人才的培養實體。

此時，鄉學的私學化，擴大了庶民士子基礎教育投資的範圍；大量未能科舉及第的讀書人回鄉從事教職，改善了村坊學的教師結構；庶民階層社會經濟地位的上升，改善了他們投資教育的經濟能力，這一切使得庶民士子基礎教育資源的投資和佔有水平得以提升。基礎教育的改善，為庶民士子繼續習業山林寺觀，深造科舉應試教育打下了較好的學業基礎。廣義士族子弟仍然以投資家庭（家族）教育為主，也有部分子弟習業於山林寺觀。由於優質教育資源的投資和佔有水平的提升，庶民士子科舉及第量（率）有了一定的提升，如果僅從山林寺觀習業者的最終及第量（率）來看，庶民士子已經基本與廣義士族子弟持平。庶民士子及第量（率）的提高，對廣義士族子弟的及第量（率）形成一定的衝擊，不僅使山林寺觀習業者的及第量（率）相應減少，又間接降低了習業於家（族）塾者的及第量（率）。要之，至晚唐，在優質教育資源的投資和佔有，進而科舉及第量（率）上，庶民士子與廣義士族子弟的差距，在緩慢地縮小。

士子教育資源投資和佔有，亦隨著地域的不同而稍有變化。同樣習業山林寺觀，唐中期，北方士子獲得了更優質的教育資源，更高的及第量（率）；唐後期，南方士子佔據著優質教育資源投資和佔有的優勢，獲得了較高的及第量（率）。又如對私家講學教育資源的投資，大曆以前，山東士子更有機會；大曆以後，長江中下游諸州士子更有機會。總體而言，士子教育資源投資和佔有水平與地域的關係，受整個社會政治、經濟、軍事形勢的影響大，受士子個人和社會資源動員能力的影響小。

唐代庶民士子對優質教育資源的投資和佔有水平，雖然隨著時代的變化，在逐部的提升，但其提升的幅度極其有限，至少至唐亡，也未對廣義士

族子弟的優勢地位形成重大威脅，因此，其科舉及第量（率）雖也逐步上昇，但幅度畢竟有限，並不能從根本上改變唐代社會階層垂直流動的凝固狀態。

三

庶民士子教育資源投資和佔有水平長期不能得到有效提升，有著深深的唐代過渡社會的印記。

其一，唐代士族殘餘勢力尚存，政府承擔起官辦教育的責任，卻不能對庶民士子充分開放，故官學雖盛而等級森嚴，政治資源佔有的優勢對優質教育資源佔有的作用極爲直接和明顯，庶民士子無論怎樣努力和投資，也敵不過廣義士族子弟先天出身的優勢。

其二，當鄉貢地位上昇，讀書入仕機會增多時，庶民士子教育投資的熱情雖有上昇。然而，唐代教育成本太高，即便一個完整的中下級官吏家庭，供養一個讀書人也不輕鬆，庶民家庭投資教育確屬奢侈。受制於經濟資源的劣勢，庶民士子教育投資能力極低。唐代士子習業經費來源的正常途徑爲父母供給，勿論出身。如果此種正常途徑因故缺失，士子習業經費來源主要有兩種基本途徑，繼承或先賦的和自我籌措的。繼承或先賦的習業經費，有繼承遺產者，有兄弟資助者，有依養外親者，有妻族鼎力資助者，有故舊、友朋仗義資助者，皆勿需投資和努力，且較有保障。自我籌措的習業經費，比較常見的是依居住環境不同，因地制宜，或耕稼自給，或貨賣資讀，或樵採資讀，或寄食寺觀，或傭力取資；「以學養學」也是籌措習業經費的重要途徑，或潤筆資用，或傭書自給、抄書售賣，或開館授徒、「束脩」資家，或遊丐資讀。自我籌措需士子投資和努力方可獲得，數量少而不穩定。廣義士族子弟以繼承或先賦爲主，因而獲得了相對優質的教育資源，較能心無旁騖的讀書攻文；庶民士子多自我籌措，不僅教育資源投資能力較差，而且要浪費大量本應用於正常習業的時間和精力在其他事情上。

其三，唐政府推行科舉制度，並不斷加以完善，使之朝公平公正方向發展，爲庶民士子製造了一個穩定的讀書入仕的希望。然而，科舉取士每年僅有百餘人，受制於前兩因素，庶民階層教育資源投資和佔有一直處於劣勢，庶民士子及第量（率）一直處於極低的水平。「朝爲田舍郎，暮登天子堂」既然如此困難，庶民階層終究無法形成「萬般皆下品，唯有讀書高」的共識，對教育的投資自然缺乏積極性和穩定性，只有少數資源佔有水平較高的庶民士子願爲之付出財富、時間和精力。

　　其四，前述因素又導致了另一結果，當士子因故無法在父母蔭護下安心習業，不能不苦學成才之時，多數庶民士子只能選擇放棄學業。因此，孜孜苦學、堅持完成學業的士子，無論家庭經濟狀況惡劣，仍然克服各種現實困難，孜孜不倦者；還是惜時如金、以夜繼日、不捨晝夜者，絕大多數為廣義士族子弟。庶民士子既然連苦學的機會都很少，欲讀書晉身，何其之難！

　　總之，唐代教育和貢舉有著明顯的過渡性特質。唐政府承辦教育，卻又人為地製造諸多等級限制，不能充分向所有讀書人開放，遂承認私學的合法性，推行鄉貢之制，鄉貢有自由報考之便利，又無出身和學歷的限制，為各階層士子讀書入仕提供了形式上的平等機會。然而，政府不能完全承擔教育投資的責任，學校不能充分向各階層士子開放，學校教育與貢舉就不能充分結合，士子就不可能在同一平臺展開競爭。私學教育投資依賴於家庭（族）經濟、文化、社會關係者多，而在諸多資源的佔有和動員能力上，庶民階層皆遠不及廣義士族階層。因此，庶民士子對優質教育資源的投資和佔有，就只能長期處於劣勢地位。優質教育資源投資和佔有的劣勢，導致庶民士子科舉及第量（率）長期在低位徘徊，對凝固的社會階層垂直流動根本無法帶來較大的衝擊。

　　趙宋王朝以後，逐步由政府承擔起官學教育的投資，並完全向各階層士子開放，將學校教育與科舉緊密結合起來，庶民士子與廣義士族子弟至少可以在官辦教育領域同臺競技，才有較多庶民俊才秀士因而科舉晉身。雖然依然由於個人和社會資源佔有和動員能力的差距，庶民士子並不能籍科舉制度真正改變社會階層垂直流動的總體水平，但唐代以前社會階層垂直流動的相對凝固狀態從此不再。

附錄一：唐代士子受業情況表

受學者	所處時代	受學情況（初學年齡、學習內容等）	教授者	籍貫	出身	出身	資料出處
賈整	隋代	三冬成學，九歲作文。		河東	小	制科	《彙編》儀鳳008《賈府君（整）墓誌銘並序》，頁631。
王德表	武德初	父為隋國子博士。年五歲日，誦春秋十紙。		太原	士	貞觀14年明經	《彙編》聖曆028《王府君（德表）墓誌銘並序》，頁947。
史孝謙子	武德	年並幼童。講習孝經。	父		小	不詳	《文》卷3高祖《權史孝謙詔》，頁37。
王萬通	武德	卯歲聞經，弱年習禮。		洛陽	小	不詳	《彙編》總章010《唐故王君墓誌銘並序》，頁490。
趙武孟	武德、貞觀	初以馳騁佃獵為事。嘗獲肥鮮以遺母，母泣曰：「汝不讀書而佃獵如	母	甘州	庶	進士	《舊》卷92《趙彥昭傳》，頁2967。

姓名	時間	教育內容	關係	地點	士/小	仕進	出處
崔沇	武德、貞觀年間	是，吾無望矣。」竟不食其膳。孟感激勤學。遂博通經史。七歲誦孝經、論語。十二通毛詩、尚書。十六師冀州蘇湛，講左氏春秋。	師	博陵	士	貞觀 17 年明經	《彙編》神龍 035《大唐故崔君（沇）墓誌銘並序》，頁 1065。
歐陽通	貞觀初	少孤，母徐氏教其書。	母	潭州	士	仕	《舊》卷 189《儒學上・歐陽詢附子通傳》，頁 4947。
蘇令本	貞觀	早蒙撫育之恩，愛在孤遺，載延慈眷，愛同諸子，遂得教訓成人。	舅		小	仕	《文》卷 214 陳子昂《為蘇令本與岑內史書》，頁 2163。
徐齊聃	貞觀	八歲工文。後補弘文生通五經大義。	師	湖州	小	貞觀 11 年童子	《文》卷 226 張說《唐徐府君（齊聃）碑》，頁 2289。
牛應貞	貞元	少而聰穎，經耳必誦。年十三，凡誦佛經二百餘卷，儒書子史又數百餘卷。			小		《文》卷 98 宋尚宮《牛應貞傳》，頁 1012。
張鷟	貞觀	穰褓哀隳，鞠育勇氏。外王父大理丞某，府君傳其靈章。年十九，明法權弟。	外祖	蒲坂	小	明法	《文》卷 232 張說《府君墓誌銘》，頁 2345。
李慈	貞觀	年甫五歲，俊彩過人。十一，誦孝經、論語、周易、毛詩、尚書。		相州	小	明經	《補遺》（專）闕名《唐李君（慈）墓誌銘並序》，頁 74。
梁某子	貞觀	始府君之逝也，有一子焉，未奉趨庭，幼鍾悲塞。夫人申之以德義，勗之以禮經，故能使克繼家聲，率是慈訓。	母		小	不詳	《彙編》長安 064《唐故梁府君妻隴西李氏（淑）墓誌銘並序》，頁 1036。

姓名	時間	受業情況	授業者	郡望	庶	進士	出處
王慶	貞觀十年	七歲能自致於鄉校，乃心專經，篤意儒業。	師	上黨	小		《彙編》開元 105《唐故處士王君（慶）之碣》，頁 1226。
王福畤	貞觀十四後	「（王績）又謂門人曰：『不可使文中子之後不達於茲也。』乃召諸子而授焉。貞觀十六年，餘二十一歲，受六經之義。三年，頗通大略。」	叔父	絳州	小	仕	《文》卷 161 王績《王氏家書雜錄》，頁 1646。
崔暟	貞觀中後	「初公皇考洛縣府君嚴在蜀之歲，公年始登十，而黃門郎齊璿長已倍之，與公同受春秋三傳於成都講肆。公日誦數千言，有疑問異旨不能斷者，公輒為之辯精，齊氏之子未嘗不北面焉。」	師	博陵	士	永徽元年明經	《彙編》大曆 062《唐崔公（暟）墓誌》，頁 1802。
陸元感	貞觀中後	父陸道善班固漢書，君少傳其學，老而無倦。	父	吳郡	小	門蔭	《文》卷 279 靳翰《大唐陸府君（元感）墓誌銘》，頁 2826。
蘇瓌	貞觀末	初孩而孤，稟絳郡夫人之慈訓，始讀《山陵志》，一覽便誦，及長，博綜經史，尤善屬詞，年十八進士高第。	母	京兆	士	顯慶元年進士	《文》卷 238 盧藏用《蘇瓌神道碑》，頁 2410。
苗善物諸兄弟	貞觀永徽間	善物父連，貞觀永徽間逝，家累孔殷，方乃謝絕衣冠，垂訓子侄。其時伯叔（墓誌撰者之伯叔，即苗硬之子佺）羅弟一十有三。遂得羞雁成行，不獨仲弓之室，芝蘭交映，豈惟太傅之庭。」	父	上黨	小	門蔭	《彙編》開元 355《大唐故苗菩物墓誌銘並序》，頁 1401。

姓名	年代	教育描述	關係	籍貫	階層	途徑	出處
獨孤思貞	永徽初	八歲受詩禮，十五學擊劍，廿博綜群籍。		洛陽	士	門蔭	《彙編》神功012《大周故獨孤府君(思貞)墓誌銘並序》，頁921。
梁待賓	永徽	公弱不好弄，卓爾不群，九歲明《詩》、七齡通《易》，月初能對，即謝黃童；日下相酬，還慚夫子。	師	安定	士	門蔭	《文》卷195 楊炯《大周明威將軍梁公(待賓)神道碑》，頁1973。
于知微	永徽	永徽元年補宏文生，受以佩觿之年，目戀過庭之訓，特降恩旨，許其在家。	父	河南	士	進士	《文》卷206 姚崇《兗州都督于知微碑》，頁2086。
潘師正	高宗顯慶	年十二通《春秋》和《禮》。		趙郡		出家	《文》卷282 王適《潘尊師碣》，頁2855。
王勃	高宗顯慶	六歲善詞章，九歲讀顏氏《漢書》。十歲包綜六經。十四歲時譽斯歸。十七幽素舉及第。	父	太原	小	制科	《文》卷180 王勃《黃帝八十一難經序》，頁1832。《文》卷191 楊炯《王勃集序》，頁1930。
駱賓王	高宗	家傳素業，七書林而騁志，馳文圃以遊魂。	父	婺州	庶	仕	《文》卷198 駱賓王《上郭贊府啓》，頁2007。
盧照鄰	高宗	年十餘歲，就曹憲、王義方授蒼雅及經史。		幽州		仕	《舊》卷190《文苑上·盧照鄰傳》，頁5000。
崔歆	高宗龍朔後	七歲讀孝經、論語、毛詩、禮記。		清河	士	門蔭	《彙編》聖曆013《唐故崔君(歆)墓誌並序》，頁933。
衡守直	高宗麟德	六歲，大夫人口授《□經》數十字。八歲，讀老、莊、閱《禮》素。十六遊大學。十八旋本郡，應賓舉。	母	河南	士	及第	《補遺》(專)蘇頲《大唐衡府君(守直)墓誌銘並序》，頁135。

姓名	時期	受業情況	親屬	籍貫	階層	仕進	資料來源
馬懷素	高宗乾封	六歲能誦書，十五遍誦詩禮騷雅，能屬文，有史力。		潤州	小	咸亨四年明經	《文》卷995《馬公（懷素）墓誌銘》，頁10304。《彙編》開元074，頁1205。
蘇頲	高宗乾封	五歲措意於文，八九歲則有若大成，十七遊太學，「蘇瓌聰悟過人，雖記覽如神，而父瓌訓厲至嚴，常令衣青布襦伏於床下，出其勁受榎楚。」	父	京兆	士	調露二年進士	《文》卷295韓休《唐蘇頲文集序》，頁2987。《明皇雜錄》卷上，《大觀》頁956。
李知	高宗乾封	少而孤露，母氏訓育，在於幼齒，親承教導。	母	河南	小	未第未仕	《彙編》開元462《唐故居士李公志石文並敘》，頁1475。
尹守貞	高宗總章	七歲誦《爾雅》、《孝經》，十五誦三《禮》，二十誦《春秋》，二十五誦《尚書》，及《詩》及《易》。		天水	小	垂拱四年明經	《文》卷231張說《尹先生（守貞）墓誌銘》，頁2343。
劉璿	高宗總章	五歲誦騷雅，七歲讀詩書，兼解緝綴文。十三遊太學，尋而州鄉推擇，以明經充賦。		天水	小	明經	《彙編續》長安007《大周劉府君（璿）墓誌銘並序》，頁392。
倪若水	高宗總章後	年甫七歲，口誦萬言，詩、書、禮、樂之英。		恒州	庶	進士	《彙編續》開元028《大唐倪公墓誌銘並序》，頁470～471。
衛子奇	高宗總章	早聞詩禮，十歲能屬文，十五入大學。		河東	小	門蔭	《彙編續》開元100《大唐衛府君（子奇）墓誌銘並序》，頁523。
孫嘉之	咸亨前	四歲而孤，無所怙恃，外祖劉士傑，府君自幼及長，外族焉依。	外祖	河南	小	證聖元年大學進士	《文》卷313孫逖《宋州司馬先府君墓誌銘》，頁3182。

姓名	時代	事蹟	關係	籍貫	身分	制科	資料出處
戴令言	咸亨初	垂髫能誦離騷及靈光、江、海諸賦。年十五，首讀兩漢。十七，便歷覽群籍。		潭州	小		《彙編》開元010《唐故戴府君（令言）墓誌銘並序》，頁1157。
李乂	高宗咸亨	幼而閑冈，十一從學，十二屬詞，十九鄉貢進士高第。	師	趙郡	士	開耀元年進士	《文》卷258 蘇頲《唐李乂神道碑》，頁2609。
戴令言	高宗咸亨	年十五，首讀兩漢，遂慨慷慕古。手不釋卷。未盈五旬，咸誦于口。十七，便歷覽群籍，尤好異書，至於算歷卜筮，無所不曉。		長沙	小	武后朝徵召拜官	《彙編》開元010 賀知章《戴府君（令言）墓誌銘並序》，頁1157。
王羊仁	高宗朝	學綜九流，文該六藝。常閱書於洛陽之市，或賣藥於長安之肆。		洛陽	庶		《彙編》開元418《王府君（羊仁）墓誌銘並序》，頁1445。
冉祖求	高宗咸亨後	六歲受詩體，殆將弱冠，涉獵經史，善草隸，尤攻詩筆。		魯	小	舉孝廉末第卒	《彙編續》天冊萬歲001《大周冉府君長子（祖求）墓誌》，頁341。
劉知幾	高宗咸亨	幼奉庭訓，早遊文學，年在紈綺，便受古文尚書，十二授以左氏，次又讀史漢三國志。弱冠登第。	父	彭城	士	永淳元年進士	《文》卷274 劉子玄《自敘》，頁2789。
張漪	高宗咸亨	張柬之之子。早歲無怙。伯父垂訓。	伯父	襄陽	小		《彙編》開元381，頁1420。
高某	高宗儀鳳	八歲始教方書。十五歲左氏春秋及尚書，十七卒。		渤海	士	早卒	《文》卷216 陳子昂《上殤高氏墓誌銘》，頁2183。
崔泰之	高宗儀鳳	年十有二，遊昭文館對策高第。	師	清河	士	儀鳳三年諸科	《彙編》開元174《大唐故崔公（泰之）墓誌銘並序》，頁1277。
崔孝昌	高宗儀鳳	年甫十三，以門子補修文生。明經上第。	師	清河	士	垂拱四年明經	《彙編》太極003《唐故崔府君（孝昌）墓誌銘並序》，頁1137。

姓名	時間	受業情況	親屬	籍貫	身分	出身	出處
韋抗	高宗初	八歲精《易》，十五讀《春秋》。		京兆	士	明經	《文》卷258蘇頲《韋抗神道碑》，頁2616。
王易從	高宗初	八歲工詞賦，十五讀典墳，十八涉歷代史，十九初遊太學，二十升甲科。		大原	士	進士	《文》卷258蘇頲《王公（易從）神道碑》，頁2618。
畢構	高宗初	六歲能為文。及冠，擢進士第。		河南	小	進士	《舊》卷100本傳。
元希聲	高宗初	母氏鞠育，備於典訓，三歲善草書，七歲屬文，十四通五經大旨。	母	洛陽	士	進士	《文》卷280崔湜《元公（希聲）碑》，頁2840。
元行沖	高宗	少孤，為外祖司農卿韋機所養。博學多通音律及詁訓之書。	外祖	河南	小	進士	《舊》卷102本傳，頁3176～77。
孔若思	高宗	（孔紹安孫）若思幼孤，母褚氏親自教授。	母	越州	士	明經	《舊》卷190《文苑上·孔紹安傳》，頁4983。
李白	高宗	五歲誦六甲，十歲觀百家。		碎葉	庶	仕	《文》卷348李白《上安州裴長史書》，頁3533。
鄭崇道	高宗朝	四歲，叔祖授孝經，未浹旬，成誦于口。	叔祖	滎陽	小	明經	《補遺》（專）《唐鄭府君（崇道）墓誌銘並序》，頁116。
顏惟貞	高宗	元孫、惟貞始孩，傾隔怙恃，君（顏真定）躬自誨育，教之詩書大名，悉擅書，皆君力也。少孤，育勇段仲容氏，家貧無紙筆，與兄以黃土掃壁本石劃而習之，故特以草隸擅名。	舅、姐	臨沂	士	天授元年制科	《文》卷340顏真卿《唐顏君碑銘》，頁3449。卷344顏真卿《杭州錢塘縣丞殷府君夫人顏君（真定）神道碣銘》，頁3493。
李允子	高宗朝	孤孤亂子，若有天愛。先訓之以典墳，教，次誨之以典墳。	繼母	趙郡	士	門蔭	《補遺》（尢）李奮《大唐李府君墓誌銘並序》，頁119。

姓名	時間	教育情況	師/父	籍貫	小/士	科第	出處
趙夏日	高宗永隆	八歲善屬文，十八入太學		河南	小	長壽二年進士	《彙編》開元344《唐故趙公（夏日）墓誌銘並序》，頁1394。
王堂之	高宗永淳	愛在幼齡，早丁艱罰。亦既終喪，永懷世業，乃從師受學，觀覽藝文，溫故知新，月將日就。	師	大原	小	制科	《彙編》聖曆018《王君墓誌銘並序》，頁938。
段踐猷	高宗末	年十三，日誦左傳二十五紙，讀稽聖傳一遍，亦誦之，尤精史記漢書百家氏族之說。		陳郡	小	開元元年制科	《文》卷344 顏真卿《段君（踐猷）墓碣銘》，頁3497。
崔沔	高宗末	崔皚對子沔曰：「吾之詩書禮易，皆吾先人於吳郡陸德明、魯國孔穎達重申討覈，以傳於吾，吾亦以授汝。汝能勤而行之，則不隊先訓矣。」	父	博陵	士	天冊萬歲2進	《彙編》大曆062《唐崔公（皚）墓誌》，頁1802。
開休元	光宅	七歲能誦詩書，十五萬志於學，究通經傳，廿一鄉貢明經擢第。		江都	小	聖曆二年明經	《彙編》開元390《唐故開君（休元）墓誌並序》，頁1426。
裴耀卿	垂拱	八歲神童舉，試《毛詩》、《尚書》、《論語》。		聞喜	士	垂拱四年神童	《文》卷326 王維《裴僕射齊州遺愛碑》，頁3305。
段仲垣	垂拱	八歲入小學，十五觀三禮。	師	河南	士	投筆從戎	《彙編》天寶117《唐故段君（仲垣）墓誌並序》，頁1614。
崔景晈	垂拱	十二父逝，「除喪，外從禮訓，內積憂慕，啜敔飲水，勵志讀書，誦無遺文，釋無遁義，皆一覽也。」		清河	士	天授三年崔公神道碑	《文》卷318 李華《崔公神道碑》，頁3229；卷321 李華《崔公墓誌銘》，頁3251。
孫逖	武周	（孫嘉之）有子四人，皆著名於詞學，有女六人，俱涉圖史、非獨府君之善訓，亦有夫人之內則焉。	父	河南	小	開元二年進士	《文》卷313 孫逖《宋州司馬先府君墓誌銘》，頁3182。

徐浩	武周	先府君嘗書，公嘗受筆法，十五明經擢第。	父	越州	小	開元五年明經	《文》卷445《大唐徐公（浩）神道碑》，頁4543。
李誠	武周	四歲知《禮》，七歲善屬文。		魏郡	小	開元三年進士	《文》卷391 獨孤及《唐李公（誠）墓誌》，頁3979~3980。
嚴仁	武周	丱歲聞詩禮，弱冠窮精奧。		餘杭	小	景龍三年明經	《補遺》冊3 張萬頃《唐故嚴府君墓誌銘並序》，頁72。
劉惟正	武周	始從小學，中遊上庠。果射高埔之準，克奮垂天之翼。	師	河間	小	景龍三年進士	《補遺》冊5《大唐劉公墓誌銘並序》，頁340。
元復業	武周	少志於學，覽春秋，讀周易。			庶	武后朝明經	《彙編》廣德001《大唐元府君墓誌銘並序》，頁1756。
道光禪師	武周	家苦之絕，去旨鄉校，見周孔書。	師	綿州	庶		《文》卷327 王維《大薦福大德道光禪師塔銘》，頁3312。
毛俊子	武周	毛俊誕一男，四歲，則天召入內試字，《千字文》皆能暗書。		井州	庶		《朝野僉載》卷5，頁110。
韋述	武周末	家有書二千卷，韋述為兒童時，記覽皆遍。		京兆	士	景龍二年進士	《舊唐書》卷102《韋述傳》，頁3183。
權自挹	中宗	年十四大學明經上第。養蒙於終南紫閣之下，窮覽載籍。	師	天水	士	開元二年明經	《文》卷502 權德輿《權府君（自挹）墓誌銘並序》，頁5111。
王維	中宗	九歲知屬辭，工草隸，閑音律。		蒲州	士	開元九年進士	《新》卷202 文藝中本傳；《才子校箋》冊1，頁285。
承遠和尚	中宗、開元	甫志學，始遊鄉校，驚《禮》、《樂》之陷阱，覺《詩》、《書》之桎梏。	師	漢州	庶		《文》卷630 呂溫《南嶽彌陀寺承遠和尚碑》，頁6354。

姓名	時間	教育內容	關係	郡望	士/庶	出身	出處
顏真卿	開元二年後	真卿童孺時，特蒙君教言辭音剖（缺）、延壽《王孫賦》、崔氏《飛龍篇》、江淹《造化篇》、《五都賦》。	姑母	臨沂	士	進士	《文》卷 344 顏真卿《杭州錢塘縣丞殷府君夫人顏君神道碣銘》，頁 3493。
封常清	開元初	外祖犯罪流安西效力，守胡城南門，頹讀書。每坐城門樓上，教其讀書，多所歷覽。	外祖	蒲州	庶	仕	《舊》卷 104《封常清傳》，頁 3207。
岑參	開元初	五歲讀書，九歲屬文。十五隱於嵩陽，二十獻書闕下。		河南	士	天寶三載進士	《文》卷 358 岑參《感舊賦並序》，頁 3634。
薛播兄弟	開元初	初，播伯父元暖終於隰城丞，其妻有母濟南林氏，丹陽太守洋之妹，善屬文，所為篇章，博涉《五經》。元暖卒後，其子彥輔、彥璋、彥雲及播兄據，撫訓孤幼，悉為林氏所訓導，以至成立，咸致文學之名。	伯母	河東	士	進士	《舊》卷 146《薛播傳》
薛彥輔兄弟	開元初	初，播伯父元暖終於隰城丞，其妻有母濟南林氏，丹陽太守洋之妹，善屬文，所為篇章，博涉《五經》。元暖卒後，其子彥輔、彥璋、彥雲及播兄據，撫訓孤幼，悉為林氏所訓導，以至成立，咸致文學之名。	母	河東	士	進士	《舊》卷 146《薛播傳》

姓名	受業時間	受業情況	授業者	郡望	出身	入仕	資料出處
李則	開元初	十餘歲，先夫人以之從裴，歸積汝州所習，由是依於舅氏莊之周之言，與群童遊，盡能記他童之家之書，故府君以經史春秋，博流百供養，由是少不肯求仕。先夫人學左氏，力田之書，善草隸書。	母	隴西	小	仕	《文》卷 639 李顗《故歙州長史隴西李府君墓誌銘》，頁 6454～55。
宋裕	開元初	五歲誦古詩，十三明左氏。十六孝廉擢第。		廣平	小	明經	《補遺》（專）闕名《唐宋君（裕）墓誌銘並序》，頁 191。
楊柔	開元初	早承庭訓，夙教義方。	父	弘農	庶		《補遺》（專）闕名《唐故楊府君李夫人墓誌銘並序》，頁 223。
李魚	開元初	九歲通周易，十歲明禮，十三精史漢，十五能屬文，十七補國子生，尋卒。			小		《彙編》開元 113《唐故國子生李夫子（魚）銘並序》，頁 1232。
李彙	開元初	公少而好學，敦詩閱禮，年才弱冠，明經甲科。	小	隴西	小	天寶 14 明經	《彙編》元和 025，頁 1966。
泉毖	開元初	「稚度棐平天姿，詩禮聞於庭訓。加以強學請益，休譽日新。」	父	京兆	士	門蔭	《彙編》開元 378 泉隱（墓主之父）《唐故泉墓誌銘》，頁 1417。
皇甫申	開元十年後	十歲能屬文，十五歲而老成，秘書少監光器之，伯父令是令聞休暢，舉進士第。		潤州	小	天寶十五進士	《文》卷 388 獨孤及《故左補闕皇甫申集序》，頁 3941。
蕭直	開元十年後	十歲能屬文工書，十三遊太學，十七舉明經上第。		蘭陵	士	開元 28 年明經	《文》卷 392 獨孤及《唐蕭公（直）墓誌銘》，頁 3989。

姓名	時間	事蹟	關係	籍貫	身分	科第/仕	出處
蕭穎士	開元十一年後	七歲能誦數經（《論語》、《尚書》），十歲以文章知名。十五歲響高天下，十九進士擢第「穎士於子有教授之恩，直辭片字，皆資訓誘。」	舅	汝潁	士	開元23年進士	《文》卷315 李華《蕭穎士文集序》，頁3197；《文》卷322《登臨河城賦並序》，頁3261。《文》卷323 蕭穎士《贈韋司業書》，頁3277。
張鎬	開元中	少師事吳兢。	師	博州	庶	仕	《舊》卷111、《新》139本傳
賴棐	開元中	七歲能文，弱冠通九經百氏。乾元中舉進士。		贛州		乾元二年進士	《明一統志》卷58《贛州府·人物·唐》；《萬姓統譜》卷97。《補正》頁397。
田司馬	開元中	七歲能誦《詩》，遂通諸經、齒大學，數歲不上第。		京兆	小		《文》卷429 於邵《田司馬傳》，頁4373。
元真	開元中	爰自成童，克勤詩禮，泊乎志學，博綜儒篇。百氏之言，六經之要，必躬師資。不假師資。		河南	小	明經	《彙編》大曆011《唐故元公（真）墓誌銘並序》，頁1767。
李濤	開元中	弱歲為學，篤志經術，專戴氏禮。		隴西	宗室		《彙編》大曆035《唐五從叔祖府君（濤）墓誌銘並序》，頁1783。《彙編》大曆068 梁肅《唐故李公（濤）墓誌銘並序》，頁1808。
李沁	開元中	七歲，張九齡授以屬詞之要。	師	京兆	士	開元16年童子	《文》卷518 梁肅《丞相鄴侯李沁文集序》，頁5259。
李鐩	開元中	七歲始學，早誦詩書，十二歲卒。		陽羡	小		《彙編續》天寶035《大唐李府君（鐩）墓誌銘記》，頁606。
崔祐甫	開元中	年才幼學，有司將補崇文生，竟不之就。年廿五，鄉貢進士高第。		博陵	士	天寶四載進士	《彙編》建中004《有唐崔公（祐甫）誌銘並序》，頁1822~1823。

姓名	時間	受業情況	受業者	籍貫	身分	及第情況	資料來源
盧綸	開元	八歲始讀書。相悲待成長。同是外家恩。					《詩》卷 277 盧綸《綸與吉侍郎……曹叔釗》、曹《詩》盧綸《送姨弟裴均及尉諸暨》，頁 3141。《詩》，頁 3120。
崔令珪	開元十四年後	父崔智，國子助教。幼而國教。口弟更相語訓，未嘗從師，早歲業成，各登上第。	父	長沙	小	及第	《彙編》頁元 071《崔府君墓誌銘》，頁 1888。
獨孤及	開元十八年後	七歲，秘監府君親授以《孝經》。成童丁秘監憂，長孫夫人高行明識，訓道進甚至，漸教成器，卓然有成。	父、母	河南	士	制科	《文》卷 409 崔祐甫《獨孤公（及）神道碑銘並序》，頁 4195。《文》卷 522 梁肅《獨孤公（及）行狀》，頁 5288。
劉大眞	開元後	公十五志於學，師蕭士。	師	宣州	小	天寶 13 載進士	《文》卷 538 裴度《劉府君（大眞）神道碑銘並序》，頁 5467。
張光祚	開元後	七歲通兩經。十五誦三略。		范陽	庶		《彙編續》大曆 029《唐張君（光祚）墓誌》，頁 711。
馬盧符	開元末	九歲貫涉經史。魯山令元德秀，行高一時。公往師之。元奇之，爲之著神瞰贊。	師				《文》卷 639 李翱《馬君（盧符）墓誌》，頁 6452。
陳諧	開元末	年八歲，宏文館明經權第。	師	潁川	士	天寶四載童子	《彙編》頁元 064《唐故陳府君（諧）墓誌銘並序》，頁 1883。
韋君	天寶	十一賦《銅雀臺》絕句，李白見而大駭，授以古樂府之學。					《文》卷 490 權德輿《右諫議大夫韋君集序》，頁 5000。
劉通	天寶八年後	幼沐庭訓，武備詩禮之義，克修敬慎之容。	父	揚州	庶	未第未仕	《彙編》元和 064《唐故劉府君墓誌銘並序》，頁 1993。

唐代士子的教育資源研究

姓名	時代	描述	父·師	籍貫	身分	仕	出處
焦璀	天寶中	幼而聰敏，詩禮得於義庭；長而強學，奧義更聞函杖。		河內	小	仕	《彙編》寶應005《唐故焦公（璀）墓誌並序》，頁1753。
高郢	天寶中	九歲通《春秋》，能屬文。		京兆	士	寶應二年進士	《舊》卷147本傳。
仲子陵	天寶中後	卯歲好古學，與同門生肄業於峨眉山下，探摭前載可以為文章樞要者，紬繹區別，凡數萬言。	師	成都	庶	大曆13年進士	《文》卷502權德輿《仲君（子陵）墓誌銘並序》，頁5110。
張薦	天寶後	七歲善屬詩。十歲通太史公書。		深州	小	門蔭	《文》卷506權德輿《唐張公（薦）墓誌銘並序》，頁5144。
蔣乂	天寶末	吳兢之外孫，以外舍富墳史、幼便記覽不倦。七歲時，誦庾信《哀江南賦》。	外祖	河南	士	仕	《舊唐書》卷149《蔣乂傳》，頁4026。
李華	肅宗	少丁艱罰，繫公（郭湜）成立，敬以詩書，遺以清白。	外祖		小		《補遺》（專）陳翊《唐郭公墓誌銘並序》，頁272。
鄭敬	肅宗至德	六歲就學，十歲能屬文。	師	滎陽	士	貞元元年前明經	《彙編》元和088《唐故鄭公（敬）墓誌銘並序》，頁2010。
韋渠牟	肅宗朝	年十二善賦詩屬書，年未弱冠，博極今古，尤精史籍。		京兆	士	門蔭	《文》卷506權德輿《唐韋公（渠牟）墓誌銘並序》，頁5146。
李郢	肅宗朝	年十四五，能闇記《論語》、《尚書》、《毛詩》、《左氏》、《文選》。	姑母育	宗室	士	門蔭	《文》卷563韓愈《李公（郢）墓誌銘》，頁5706。
王凝	肅宗朝	十一歲能念五經				廣德元年童子	《文》卷756杜牧《竇列女傳》，頁7845。

姓名	年代	受業情況	師承關係	籍貫	身份	門蔭	出處
柳元方	肅宗	幼孤，季父建撫字訓道，通左氏春秋，貫歷代史，旨劃羅列，接在視聽，嗜好文章，辭富理精。	叔父	蒲？	士		《文》卷590 柳宗元《萬年縣丞柳君墓誌》，頁5961。
於申	寶應年	總角屬文，成童探學。		洛陽	士	大曆六年進士	《彙編》貞元055《唐故於君（申）墓誌銘並序》，頁1876。
元袞	廣德年	不學而立，君子偉之。六歲入小學□□經，至□□之言，嘗棄而不□。人問其故，對曰：「譯其義，聞一知□。」七歲學《論語》，日讀數篇，目所一覽，必達其奧。未十歲，□左氏傳，十四、擢明經弟。	師	河南	士	大曆六年明經	《補遺》冊3 元仲容《元袞墓銘並序》，頁154。《彙編》元和023《唐故元公（袞）墓銘並序》，頁816。
張士陵	大曆初	年八歲，以通古文尚書、論語，登春官上第。		安定	小	大曆五年童子	《彙編》元和104《唐故張公（士陵）墓誌銘並序》，頁2022。
劉密	大曆初	幼能敬師受詩及春秋左氏傳。冠遊太學。	師	彭城	外戚	未第	《彙編》大和050《唐故劉府君（密）墓誌銘並序》，頁2131。
劉禹錫	大曆初	卅歲已習詩、書。		洛陽	小	貞元九年進士	《文》卷490 權德輿《送劉秀才（禹錫）登科後侍從赴東京觀省序》，頁5016。（權德輿與劉父為友）
權少成	大曆初	甫成童，通左史、古文、小戴禮。		天水	士	明經	《文》卷506 權德輿《唐權君（少成）墓誌銘並序》，頁5151。
李某	大曆初	七歲喪父，貧不能家，母夫人挈以歸，教育於其外氏。	外		小	明經	《文》卷565 韓愈《河南少尹李公墓誌銘》，頁5724。

姓名	時間	描述	關係	籍貫	士／小	科第	出處
韋丹	大曆初	既孤，以甥孫從太師魯公真卿學，大師授之，舉明經第。	外祖	京兆	士	明經	《文》卷566 韓愈《江西觀察使韋公墓誌銘》，頁5725。
韋彤	大曆初	家破時，彤生始四歲，與弟增以俱小。彤名籍，得不誅，為賞口賤中，寶應二年，河北平，宗人宏以家財贖出。彤既至長安，宏養於家，教讀書。彤既長，舉明經第。	宗兄	河南	士	明經	《文》卷566 韓愈《河南府王屋縣尉畢君墓誌銘》，頁5727。
苗蕃	大曆初	少喪父，受業母人。	母	上黨	小	貞元11年進士	《文》卷566 韓愈《大原府參軍苗君墓誌銘》，頁5728。
韋處厚	大曆初	孩提發言成詩，未己能賦，受經於先君，學文於伯舅許孟容。	父、舅	京兆	士	元和元年進士	《文》卷605 劉禹錫《唐故韋公（處厚）集序》，頁6110。
成士和	大曆初	七歲初志於學，詩禮備聞，年十九卒。		洛陽	小		《彙編續》建中010 史卓《唐成公府君（士和）墓誌銘並序》，頁729。
竇易直	大曆初	家貧，受業村學。	師	京兆	士	進士	《因話錄》卷6《羽部》，頁870。
張平仲兄弟	大曆三年後	張誠有三子，曰平仲、曰平叔、平季。即國子司業集賢殿學士夫人陸氏，善經之女。賢明有法度，初公既歿，諸子尚幼，夫人勤求衣食，親執《詩》《書》，諷而導之，咸為令子。	母	吳郡	士	仕	《文》卷678 白居易《唐張誠神道碑銘》，頁6934~35。
李建	大曆七年後	八九歲始諷《詩》《書》，日三百言，諷畢盡得其義，善理王氏易、左氏春秋。在江陵時無衣食，焦勞苦，為縱兩弟遊學，賴伯兄造。	兄	荊州	士	貞元14年進士	《文》卷678 白居易《善人（李建）墓碑銘並序》，頁6927。卷655 元稹《唐故李公墓誌銘》，頁6659。

姓名	年代	事跡	受業	籍貫	階層	結果	出處
白幼美	貞元七年	七歲能誦詩賦，八歲能讀書鼓琴，九歲過疾。	母	大原	小	早卒	《文》卷 679 白居易《唐大原白氏之殤（幼美）墓誌銘並序》，頁 6941。
韓愈	大曆九年後	生三歲父歿，養於兄會舍，及長讀書。嫂鄭氏，異而恩鞠之，七歲屬文，意語天出，長悅古學，業孔子孟子。	養於兄嫂	河南	小	進士	《文》卷 639 李翱《韓愈行狀》，頁 6459。《文》卷 687 皇甫湜《韓愈神道碑》，頁 7037。
柏元封	大曆十年後	七歲就學，達詩書義理；十年能賦，得體物之玄微。	師	濟陰	小	進士	《補遺》冊 4 郭捐之《柏元封墓誌銘》，頁 132。
柳宗元	大曆中	始四歲，居京城西田廬中，先君在吳。家無書，大夫人教古賦十四首，皆諷傳之。	母	蒲州	士	進士	《柳宗元集》卷 13《先大夫人河東縣太君歸祔志》。
柳宗元兄弟	大曆中	「天寶末經術高第，遇亂，奉德清君夫人載書隱於王屋山，間行以求食，深處以修業。合群從弟子姪講《春秋》左氏、《易》王氏，衎衎無倦，以忘其憂。」		蒲州	士	不詳	《文》卷 588 柳宗元《先侍御史府君（振）神道表》，頁 5942。
董昌齡	大曆	少孤，受訓於母。	母	蔡州	庶	仕	《舊》卷 193《列女·董昌齡母楊氏傳》，頁 5149。
權德輿	大曆後	四歲能為詩。七歲而孤。母教授，十五文章知名。弱歲時從師於黨塾。	母、師	天水	士	仕	《文》卷 562 韓愈《唐故相權公（德輿）墓碑》，頁 5687。《文》卷 521 梁肅《權公夫人李氏墓誌銘》，頁 5297。《文》卷 492 權德輿《送右龍武鄭錄事東遊序》，頁 5020。

唐代士子的教育資源研究

姓名	時間	描述	家人	籍貫	士庶	科第	資料出處
呂溫	大曆後	早聞《詩》《禮》於先君。又師陸贄，通《春秋》，從梁肅學文章。	父	河中	小	貞元14年進士	《文》卷605劉禹錫《唐故呂公（溫）集序》，頁6112。《新唐書》卷160《呂渭附溫傳》，頁4967。
孫公乂	大曆末	幼而嗜學，長能屬文，尤以博識書判爲己任。年十四，初通兩經，隨鄉薦上第。		河南	小	貞元元年明經	《彙編》大中054《唐故孫府君（公乂）墓誌銘》，頁2289。
馬俊	大曆間	年十歲，則受左氏春秋，日記萬言。		扶風	小	貞元元年明經	《文》卷714李宗閔《馬公家廟碑》，頁7334。
宋庭芬五女	建中	尙宮宋氏者，名若昭，父庭芬，世爲儒學，至庭芬有詞藻，生五女皆聰惠，庭芬始教以經義，既而課爲詩賦，皆能屬文。	父	貝州	庶		《舊》卷52《后妃下女學士尙宮宋氏傳》，頁2198。
白居易	建中年後	別駕府君即世，諸子尙幼，未就師學，夫人（穎川陳氏）親執詩書，晝夜教道，恂恂善誘，未嘗以一杖加之，十餘年間，諸子皆以文學仕進，官至清近，實夫人慈訓所至也。	母	大原	小	貞元十六進士	《文》卷680白居易《襄州別駕府君（季庚）事狀》，頁6954。
趙君臣	大曆貞元間	耽於儒訓，尤好爲禮學。……遂取禮書陳於前，日夜諷誦不倦。		天水	庶	貞元間明經	《彙編》大和087《趙公（君臣）墓誌銘》，頁2158。
元稹	貞元初	八歲，慈母親爲教授。九歲學詩。徒步執卷，就陸姊夫（翰）師授。年十五明經出身。	母、姊夫	河南	士	貞元九年明經	《舊》卷166《元稹傳》，頁4334。《文》卷651元稹《進詩狀》，頁6607。《文》卷653元稹《誨侄等書》，頁6635~6636。

姓名	時間	事蹟	關係	地點	大小	受業情況	出處
獨孤郁獨孤朗	貞元初	君生之年，憲公（獨孤及）沒世，與其兄朗畜於伯父氏，始微有知則好學同，咨稟教飭，不煩提謫，月開日益，卓然早成，年二十四，登進士第。	伯父	河南	士	貞元十四進士	《文》卷 680 白居易《唐河南元府君（覿）夫人滎陽鄭氏墓誌銘並序》 《文》卷 565 韓愈《獨孤府君墓誌銘》，頁 5716。
胡珦子弟	貞元四年後	胡珦貞元四年貶爲歙陵令，居陵下七年，市置田宅，務種樹爲業以自給，教授子弟。	父、伯父	貝州	小	不詳	《文》卷 562 韓愈《胡珦墓誌銘（碑）》，頁 5686。
柳公權	貞元初	幼嗜學，十二能爲辭賦。元和初進士擢第。		京兆	士	元和元年進士	《舊》卷 165《柳公綽傳附》，頁 4310。
郭承嘏	貞元初	生而秀異，乳保之年，即好筆硯。比及成童，能通五經。		華州	士	元和四年進士	《舊》卷 165《郭承嘏傳》，頁 4319。
韓弘	貞元初	公少依舅氏，讀書習智騎射，事親教謹，侃侃自將，不縱爲子弟華靡遨放事。出入敬恭，軍中皆目之。退曰：「此不足發名譽。」復去從舅氏學，將兵數名人，悉識其材部怯智勇，指付必堪其事，司徒歎奇之。	舅		小		《文》卷 562 韓愈《韓公（弘）神道碑銘》，頁 5694。
李紳	貞元初、中	父悟、歷金壇、烏程、晉陵三縣令，因家無錫。紳六歲而孤，母盧氏教以經義。紳能爲歌詩，鄉賦之年，諷誦多在人口。元和初登進士第。	母	潤州	士	元和元年進士	《舊》卷 173《李紳傳》，頁 4497。

姓名	時間	記述	關係	籍貫	身分	科第	出處
李景讓	貞元初中	母鄭氏，性嚴明，早寡，家貧，居於東都。諸子皆幼，母自教之。	母	大原	小	進士	《通鑑》卷248武宗會昌六年條，頁8027。
劉茂貞	貞元十年後	幼孤，復無弟兄，依外族而就學，克勤業而有成。二十一明經及第。	外	彭城	小	元和2明經	《彙編》大和031《唐故劉府君墓誌》，頁2118。
李潘	貞元十二年後	始生六歲，就學師訓。常侍於伯兄，傍聞左氏。年八歲，孝廉登第。	師	常山	小	貞元14年童子	《彙編》開成050《唐故李公（潘）墓誌銘並序》，頁2205。
裴休	貞元中	童龀時，兄弟同學於濟源別墅。晝講經籍，夜課詩賦。	家塾	河內	士	長慶二年進士	《舊》卷177《裴休傳》，頁4593。
許渾	貞元中	卯歲業詩。		潤州		大和六年進士	《文》卷760許渾《烏絲欄詩自序》，頁7903。
鄭易子	貞元後	始就外傅。余從長安令貶汀州刺史。後授易、詩、小戴禮，皆泛通大義。常中肯語及自家形國之教，修身慎行之歔，如暗聞之，更無違者。	師	滎陽	小		《彙編》元和090鄭易《唐故鄭氏嫡長殤墓記》，頁2012。
李部	貞元十八年後	生五年，能念《詩》、《書》。九年，有文章，廣落沉穩。			小		《補遺》冊8《李府君墓誌銘並序》，頁165。
韋顗	貞元末	成童知學，奉嚴訓，胸時文字，尚古經典。十九明經擢第。	父	京兆	小	元和六年明經	《彙編》會昌008《唐故韋府君（損）墓誌銘並序》，頁2216。
鄭當	貞元末	既失所怙，僑寄吳中，與兄鄰孺儒相依，學無師傳，經史究於專習，文字得於天成。		滎陽	士	寶曆二年進士	《彙編》開成039《唐故鄭府君墓誌銘並叙》，頁2197。
呂讓	貞元末	七歲在潭州。繼失怙恃。既祥，念春秋左氏傳，日五百字，衡州伯父撫其首曰：「聰明厚重，吾家之寶字。」	伯父	河中	小	元和十年進士	《彙編》大中107，頁2334。

姓名	時間	受業情形	業師	籍貫	身分	及第	出處
謝觀	貞元末	七歲好學就傅，能文。也。』親授文章意氣，經傳宗旨。二十三，進士上第。	師	壽春	小	開成二年進士	《彙編》咸通 064 謝觀《唐故謝觀墓誌銘並序》，頁 2428。
渾偘	貞元末	為兒時篤志於學，九歲由宏文生權升孝廉第。	師	代郡	士	永貞元年明經	《文》卷 792 路巖《渾道碑》，頁 8296。
薛魯魯	貞元末	五歲能誦孝經十八章，七歲通論語廿二篇，及古詩不啻百首。		魯	小		《補遺》（專）李䎃《薛氏殤子（魯魯）墓誌銘並敘》，頁 334。
皇甫鈺	貞元末元和初	丱角好學，其父教以詩賦箴論。	父	安定	小	明經	《補遺》（專）鄭薰《唐皇甫公（鈺）墓誌銘並敘》，頁 406。
白敏中	元和初	敏中少孤，為諸兄之所訓厲。	兄	太原	小	長慶二年進士	《舊》卷 166《白居易傳附敏中傳》，頁 4358。
韓昶	元和初	幼而就學，性寡言笑，不為兒戲，不能閏記書，至年長，不能通誦得三五百字，為同學所笑，至六七歲，未解把筆好文字，即是性好為之，出言成文，不同他人所為，張籍奇之，為授詩，是年十餘歲，日通一卷，籍大奇之，試授諸童，皆不及之，能以所聞，曲問其義，籍住住不能答，受詩未通兩三卷，樊宗師大奇之，便自為詩，及年十一二，受師宗師為人之師，文學為人之師，授文。	師	河南	小	長慶四年進士	《文》卷 741 韓昶《自為墓誌銘並序》，頁 7666；《彙編》大中 102《韓昶自為墓誌銘》。

權順孫	元和初	童時，讀《孝經》、《論語》、《尚書》，尤好筆劄，不離硯席，方肆小戴禮，感疾，年十三卒。	祖父	天水	士	早卒	《文》卷 506 權德輿《殤孫進馬墓誌銘並序》，頁 5152。
杜牧	元和初	幼讀《禮》，二十始讀《尚書》、《毛詩》、《左傳》、《國語》、十三代史書。		京兆	士	大和二年進士	《文》卷 753 杜牧《注〈孫子〉序》，頁 7808。
韋行素	元和前	少孤，依於外家。公善屬文、尤攻詞賦，文學俱成，垂譽於世，皆舅舅齊見之致。	舅	京兆	小	未第	《彙編》大和 007《唐鄉貢進士京兆韋府君墓誌銘並序》，頁 2099。
莫宣卿	元和	生父莫讓仁，早年不祿，公母梁氏恐公孤立無倚，改適二兄莫智。公幼在側，天性迥異，聞言即悟，甫七歲，手不釋卷，過目成誦。入郡庠，從遊於梁明甫先生。梁母尤嚴於內訓。	師	封州	庶	大中五制科	《文》卷 816 白鴻儒《莫孝肅公詩集序》，頁 8590~8591。
楊洞子	元和	楊洞有二子，訓以義方，教閱詩禮，咸能被服文行，時人稱公善誘善教。	父	弘農	外戚	不詳	
李戢	元和	幼孤，旁無群從可以依託，年十餘歲即好學。		晉陵	小	鄉進士不中	《文》卷 755 杜牧《李府君墓誌銘》，頁 7834。
權匡	元和九年後	每退自庠序，諸兒或遊戲逐樂，獨以筆劄所錄書凡數通，用以自娛。年九歲卒。	師	天水	士	早卒	《彙編》元和 102《權氏殤子墓誌銘並序》，頁 2020。
孫嗣初	元和中	為童時，在彙塾內，讀念日受書。	師	樂安	小	明經	《彙編》咸通 053《孫公府君（嗣初）墓誌銘並序》，頁 2418。

姓名	時間	受業內容	授業者	籍貫	身分	及第	出處
李商隱	元和末	五年讀經書，七年弄筆硯，始聞長老言。「商隱與仲弟宣老言。「商隱與仲弟從再從弟再從文章，教爲文章，生徒之中，叨稱達者，引進之德，胡寧忘諸。」	師	懷州	小	開成二年進士	《文》卷776 李商隱《上崔華州書》，頁8091。卷780《請盧尚書撰故處士姑臧李某志文狀》，頁8147。
楊行立	長慶	七歲通孝經、論語、十歲明詩、禮。		弘農	小		《彙編續》開成015《大唐故楊府君（行立）墓誌銘並序》，頁934。
田在宥	長慶	九歲入大學、十三誦易、十五能言詩。	師	盧龍	小		《彙編》會昌043《大唐故田府君墓誌銘並序》，頁2242。
楊收	長慶	七歲喪父，長孫夫人親自教授。十三，略通諸經義，善文詠。	母	蘇州	士	會昌元年進士	《舊》卷177《楊收傳》，頁4597。
白龜兒	大和初	龜兒頗有文性，吾每自教詩書，二三年間，必堪應舉。	伯父	太原	小	不詳	《文》卷681 白居易《祭弟（行簡）文》，頁6965。
張中立	大和初	幼失怙恃，授兄長之訓，初兄以□□調補霍山縣，隨兄之任，孜孜政務，學，以至成人。	兄	常州	小		《拾遺》卷52《唐故張府君墓誌銘並序》，頁10963。
李潛	大和初	先君親授詩、禮。	父	趙郡	士	會昌三年進士	《續拾》卷5 李潛《尊勝經幢後記》，頁11232。
梁褒	大和初	訓誨弘誘、小心大成，至於孝經論語、通卷背文；同顏氏字類之書之便寫。十一歲卒。		安定	小		《彙編》大和063《唐故梁君墓誌銘並序》，頁2141。
李存	大和初	過十歲，則通禮樂、讀九經三史文，及見古人奇節至行，文字清潔者，必自鈔納，積數千幅。			小		《彙編續》會昌021《唐孝子故李府君（存）墓誌》，頁959。

姓名	時代	事蹟	母師	地域	階層	科第	出處
劉蛻	大和初	始稚儒，坐於膝，大夫人手持孝經，點句以教之。長，從師學古文。	母	荊南	庶	大中四年進士	《彙編》大中130《先妣姚夫人權葬石表》，頁2353。
劉鄴	大和中	六七歲能賦詩。李德裕光鄰之，與諸子同硯席師學。大中初，李德裕貶黜，鄴無所依，以文章客遊江浙，每有製作，人皆稱誦。	家塾師	潤州	士	咸通元年進士	《舊》卷177《劉鄴傳》，頁4617。
崔廷孫	大和年間	子又先歿，夫人不勝悲情，有孫三人，咸幼而未立，賴夫人勤於扶訓，力致臣名，逮至成人，皆甚孝謹。	祖母	博陵	士		《彙編》大中068《唐故博陵崔廷鄭夫人墓誌銘並序》，頁2301。
王棨	大和	早歲業儒，而深於詞賦。		福州	士	咸通三年進士	《文》卷767陳黯《送王棨序》，頁7984。
盧肇	大和	九歲能通《孝經》、《論語》。……明經擢第。		河東	士	明經	《御覽》卷414《人事部五十五·孝下》引《史係》。《補正》頁1321。
李燁	開成	才十數歲能通魯史，與所授經老儒相評言義，儒不能品。	師	趙郡	士	咸通三年進士	《彙編》咸通016《唐故李君（燁）墓誌銘並序》，頁2390。
陳讜	會昌	為兒時，求司馬子長而下三家書，外其身以窮之，披卷釋然，洞得心髓。		侯官	小	乾符二年進士	《拾遺》卷29黃篆《陳讜墓誌銘》，頁10701。
苗臺符	會昌	苗臺符六歲能屬文，聰悟無比；十餘歲博覽群籍，著《皇心》三十卷，年十六及第。張讀亦幼擅詞賦，年十八及第。		上黨	小	大中六年進士	《摭言》卷3《慈恩寺題名遊賞賦詠雜紀》。
皮日休	大中元年後	余為童在鄉校時，簡上抄杜舍人牧之集，見有進士嚴惲詩。	師	復州	庶		《唐詩紀事校箋》卷66《嚴惲》，頁2226。

姓名	時間	描述	關係	籍貫	身分	結果	出處
林傑	大中初	幼而聰明秀異，言發成文，音調清舉。年六歲，請舉童子，尤好聚書，當時名公多與之交。府大將，性樂善，於手譚。		福建	小	大中四年童子	《廣記》卷175「林傑」引《閩川名士傳》，頁1301。《唐方鎮年表》卷6引《閩書》，頁869。
魯謙	大中初	七歲，好讀詩書，旰衣忘寢，勤學不輟。師喻以文義，皆記之心腑。未逾十五、孝經、論語、尚書、爾雅、周易並皆常念。禮記貼盡通。又爲文章。	師	京兆	庶	未第	《彙編》大中132《魯氏子謙墓誌銘並序》，頁2354～2355。
徐匡	大中十	江山人。五歲能誦《易》、《禮》二經，召對稱旨，賜衣絹，中童子科。		衢州	小	大中14年童子	《明一統志》卷43《衢州府‧人物‧唐》
王知敬	咸通	成童，伯仲以《孝經》授。	兄	太原	庶	未第未仕	《文》卷806張魏賓《唐故王處士墓誌銘並序》，頁8475。
盧湮諸弟	咸通	初公既屬文，大夫人知其友愛諸弟，且命相弟友諸弟子亦能相師稟。就其所業，及公中第，即又孜孜指導進取，皆籍於顯地。	兄	范陽	士	咸通後及第	《文》卷809司空圖《故盧公（湮）神道碑》，頁8512。
劉神童	昭宗	燈前猶惡睡，喑語讀書聲。				昭宗朝童子	《詩》卷676鄭谷《贈劉神童（六歲及第）》，頁7803。
李琪	昭宗	李琪名族也，父敬。唐廣明中佐王鐸滑州幕。琪生而敏果，十歲通六籍。遂博覽文史。十三，詞賦詩頌，大爲時賢親賞。府帥王鐸聞而異之。		滑州	士	進士	《廣記》卷175「李琪」引《李琪集序》。

姓名	朝代	事蹟	籍貫	士/小	科目	出處
沈志廉	唐末	年八歲誦《尚書》、《毛詩》，通大義，年四十（疑當作「十四」）蔡孝廉，官至大中大夫。	吳興	士	明經	《嘉泰吳興志》卷 16《賢貴事實》。《補正》頁 1326。
王周	後梁	五歲稟慈訓，憤排讀書志。七歲辨聲律，勤苦會公卷，偶倩干名意。（母）				《詩》卷 765 王周《自喻》，頁 8773。
賈黃中	後周	黃中幼聰悟，方五歲，批每日令正立，展其書卷比之，謂之『等身書』。課其誦讀。六歲舉童子科，七歲能屬文，觸類賦詠。父常令蔬食，曰：『俟業成，乃得食肉。』十五舉進士。	滄州	士	開運三年童子	《宋史》卷 265 本傳。
段公路		六七歲受學，尤長反僻。				《文》卷 813 陸希聲《北戶錄序》，頁 8552。
徐鉉		鉉兄弟少孤，長於舅氏，親承撫恤，免以進修，鬥構不傾，君之力也。				《文》卷 886 徐鉉《包府君墓誌》，頁 9265。
錢師賮		童時通《孝經》《論語》。	長興	小		《文》卷 897 羅隱《師賮錢公列傳》，頁 9367。
張姓和尚		幼學五經。	山陰	小		《文》卷 520 梁肅《越州開元寺律和尚碑銘並序》，頁 5288。
劉四		九歲能屬文。				《詩》卷 132 李頎《送劉四》，頁 1342。
嚴照鄰		十歲能賦詩。		小		《詩》卷 414 元稹《贈嚴童子》，頁 4593。
劉安子		劉安善訓諸子，咸有學藝。		士		《舊》卷 123《劉晏傳》，頁 3515。
穆盛諸子		穆盛好學，善教諸子，家道以嚴稱。		士		《舊》卷 159《穆寧傳》，頁 4115。

附錄二：唐代士子山林寺觀習業情況表

姓名	出自	習業地	習業情況	資料出處
韋丹	士	終南山	事從父熊，通五經。明經。	《文》卷 566 韓愈《韋丹墓誌銘》
閻防	小	終南山	開元間豐德寺結茆茨讀書。開元 22 年進士。	《才子》冊 1 本傳，頁 345。
薛據	士	終南山	飽閱閻防在豐德寺結茆茨讀書。開元九年進士。	《紀事》卷 26「閻防」
李商隱	小	終南山	送我習業南山阿。開成二年（837）進士。	《詩》卷 541 李商隱《安平公詩》
盧生	不詳	終南山	隱居讀書。	《廣記》卷 17「盧李二生」
李生	不詳	終南山	隱居讀書。	同上
張仲殷	小	終南山	讀書，結時流子弟三四人。	《廣記》卷 307「張仲殷」
盧元裕	士	終南山	結交詩友讀書。制舉登科。即盧正己（註1）。	《廣記》卷 422「盧翰」
許稷	小	終南山	隱學三年。貞元 18 年進士	《登科記考》卷 15

（註1）參《全唐文》卷 420 常袞《盧正己墓誌銘》，第 4293 頁。《新唐書宰相世系表》（第 2919 頁）以元裕、正己爲兄弟，誤。

姓名	身分	地點	說明	出處
尹縱之	不詳	終南山	林下有志士，苦學惜光陰。	《詩》卷 432 白居易《秋霖中遇尹縱之仙遊山居》
李紳	士	華山	習業於華山。元和元年進士。	《廣記》卷 27「唐若山」
班行達	不詳	華山	大曆中爲學於雲臺觀兩序。	《廣記》卷 63「王女」
田卓	不詳	華山	何物隨身去，六經與一琴。……偶坐僧同石，閒看葉滿林。業成須調鼎，無貯白雲心。	《詩》卷 496 姚合《送進士田卓入華山》
張篯	小	華山	雲臺觀修業。	《北夢》卷 4《西嶽神繫張篯》
牛僧孺	小	長安	客戶坊稅一廟院。永貞元年（805）進士。	《摭言》卷 7「升沉後進」
韋昭度	士	長安	依左街僧錄淨光。咸通八年（867）進士。	《摭言》卷 7「起自寒苦」
竇乂	小	長安	借嘉會坊伯父寺院習業。	《廣記》卷 243「竇乂」
韓愈全	小	長安	街西僧院中，令讀書。	《廣記》卷 409「染牡丹花」
二秀才	不詳	長安郊	對坐讀書終卷後，自拔衣被掃僧房。	《詩》卷 301 王建《秋夜對雨寄石甕寺二秀才》
楊楨	不詳	長安郊	長借石甕寺文殊院習業。	《廣記》卷 373「楊楨」
韋應物	士	長安郊	如何小子伉，亦有超世心。擔書從我遊。	《詩》卷 190 韋應物《燈上精舍答趙氏外生伉》。冊 2，頁 163。
趙伉	士	長安郊	同上。進士。	同上。《世系表》三下，頁 2985。
林某	不詳	長安郊		《詩》卷 375 孟郊《登華嚴寺樓望終南山贈林校書兄弟》；卷 376 孟郊《隨林校書花林嚴寺書窗》
文銖	不詳	長安郊	父母令於別業讀書。	《雲笈七籤》卷 117「道教靈驗記文銖臺」
沈亞	小	長安郊	同州法輪寺寓居習業。	《廣記》卷 307「沈亞」

姓名	身份	地點	情況	出處
範璋	不詳	長安郊	寶曆二年，明經範璋據梁山讀書。	《西陽雜俎》續集二。
盧鴻	庶	嵩山	廣學盧，聚徒至五百人。	《新》卷196《隱逸·盧鴻傳》
李渤	士	嵩山	隱於嵩山，以讀書業文為事。	《舊》卷171、《新》卷117本傳
孟郊	小	嵩山	隱嵩山，稱處士。貞元12年進士。	《舊》卷160《韓愈傳附孟郊傳》
孔述睿	小	嵩山	孤，與兄克符、弟克讓俱隱嵩山，好學不倦。	《舊》卷192《隱逸·孔述睿傳》
孔克符	小	嵩山	同上。	同上
孔克讓	小	嵩山	同上。	同上
韋士儀	庶	嵩山	初士儀與孔述睿同隱於嵩山。	《文》卷518梁肅《送韋拾遺歸嵩陽舊居序》
岑參	士	嵩山	十五隱於嵩山，二十獻書闕下。天寶三載進士。	《文》卷358《感舊賦序》
李垍	不詳	嵩山	文章滿人口，高第非苟得。要路在長安，歸山卻為客。進士。	《詩》卷585劉駕《送李垍先輩歸嵩少舊居》
智弘	不詳	嵩山	年才弱歲，往少林山，樂誦經典，頗工文章。	《大唐西域求法高僧傳》
郁昌（註2）	庶	嵩山	昂與杜黃裳「同學於嵩陽，二人同中第」。開元22進士。	《唐語林校證》五《補遺·郡昌》
杜黃裳	士	嵩山	同上	同上
韋思恭	不詳	嵩山	元和六年，京兆韋思恭與董生、王生三人結友於高山嶽寺肄業。	《廣記》卷422「韋思恭」
董生	不詳	嵩山	同上。	同上
王生	不詳	嵩山	同上。	同上
封陟	不詳	嵩山	寶曆中，有封陟孝廉者居於少室，志在典墳。	《廣記》卷68「封陟」

（註2）當作郁純。事見《舊唐書》卷157、《新唐書》卷143《郁士美傳》。

姓名	階層	地點	事蹟	出處
韋安之	不詳	嵩山	河陽人，住少室等師。至登封，逢一人姓張名道，飲往少室山讀書。乃約為兄弟，同入少室，師李潛，韋安之赴舉進士及第。	《廣記》卷 347「韋安之」
張道	不詳	嵩山	同上。	同上。
任生	不詳	嵩山	隱居嵩山讀書。	《雲笈七籤》卷 113《上仙傳‧任生》
劉長卿	小	嵩山	河間人，少居嵩山讀書。開元二十一年進士及第。	《才子》冊一本傳，頁 311。
崔曙	士	嵩山	宋州人，苦讀書，高樓少室山中。開元 26 年進士。	《才子》冊一本傳，頁 276。
張諲	庶	嵩山	永嘉人，初隱少室下，閉門修肄，志甚勤苦。後應舉，官至員外郎。及第，科目不詳。	《才子》冊一本傳，頁 359。
張謂	庶	嵩山	河內人，少讀書嵩山。天寶二年進士。	《才子》冊二本傳，頁 137。
龐式	不詳	嵩山	（後）唐長興三年，進士龐式肄業於嵩陽觀之側，薛生少年純愨。師事於式。後式登進士第。	《廣記》卷 313「龐式」
薛生	不詳	嵩山	同上。	同上。
張易	不詳	嵩山	魏州元城人，徙居萊州掖縣，「少讀書於長白山，又徙王屋山及嵩山，苦學自勵，食無鹽酪者五歲，齊有高士王達靈，居海上，博學精識，少許可。易從之遊數年，入洛舉進士，不中。」	陸游《南唐書》卷 13 本傳。
李頎	庶	嵩山	男兒立身須自強。十年閉戶潁水陽。業就功成見明主，擊鍾鼎食坐華堂。開元 23 年進士。	《詩》卷 10 李頎《緩歌行》、《才子》冊一本傳，頁 351。
李玫	不詳	嵩山旁	大和元年，智業於龍門天竺寺。	《廣記》卷 388「齊君房」
房琯	士	嵩山旁	少好學，與東平呂向於陸渾尹陽山讀書為事，凡十餘年。	《舊》卷 111 本傳。制舉登科
呂向	庶	嵩山旁	同上。強於舉。	《舊》卷 111《房琯傳》；《新》卷 202 文藝本傳。

姓名		地點	情況	出處
李賀	士	嵩山旁	蟲向燈光薄，宵寒藥氣濃，君憐垂翅客，辛苦尚相從。	《詩》卷392李賀《昌谷讀書示巴童》；卷390李賀《始為奉禮憶昌谷山居》（註3）。
苗縱	不詳	嵩山旁	汝上多奇山，高懷愜清境。強來干名地，常言夢歸處，泉石奏更冷。	《詩》卷596司馬劄《送進士苗縱歸紫邏山居》
段維	不詳	中條山	年及壯士，殊不知書。一日自悟其非，聞中條山書生淵藪，因往請益。眾以年長稍未發蒙，不與授經。或出以律詩百餘篇俾其諷誦。翌日，維盡強記，諸生異之⋯⋯隱授之《孝經》。咸通乾符中，聲名籍甚。	《摭言》卷10《海敘不遇》
徐商	士	中條山	嘗於中條山萬固寺泉入院讀書。家廟碑沉缽。	《摭言》7《起自寒苦》。大和5進士。
盧潘	小	中條山	羸家駿馬，日馳三百里，夜抵襄國界，舍馬步行，經人王屋山，請詣道士觀，置於門外無下，席地而處。始聞孝經。論話，布褐不襪，擇草為茹，或覓日不得食。如此凡十年，年三十，有文有學。開成三年來京師，擧進士。	《文》卷755杜牧《盧秀才墓誌》。又《詩》卷522杜牧《句溪夏日送盧霈秀才歸王屋山將欲赴舉》；卷524杜牧《盧秀才將出王屋高步名場江南相逢贈別》。
柳鎮	士	中條山	天寶末，經術高第，遇亂，載家書，隱王屋山，深處以修業，合群從弟任彈講春秋左氏，易王氏。明經及第。	《文》卷588《先侍御府君神道碑》
陽城	小	中條山	北平人。代為臣族，家貧不能得書，乃求為集賢寫書吏，竊官書讀之，晝夜不出房。經六年，乃無所不通。既而隱於中條山，遠近慕其德行，多從之學。進士及第。	《舊》卷192本傳
王龜	士	中條山	王起之子。大和初，從起自蒲，於中條葺書堂以居之。	《南部新書》丙。
姚氏子	小	中條山	詳見正文頁153所引。	《廣記》卷65「姚氏三子」
張鎬	小	太行山	南陽人。少為業勤苦，隱王屋山，未嘗釋卷。	《廣記》卷64「張鎬妻」

（註3）又參《唐才子傳校箋》卷5《李賀傳》，冊2，第282頁。

姓名	出身	山	事蹟	出處
李商隱	小	大行山	早年習業王屋山。	《王黏生年譜會箋》卷一
李華	士	大行山	幼時與流輩五六人在濟源山莊讀書。開元23年進士。	《廣記》卷372「李華」
張仁亶	庶	大行山	幼時貧乏，恆在東都北市賣居，將適詣白鹿山。仁亶志學，方欲志日，今欲偕行，許焉。	《廣記》卷328「閻庚」。張仁亶即中宗朝宰相張仁願。
閻庚	庶	大行山	同上	同上
杜鵬舉	士	大行山	少與盧藏用隱於白鹿山。門蔭後制科。	《文》卷422 楊炎《安州刺史杜公神道碑》
盧藏用	士	大行山	同上。神龍元年制舉登科。	同上。《新》卷123 本傳。
李樓藥	士	大行山	特喜讀書，居汶共城山下。天寶七載進士。	《新》卷146 本傳
徐彥伯	庶	大行山	結廬太行山。賢良登科。	《新》卷114 本傳
盧群	庶	大行山	范陽人。少好讀書。初學於大安山。陳少游辟為從事	《舊》卷140 本傳
崔從、崔能	士	大行山	少孤貧，萬居長太原，與仲兄能同隱山林，苦心力學。屬歲兵荒，至於絕食，弟兄稽稽枵貧，飲水棲衡，而講誦不輟，怡然終日，不出山岩，如是者十年，貞元初，進士登第。	《舊》卷177《崔慎由傳》
趙生	小	大行山	隱嵩陽山，葺茅為舍。生有書百餘卷，發而至山中，書習夜息，雖襄熱切饞，不憚勞苦。明經苦及第。	《宣室志》卷5，頁1025。
蘇源明	庶	泰山	武功少也孤，時下萊無郭，讀書東嶽中，十載考墳典，忍饑凍雲巘，負米晚為炊，每食臨必浚，夜字照藝薪，報茲劬勞顯，垢衣生碧蘚，庶以勤苦志，學蔚帏儒姿，灑落辭幽人，文包舊史笈，歸來潛京輦，宗匠集精選，射君東堂策，乙科巳大闡，制可題末干。	《詩》卷222 杜甫《八哀詩·故秘書少監蘇公源明》。《新》卷本傳雲天寶進士及第。
光化寺客	不詳	徂徠山	光化寺有習智儒業者，堅志集樓焉。	《廣記》卷417「光化寺客」

姓名	身份	名山	情況	出處
王泠然	不詳	鄒魯名山	元和十三年進士權第，嘗居鄒魯間名山習業。	《廣記》卷490「東陽夜怪錄」
孔巢父	士	徂徠山	少力學，隱徂徠山。廣德中，為左兵曹參軍	《新》卷163本傳
李白	小	徂徠山	少與魯中諸生孔巢父、裴政、張叔明、陶沔等隱徂徠山，時號竹溪六逸。	《舊》卷190下《文苑·李白傳》
韓沔	不詳	徂徠山	同上	同上
裴政	不詳	徂徠山	同上	同上
張叔明	不詳	徂徠山	同上	同上
陶沔	不詳	徂徠山	同上	同上
高漢筠	小	長白山	齊州歷山人，少好書傳，嘗詣長白山講肆。	《舊五》卷94本傳
張昜	不詳	長白山		陸游《南唐書》卷12本傳
九經者	不詳	長白山	九經三史學，躬耕又躬微，江僧酬唱句，沙鶴識麻衣。長白山初出，青雲路欲飛，家在黃河北，南來偶未歸。	《詩》卷842齊己《酬九經者》
劉軻	庶	廬山	在凌霄峰下立書堂習業。元和13年進士。	陳舜俞《廬山記》卷2。《文》卷742劉軻《與馬植書》；
李逢吉	士	廬山	依李渤學於此山折桂庵。明經及第。	同上
李渤	士	廬山	同上。	同上
朱樸	庶	廬山	乾寧中，依惠日禪院習業，三史舉。	同上。《新》183本傳。
劉鄴	不詳	廬山		同上。
符載	庶	廬山	貞元間，與王簡言、李元象、高明在廬山營蓬居，三子以德相勗，精綜六籍，翺翔百氏。居五六載。	《文》卷690 符載《荊州與楊衡說舊因送遊南越序》
王簡言	不詳	廬山	同上	同上
李元象	不詳	廬山	同上	同上

姓名	身分	地點	內容	出處
楊衡	小	盧山	天寶間，與符載、竇群、李渤同隱盧山，結草堂於五老峰下，號山中四友。貞元五年進士。	《才子》冊二本傳，頁596。此處竇群、李渤乃辛氏臆補。
竇群	士	盧山	同上。	同上。《舊》155 本傳。
苟某	不詳	盧山	有庭筠書堂故基。	《文》卷742 劉軻《與馬植書》
溫庭筠	小	盧山		《文》卷872 李讜古《盧江宴集記》
韋成緒	士	盧山	慕謝始精文。依倦欲觀妙……郡有優賢榻，朝編貢士詔。	《詩》卷192 韋應物《題從侄成緒西林精舍書齋》。
王建	庶	盧山	僧住鑪峰下，書堂對藥臺……君家白鹿洞，聞道亦生苔。	《詩》卷299 王建《題別遺愛草堂兼呈李十使君》。《才子》冊二，頁150。
李十	不詳	盧山	上詩原注：李十亦嘗隱盧山白鹿洞。	同上
費某	不詳	盧山		《詩》卷333 楊巨源《題五老峰下費君書院》
元處士	不詳	盧山	紫霄峰下絕韋編，舊隱相如結褉前。原注：元君舊隱盧山學《易》。	《詩》卷99 許渾《贈元處士》
許彬	不詳	盧山	昔易投居止，盧山得此峰。主人曾已許，仙客偶相逢。顧已恩難答，窮經業未慵。還能勸童僕，稍更補杉松。	《詩》卷678 許彬《酬簡寂熊尊師以趙員外盧山草堂見借》
杜荀鶴	庶	盧山	十載同樓盧岳雲，蹇燒枯葉夜論文。在生未識公卿面，至死不離麋鹿群。咸通進士。	《詩》卷692 杜荀鶴《哭山友》
唐求友	不詳	盧山		《詩》卷724 唐求《送友人江行之盧山肄業》
杜牧	士	盧山	舊隱匡盧一草堂，今聞攜策謁吾皇。大和二年進士。	《詩》卷744 伍喬《聞杜牧赴闕》
祝秀才	不詳	盧山	束書辭找下重巔。	《詩》卷744 伍喬《盧山書堂送祝秀才還鄉》

姓名	身分	地點	情況	出處
江某	不詳	廬山	五老雲中勤學者，遇時能不阨風塵。束書西上謁明主，捧檄南歸慰老親。	《詩》卷744 伍喬《送江少府授延陵後寄》
伍喬	不詳	廬山	少隱居廬山讀書，工為詩，與杜牧之同時擢第。（實為入廬山國學，非隱居讀書）	《才子》冊3 本傳，頁258。實為南唐時人。
李中	不詳	廬山	三十年前共苦辛，囊螢曾寄此煙岑。讀書燈暗嫌雲重，搜句石平嫌蘚深。各歷宦途悲聚散，再看物景還依舊。風冷松高返狁吟。	《詩》卷750 李中《壬申歲承命之任澄陽再過廬山國學感舊寄劉釣明府》壬申為南唐僧宗中和中為梁乾化二年，三十年前廬山未有國學。
楊收	士	廬山	江州人。少年於廬山修業，堅進取之心。會昌年元進士。	《北夢》卷12「楊收不學仙山」，頁249。
張瑝	不詳	廬山	廬山書生張瑝，乾寧中，以所業之桂州，欲謁連帥。	《北夢》卷12，頁263。
李端	士	廬山	少時居廬山，依皎然讀書。大曆五年進士擢第。	《才子》冊2，頁71。
李涉	士	廬山	洛陽人，渤之仲兄也。卜隱匡廬香爐峰下石洞間，嘗養一白鹿，因名所居曰白鹿洞，與弟渤、崔膺民季茅舍相接。後徙居終南。	《才子》卷2，頁295。
薛肇	不詳	廬山	與進士崔宇於廬山讀書。同志四人，二人業未成而去。崔宇勤苦，尋己擢第。	《廣記》卷17「薛肇」
崔宇	不詳	廬山	同上。進士及第。	同上
閭丘方遠	不詳	廬山	年十六，精通詩書，學《易》於廬山陳山昭。時在唐末	《雲笈七籤》卷113《續仙傳·閭丘方遠》
顏翊	士	廬山	先是營公顏真卿寄居郡之五里墩，厥後裔孫顏翊率子弟三十餘人授經洞中。	《白鹿書院記》
以下為唐末五代廬山習…		廬山	後梁乾化四年，仙居禪宇，參學之流，遠邇輻輳，師以詩禮接儒俗，覊旅書生咸事業，告行之日，	《文》卷869 陸元浩《仙居洞永安禪院記》。

業者	地點		內容	出處
李慣古	盧山		復遺資糧，登錄仕者甚多，榮未榮者不一。	《文》卷 872 李慣古《盧江宴集記》。
陳氏書堂	盧山		吳乾貞乙丑歲，子得庭筠書堂故基。子方肄業，乃結盧而止。俄而長樂從弟兄泪親友十餘人繼至。	《文》卷 888 徐鍇《陳氏書堂記》
陳沉	盧山		盧山人。黃損、能昭師事之。齊已贈沉云：「四海方磨劍，深山自讀書。」	《五代詩話》卷 3 引《雅言雜載》
陳貺	盧山		性澹漠、孤貧力學，積書至數千卷，隱盧山幾四十年，學者多師事之。元宗聞其名，以幣帛任征。	《十國春秋》卷 29 本傳
劉洞	盧山		盧陵人。少游盧山，學詩於陳貺，精忠不解。貺卒，猶居二十年。	馬令《南唐書》14《儒者・劉洞傳》
江為	盧山		建陽人。遊盧山白鹿洞，師事處士陳貺，居二十年。	馬令《南唐書》14《儒者・江為傳》
鍾輻	虔州	不詳	虔州南康人。始建山齋為習業之所。因手植一松於庭際，俄夢朱衣吏白云：「松圍三尺，子當及第。」及第。	《摭言》卷 8《夢》
姚崇	吉州	小	開元宰相姚崇布衣之時會至永新縣西北一百二十里禾山足石室，卜居於側，讀書數歲，制舉登科。	《太平寰宇記》卷 109《吉州・永新縣》
盧肇	袁州	小	州西南三十里有書堂山。盧肇讀書於此。會昌三年進士。	《太平寰宇記》卷 109《袁州・宜春縣》
李泌	衡山	士	泌嘗讀書衡嶽寺。開元 16 年進士。	《廣記》卷 38「李錡」；卷 96「欄陵」
戴十五	衡山	不詳		《文》卷 349 李中《送戴十五歸衡嶽序》
李寬中	衡山	不詳	願君此地攻文字，如煉仙家九轉丹。	《詩》卷 370 呂溫《同恭夏日題尋真觀李寬中秀才書院》

王昭海	小	衡山	鉻披害，次子昭海為湖南綱官李震置茶榷中，「既至湖南，乃令依南嶽寺僧習業，歲給其費。」	《舊五》卷54《王鉻傳》
楊生	不詳	羅浮山		《文》卷742 劉軻《與馬植書》
劉軻	士	羅浮山	唐宰相瞻之兄也，家貧……入羅浮山。初瞻與瞻俱讀書為文，而瞻性唯高上。瞻嘗慕榮達，瞻嘗謂瞻曰：鄙必不第；爾得第，則勞於塵俗。	《廣記》卷54「劉軻」
楊環	不詳	羅浮山	南海人。力學攻詩，隱居羅浮，咸通末進士。	《羅浮山志會編》卷6《隱逸》
古成之	不詳	羅浮山	惠州人。五代末，結廬羅浮山，力學不怠，淹通群籍，中第。	《羅浮山志會編》卷5《人物志》
陳子昂	小	金華山	初年十八未知書，後入鄉校，感悔，即於（梓）州東南金華山觀讀書，痛自修飭。嗣聖元年進士。	《才子》卷1本傳。《詩》卷220 杜甫《冬到金華山觀因得故拾遺陳公學堂遺迹》
李白	小	大匡山	不見李生大……匡山讀書處，頭白好歸來。	《詩》卷222 杜甫《不見》卷18「李白」，頁600。
柏大兄弟	小		叔父朱門貴，郎君玉樹高。山居精典籍，文雅涉風騷。……野屋流寒水，山籬帶薄雲。靜應連虎穴，暗已個去人韋。筆架沾窗雨，書簽映隙曛。蕭蕭千里足，個個五花文。	《詩》卷231 杜甫《題柏大兄弟山居屋壁二首》
竇九	小		文章亦不盡，竇子才縱橫。非爾更苦節，何人符大名。讀書雲閣觀，問絹錦官城。我有汎花竹，題詩須一行。	《詩》卷234 杜甫《送竇九歸成都》
符載	不詳	青城山	弱年與王簡言、李元象、高明俱約為友，同詣青城山，斬刈蓁草，手樹屋宇，俱務佐王之學，初載未知書，其所覽誦，章句而已。高明發明大體，誘我於疏通廣博之地。	《文》卷690 符載《荊州與楊衡說舊因送遊南越序》
王簡言	不詳	青城山	同上	同上

李元象	不詳	青城山	同上	同上
楊衡	士	青城山	符載與楊衡、宋濟棲青城山以習業。楊衡擢進士第，宋濟老死。	《北夢》卷 5「符載」
宋濟	不詳	青城山	同上	同上
仲子陵	庶	峨眉山	卅歲好古學，與同門生鏈業於峨眉山下，探撰前載可以為文章楩要者、紬繹區別，凡數十萬言。大曆十三年進士。	《文》卷 502 權德輿《仲子陵墓誌銘》
鮮于仲通	小	離堆山	新政縣南有離堆山，門人嘉陵江。公慷慨發憤、棄人事，鑿石構室以居焉。勵精爲學、開元二十年、年近四十、鄉貢進士高第。	《文》卷 343 顏真卿《鮮于仲通神道碑》
劉蛻	庶	兜率寺	子於山上著書一十八篇、自號爲《山書》。文家者、長沙劉蛻爲文不忍去其草，聚而封之也。大中四年進士。	《文》卷 789 劉蛻《山書一十八篇序》；《梓州兜率寺文冢銘》。
獨孤秀才	不詳	明月山	家薪臨水郡，兩到讀書山。	《詩》卷 573 賈島《送獨孤馬二秀才居明月山讀書》
馬秀才	不詳	明月山	同上。	同上
段文昌	小	龍華山	文昌有別業在廣都縣之南龍華山，當杜門力學於此，俗謂之段公讀書臺。長慶初……授劍南節度使，有邑人贈詩曰：「昔日騎驢學忍饑，今朝忽著錦衣歸。等閒畫虎驅紅旆，可畏登龍入紫微。當貴不由翁祖致，文章生得羽毛飛。廣都再去應惆悵，猶有江邊舊釣磯。」	《紀事》卷 50「段文昌」，頁 1690。
元庭堅	不詳	遂州	罷遂州參軍，於州界界山讀書	《廣記》卷 460「元庭堅」
宗密	不詳	遂州	家賓果州，因遂州有義學院，大闡儒宗，遂投詣進業。	《圓覺經大疏抄》卷 1 之下
顧雲	庶	九華山	池州人，與杜荀鶴同隱九華山，咸通末進士	《文》卷 815 顧雲《唐風集序》

杜荀鶴	庶	九華山	同上	同上
段文圭	庶	九華山	池州人。顧雲與杜荀鶴、殷文圭友善，同肆業於九華山。文圭苦學，所用墨池底爲之穴。乾寧五年進士。	《紀事》卷67「顧雲」，頁2269。卷68「殷文圭」，頁2273。《才子》冊4，頁361。
張喬	庶	九華山	池州人。隱居九華山，有高致。十年不窺園，以苦學。大順中，京兆府解。大順元年（880）進士。	《才子》冊4本傳，頁300。
鄭谷	小	九華山	雖以曲江居古寺，舊山終憶九華峰。光啓三年（886）進士。	《詩》卷675鄭谷《趨慈恩寺默公院》。《才子》冊4，頁152。
李昭象	小	九華山	還如費冠卿，向此振高名。（費冠卿、池州人、隱九華山十五年以上。見《紀事》卷60「費冠卿」，頁2029。）	《詩》卷677李昭象《赴舉出山留寄山居鄭參軍》。《才子》卷67本傳。
王播	士	惠昭寺	少孤貧，嘗客揚州，讀書於惠昭寺，隨僧齋食。貞元十年（794）進士。	《摭言》卷7「起自寒苦」
薛大信	不詳	靈巖寺	大信輿子最舊，始以孝悌餘力皆學於廣陵之靈巖寺。雲卷其身，討論數處，常見大信述作必根平六經	《文》卷628呂溫《送薛大信歸臨晉序》
呂溫	小	靈巖寺	同上。貞元14年（798）進士。	同上
王紹宗	小	揚州某寺	揚州江都人。少勤學，遍覽經史，尤工草隸。家貧，常備力寫佛經以自給。寓居寺中，以清淨自守，垂三十年。	《舊》卷189下《儒學·王紹宗傳》
羅烱	庶	福泉寺	廬州人。常投福泉寺僧房寄足。每日隨僧一食學業而已。歷二十年間，持節歸郡，泊入境，專遊福泉寺，駐旌載信宿，書其壁爲：「二十年前此此布衣，鹿鳴西上虎符歸。行時賓從歌前事，到處杉松長舊園。」	《鑒誡錄》卷8「衣錦歸」
李紳	士	惠山寺	初貧、遊無錫惠山寺，累以佛經爲文稿，被主藏僧毆打，故終身憾焉。時年十五六。	《雲溪友議》卷上「李相公紳」。《文》卷816李潘《惠山寺家山記》

人名	身分	地點	事蹟	出處
李騭	不詳	惠山寺	大和五年四月，予自江東將西歸峽陽，路出錫邑，因肄業於惠山寺。居三歲，其所諷念，左氏春秋、詩、易、及司馬遷、班固史、屈原離騷、莊周、韓非書記，及著歌詩數百篇。其詩凡言山中事者悉記之於屋壁，文則不載。	《文》724 李騭《題惠山寺詩序》。
顧非熊	小		吟詩三十載，成此一名雖。會昌五年（845）進士。	《詩》卷 554 項斯《送顧非熊及第歸茅山》
方干	庶	茅山	我來幸與諸生異，問答時容近綘紗。	《詩》卷 650 方干《茅山贈洪拾遺》
李贄	不詳	離墨山	大中中在常州離墨山善權寺習業。	《文》卷 778 李贄《請自出俸錢收贖善權寺事奏》
張泌	士	金鳳山	唐末，田衣野服，隱於金鳳山（蘇州崑山縣四十里），學鬼谷縱橫之術，欲以掉闔取貴仕。	《舊》179、《新》185 本傳二下、《世系表》二下，頁 2717。
顏真卿	士	福山寺	子未仕時，讀書講學恆在福山（常熟），邑之寺有類福山者，無有不予迹也。開元 22 年進士。	《文》卷 337 顏真卿《汛愛寺重修記》
郭全	不詳	靈山	靈山在城南，唐顧況有送郭全靈山讀書詩。	《輿地紀勝》卷 7《鎮江府景物》
邱為	庶	嘉興	嘉興人，初累舉不第，歸山讀書數年，天寶初進士。	《才子》冊 1 本傳作「丘為」，頁 375。
鄭某	不詳	天目山	始從天目（杭州）遊，復作羅浮行。	《詩》卷 465 楊衡《送鄭丞之羅浮習業》
李頻	不詳	西山	睦州壽昌人。少務悟，遊長、盧西山，多所記覽。大中八年進士	《新》203 文藝本傳
李紳	士	天宮寺	初貧，遊無錫惠山寺，累以佛經爲文稿，被主藏僧毆打。……後之剡川（會稽）天宮精舍，老僧知此客非常，延歸本院，經數年而辭別赴舉，將以文贈行，贈以衣之資。	《雲溪友議》卷上「李相公紳」。

姓名	出身	地點	事蹟	出處
齊抗	小	剡中	少隱會稽剡中讀書。顧況云「齊侯貴胄」，以隱為榮。陳諫云「中書侍郎平章事高陽齊公，昔遊越鄉，閑隱剡嶺，閱歲於玉笥」，水者垂三十載，初棲於剡谷。	《舊》136本傳。《文》卷529顧況《玉笥山書堂石簬峰銘》。卷684陳諫《登石簬峰詩序》
趙璘	士	昌安寺	浙東觀察治所有昌安寺，子長慶中始冠，將為進士生，萬此肆業。大和八年（834）進士。	《文》卷791趙璘《書戒珠寺》
曹墦	不詳	剡中	行盡瀟湘萬里餘，少達知己憶吾廬。數間茅屋閑臨水，一盞秋燈夜讀書。地遠何當隨計吏，策成終自詣公車。剡中若周連州事，唯有千山畫不如。	《詩》卷361劉禹錫《送曹璩歸越中舊隱詩》
裴秀才	不詳	會稽山		《詩》卷819僧皎然《送裴秀才往會稽山讀書》
沈秀才	不詳	石門山		《詩》卷819僧皎然《同明府草送沈秀才還石門山讀書》
靈一	庶	雲門寺	童子出家，餘飾外無所有。天性超穎，追蹤謝客、隱居廟源弟三合中，結茅讀書。後百業精進，居若耶溪雲門寺，從學者四方而至矣。（大曆貞元中人）	《才子》冊1《道人靈一傳》
許寂	庶	四明山	少年樓四明山，學易於盃儀君。	《廣記》卷196「許寂」（註4）
李元平	士	東陽寺	故陸州刺史伯誠之子。大曆五年，客於東陽寺中讀書歲餘。	《廣記》卷112、339「李元平」。《舊》卷130本傳。
徐安貞	庶	九峰山	九峰山在縣南六十里，下有唐侍中書侍郎徐安貞讀書岩。神龍二年（706）進士。	《大平寰宇記》卷97《婺州·蘭溪縣》
林藻	小	莆山	初侍御史清南林公藻與其季水部員外郎蘊，貞元中居兹而業文。歐陽四門舍泉山而詣焉（原注：四門家晉江，…）	《文》卷825黃滔《莆山靈嚴寺碑銘》。貞元七年（791）進士。

〔註4〕參《舊五代史》卷71《許寂傳》，第944頁。

林蘊	小	莆山	泉山(在郡城之北，其集有《與王式書》云莆陽讀書，即茲寺也)。……大中中，潁川陳蔚、江夏黃楷，慕三賢之懿躅，長沙歐陽碣兼愚，平人藝士十攻九敗，故潁川之以家菟旬也，與二子率不西邁，而愚奮然凡二十四年於舉場，卒忝甲第。	
歐陽詹	小	莆山	同上。貞元四年（788）進士。	同上
陳蔚	不詳	莆山	同上。貞元八年（792）進士。	同上
黃楷	不詳	莆山	同上。	同上
歐陽碣	不詳	莆山	同上。	同上
黃滔	庶	莆山	同上。乾寧二年（895）進士。	同上。《十國春秋》卷 95 本傳。
陳嶠	小	莆山	韶齔好學，弱冠能文，與高陽許龜圖、江夏黃彥修居莆之北巖精舍，五年而二子西去，復居北平山。兩地穴管寧之榻，十霜榮隋氏之珠，然後應詔諸侯，求試宗伯。	《文》卷 826 黃滔《陳嶠墓誌》。光啓四年（888）進士及第。
許龜圖	不詳	莆山	同上。	同上
黃彥修	不詳	莆山	同上。	同上
陳嶠	不詳	北平山	同上。	同上
歐陽詹	小	泉山		《文》卷 596 歐陽詹《與王式書》
毛柄	不詳	南臺山	豐城人。聚生徒數十，講誦於南臺山（閩侯縣南）	馬氏《南唐書》卷 15《隱者‧毛柄傳》
韋應物	士	不詳	諸生時列坐，共愛風滿林。	《詩》卷 187 韋應物《善福精舍示諸生》
王正字	不詳	不詳		《詩》卷 206 李嘉祐《送王正字山寺讀書》

人名	家世	情況	出處
高適	小	草堂棲在靈山谷，勤苦讀書向燈燭。制舉登科。	《詩》卷 215 高適《靈巖寺》冊 1 本傳，頁 414。
錢起	庶	天寶十載（751）進士。	《詩》卷 238 錢起《山齋讀書寄時校書杜叟》。《舊》卷 168《錢徽傳》。
元結	小	小溪任城下，……勤引辭學輩，今誰不務武，儒雅道爾廢。豈忘二三子，日夕相勉勵。天寶 13 載進士。	《詩》卷 241 元結《遊石溪示學者》、《又遊滋泉示泉上學者》。
李範	不詳	此觀十年遊，此房千里宿。還來舊書讀，更取君書讀。	《詩》卷 267 顧況《題元陽觀舊讀書房贈李範》
王建	庶	如何棄我去，天路忽騰驤。……十年居此溪，松桂日蒼蒼。自從無佳人，山中不輝光。盡棄所留藥，亦棄舊草堂。還君誓已書，歸我學仙方。	《詩》卷 297 王建《山中寄及第故人》
宇文鼒	不詳	讀書林下寺，不出動經年。……雲庭無履迹，龕壁有燈煙。年少今頭白，刪詩到幾篇。	《詩》卷 310 于鵠《題宇文褧山寺讀書院》
裴垍	士	裴相未相時，讀書靈山寺，住處接園籬，指言他日貴，墓刻似不移。貞元三年（787）進士。	《詩》卷 402 元稹《感夢》。
白居易	小	偶獻子虛登上第，卻吟招隱憶中林。	《詩》卷 436 白居易《及第後憶舊山》。貞元 16 年（800）進士。
楊發	士	茅屋住來久，山深不置門。大和四年（830）進士。	《詩》卷 517 楊發《南溪書院》
朱慶餘	庶	白鶴西山別，……遙知尋寺路。寶曆二年（826）進士（註51）。	《詩》卷 514 朱慶餘《韓協律相送精舍讀書四韻奉寄呈陸補闕》。
杜牧	士	西巖會到讀書堂，穿竹行沙十里強。	《詩》卷 526 杜牧《途中逢故人話西山讀書早曾遊覽》（卷 536 作許渾詩）

〔註 51〕 參《唐才子傳校箋》卷 6《朱慶餘傳》，冊 3，第 189 頁。

姓名			內容	出處
許渾	不詳	不詳	憶昨未知道，臨川侮羨魚。世途行處見，人事病來疎。微雨秋來竹，孤燈夜讀書。鄰君亦同志，晚歲傍山居。	《詩》卷 532 許渾《卜居招書侶》（卷 526 作杜牧詩）大和六年進士（註6）。
薛洪	不詳	不詳	從此草玄應有地，白雲青嶂一相招。	《詩》卷 536 許渾《送薛秀才南遊》（一作送薛洪遊訪山陽業）
車壽	不詳	不詳	要路知無援，深山必遇師。	《詩》卷 544 劉得仁《送車壽罷舉歸山》
莫宣卿	庶	不詳	書屋倚麒麟，不同牛馬路。床頭萬卷書，溪上五龍渡。井汲洌寒泉，桂花香玉露。茅簷無外物，只見青雲護。	《詩》卷 566 莫宣卿《答問讀書居》。大中六年（852）制舉登科。
崔塗	庶	不詳	欲惱峨嵋別，中宵寢不能。吟盡枕前燈。聽殘池上雨。雲門一萬里，失計方期隱。修心未到僧。	《詩》卷 679 崔塗《入蜀赴舉秋夜與先生話別》。光啟四年（888）進士（註7）。
柳璨	士	不詳	少孤貧，好學，僻居林泉，畫則採樵，夜則燃木葉以照書。性書直，無緣飾。光化二年（899）進士。	《舊》卷 179 本傳
許敬	不詳	不詳	貞元中，許敬、張開同讀書於假月山。書堂兩間，人據其一。中隔有丈，許西而張東，各開戶牖。初敬、開相勸勵，情地甚押。白春徂冬，各秉燭而學。一夜二更，忽有一物推許生户而入，初意其張生，及讀書編，乃回視。	《廣記》卷 365「許敬張開」
張閒（註8）	不詳	不詳	同上	同上
任頊	不詳	不詳	建中初，有樂安任頊者，好讀書，……居深山中。	《廣記》卷 421「任頊」

（註6）參《唐才子傳校箋》卷 7《許渾傳》，冊 3，第 233 頁。
（註7）參《唐才子傳校箋》卷 9《崔塗傳》，冊 4，第 189 頁。
（註8）開元十四年前有前國子進士張閒，當非同一人。參《登科記考補正》，第 1175 頁。

參考文獻

一、文獻、碑刻資料

1. 〔唐〕魏徵、令狐德棻:《隋書》,中華書局 1973 年版。
2. 〔後晉〕劉昫:《舊唐書》,中華書局 1975 年版。
3. 〔宋〕歐陽修、宋祁:《新唐書》,中華書局 1975 年版。
4. 〔宋〕薛居正:《舊五代史》,中華書局 1976 年版。
5. 〔宋〕歐陽修:《新五代史》,中華書局 1974 年版。
6. 〔元〕脫脫:《宋史》,中華書局 1985 年版。
7. 〔宋〕司馬光:《資治通鑒》,中華書局 1955 年版。
8. 〔唐〕李林甫撰,陳仲夫點校:《唐六典》,中華書局 1992 年版。
9. 〔唐〕長孫無忌等撰,劉俊文箋解:《唐律疏議箋解》,中華書局 1996 年版。
10. 〔唐〕杜佑撰,王文錦等點校:《通典》,中華書局 1988 年版。
11. 〔元〕馬端臨:《文獻通考》,中華書局 1986 年版。
12. 〔五代〕王溥:《唐會要》,中華書局 1955 年版。
13. 〔五代〕王溥:《五代會要》,中華書局 1998 年版。
14. 〔宋〕宋敏求:《唐大詔令集》,中華書局 2008 年版。
15. 〔宋〕談鑰:《吳興志》,《宋元方志叢刊》第五冊,中華書局 1990 年版。
16. 〔宋〕樂史:《宋本太平寰宇記》,中華書局 2000 年版。
17. 〔清〕吳任臣:《十國春秋》,中華書局 1983 年版。
18. 〔宋〕晁公武撰,孫猛校證:《郡齋讀書志校證》,上海古籍出版社 1990 年版。
19. 〔宋〕陳振孫:《直齋書錄解題》,上海古籍出版社 1987 年版。
20. 〔清〕永瑢:《四庫全書總目》,中華書局 1983 年版。

21.〔清〕徐松撰，孟二冬補正：《登科記考補正》，北京燕山出版社 2003 年版。

22.〔北齊〕顏之推撰，王利器集解：《顏氏家訓集解》，上海古籍出版社 1980 年版。

23.〔宋〕王欽若：《冊府元龜》，中華書局 1960 年版。

24.〔宋〕王欽若：《宋本冊府元龜》，中華書局 1989 年版。

25.〔宋〕李昉：《太平御覽》，中華書局 1960 年版。

26.〔宋〕李昉：《太平廣記》，中華書局 1961 年版。

27.〔唐〕李肇：《唐國史補》，《唐五代筆記小說大觀》，上海古籍出版社 2000 年版。

28.〔唐〕劉肅撰，許德楠、李鼎霞點校：《大唐新語》，中華書局 1984 年版。

29.〔唐〕封演撰，趙貞信校注：《封氏聞見記校注》，中華書局 2005 年版。

30.〔唐〕柳宗元：《龍城錄》，〔明〕佚名：《唐人百家短篇小說》，北京圖書館出版社 1998 年版。

31.〔唐〕段成式撰，方南生點校：《酉陽雜俎》，中華書局 1981 年版。

32.〔唐〕趙璘：《因話錄》，《唐五代筆記小說大觀》，上海古籍出版社 2000 年版。

33.〔唐〕佚名：《大唐傳載》，《唐五代筆記小說大觀》，上海古籍出版社 2000 年版。

34.〔唐〕鄭處誨撰，田廷柱點校：《明皇雜錄》，中華書局 1994 年版。

35.〔唐〕張讀：《宣室志》，《唐五代筆記小說大觀》，上海古籍出版社 2000 年版。

36.〔唐〕裴鉶：《傳奇》，《唐五代筆記小說大觀》，上海古籍出版社 2000 年版。

37.〔唐〕李綽：《尚書故實》，《唐五代筆記小說大觀》，上海古籍出版社 2000 年版。

38.〔唐〕范攄：《雲溪友議》，《唐五代筆記小說大觀》，上海古籍出版社 2000 年版。

39.〔唐〕高彥休：《唐闕史》，《唐五代筆記小說大觀》，上海古籍出版社 2000 年版。

40.〔唐〕闕名：《玉泉子》，《唐五代筆記小說大觀》，上海古籍出版社 2000 年版。

41.〔唐〕張固：《幽閒鼓吹》，《唐五代筆記小說大觀》，上海古籍出版社 2000 年版。

42.〔五代〕王定保：《唐摭言》，中華書局 1959 年版。

43. 〔五代〕王仁裕撰，曾貽芬點校：《開元天寶遺事》，中華書局 2006 年版。

44. 〔五代〕孫光憲撰，賈二強點校：《北夢瑣言》，中華書局 2002 年版。

45. 〔宋〕錢易撰，黃壽成點校：《南部新書》，中華書局 2002 年版。

46. 〔宋〕王讜撰，周勳初校證：《唐語林校證》，中華書局 1987 年版。

47. 〔宋〕蘇軾撰，王松齡點校：《東坡志林》，中華書局 1981 年版。

48. 〔宋〕王應麟著，〔清〕翁元圻等注：《困學紀聞》（全校本），上海古籍出版社 2008 年版。

49. 〔宋〕趙令畤撰，孔凡禮點校：《侯鯖錄》，中華書局 2002 年版。

50. 〔宋〕李昉：《文苑英華》，中華書局 1966 年版。

51. 〔清〕董誥等：《全唐文》，中華書局 1983 年版。

52. 中華書局編輯部點校：《全唐詩》（增訂本），中華書局 1999 年版。

53. 〔唐〕王維撰，陳鐵民校注：《王維集校注》，中華書局 1997 年版。

54. 〔唐〕柳宗元：《柳宗元集》，中華書局 1979 年版。

55. 屈守元、常思春主編：《韓愈全集校注》，四川大學出版社 1996 年版。

56. 〔唐〕劉禹錫撰，卞孝萱校訂：《劉禹錫集》，中華書局 1990 年版。

57. 〔唐〕白居易作，顧學頡校點：《白居易集》，中華書局 1979 年版。

58. 〔唐〕元稹撰，冀勤點校：《元稹集》，中華書局 1982 年版。

59. 〔唐〕杜牧撰，陳允吉校點：《樊川文集》，上海古籍出版社 1978 年版。

60. 〔宋〕計有功撰，王仲鏞校箋：《唐詩紀事校箋》，中華書局 2007 年版。

61. 河南省文物研究所、河南省洛陽地區文管處編：《千唐誌齋藏志》，文物出版社 1984 年版。

62. 國家文物局古文獻研究室、新疆維吾爾自治區博物館、武漢大學歷史系編：《吐魯番出土文書》，第七冊，文物出版社 1986 年版。

63. 周紹良主編：《唐代墓誌彙編》，上海古籍出版社 1992 年版。

64. 周紹良主編：《唐代墓誌彙編續集》，上海古籍出版社 2001 年版。

65. 吳鋼主編：《全唐文補遺》，第 1 輯，三秦出版社 1994 年版。

66. 吳鋼主編：《全唐文補遺》，第 2 輯，三秦出版社 1995 年版。

67. 吳鋼主編：《全唐文補遺》，第 3 輯，三秦出版社 1996 年版。

68. 吳鋼主編：《全唐文補遺》，第 4 輯，三秦出版社 1997 年版。

69. 吳鋼主編：《全唐文補遺》，第 5 輯，三秦出版社 1998 年版。

70. 吳鋼主編：《全唐文補遺》，第 6 輯，三秦出版社 1999 年版。

71. 吳鋼主編：《全唐文補遺》，第 7 輯，三秦出版社 2000 年版。

72. 吳鋼主編：《全唐文補遺》，第 8 輯，三秦出版社 2005 年版。

73. 吳鋼主編：《全唐文補遺》，第 9 輯，三秦出版社 2007 年版。

74. 吳鋼主編：《全唐文補遺》（千唐誌齋新藏專輯），三秦出版社 2006 年版。

二、今人論著（按作者姓氏拼音順序排列）

1. 陳寅恪：《唐代政治史述論稿》，三聯書店 2001 年版。

2. 陳尚君：《唐代文學叢考》，中國社會科學出版社 1997 年版。

3. 岑仲勉：《隋唐史》，中華書局 1978 年版。

4. 岑仲勉：《唐史餘瀋》，中華書局 2004 年版。

5. 程千帆：《唐代進士行卷與文學》，上海古籍出版社 1980 年版。

6. 程國賦：《唐五代小說的文化闡釋》，人民文學出版社 2002 年版。

7. 丁鋼、劉琪：《書院與中國文化》，上海教育出版社 1992 年版。

8. 傅璇琮：《唐代科舉與文學》，陝西人民出版社 2003 年版.。

9. 傅璇琮主編：《唐才子傳校箋》，冊 1，中華書局 1987 年版。

10. 傅璇琮主編：《唐才子傳校箋》，冊 2，中華書局 1989 年版。

11. 傅璇琮主編：《唐才子傳校箋》，冊 3，中華書局 1990 年版。

12. 傅璇琮主編：《唐才子傳校箋》，冊 4，中華書局 1990 年版。

13. 傅璇琮主編：《唐才子傳校箋》，冊 5，中華書局 1995 年版。

14. 傅璇琮：《唐代詩人叢考》，中華書局 2003 年版。

15. 高明士：《隋唐貢舉制度》，（臺灣）文津出版社 1999 年版。

16. 高明士：《東亞教育圈形成史論》，上海古籍出版社 2003 年版。

17. 韓鳳山：《唐宋官學制度研究》，吉林攝影出版社 2005 年版。

18. 胡戟等主編：《二十世紀唐研究》，中國社會科學出版社 2002 年版。

19. 黃永年：《唐史史料學》，上海書店出版社 2002 年版。

20. 黃玫茵：《唐代江西地區開發研究》，（臺灣）國立臺灣大學出版委員會 1996 年版。

21. 黃雲鶴：《唐宋下層士人研究》，河北人民出版社 2006 年版。

22. 呂思勉：《隋唐五代史》，上海古籍出版社 2005 年版。

23. 呂思勉：《呂思勉讀史札記》（增訂本），上海古籍出版社 2005 年版。

24. 李錦繡：《唐代財政史稿》，北京大學出版社 1995 年版。

25. 李致忠：《古代版印通論》，紫禁城出版社 2000 年版。

26. 李浩：《唐代三大地域文學士族研究》，中華書局 2002 年版。

27. 〔美〕林南著，張磊譯：《社會資本——關於社會結構與行動的理論》，世紀出版集團 2005 年版。

28. 李潤強：《中國傳統家庭形態及家庭教育——以隋唐五代家庭爲中心》，人民出版社 2008 年版。

29. 劉海峰：《唐代教育與科舉制度綜論》，（臺灣）文津出版社 1991 年版。

30. 毛漢光：《中國中古社會史論》，上海書店出版社 2002 年版。

31. 牟發松：《唐代長江中游的經濟與社會》，武漢大學出版社 1989 年版。

32. 孫國棟：《唐宋史論叢》，香港龍門書店 1980 年版。

33. 宋大川：《唐代教育體制研究》，山西教育出版社 1998 年版。

34. 唐長孺：《魏晉南北朝隋唐史三論》，武漢大學出版社 1993 年版。

35. 唐長孺：《魏晉南北朝史論叢續編》，三聯書店 1959 年版。

36. 嚴耕望：《嚴耕望史學論文選集》中華書局 2006 年版。

37. 閻步克：《察舉制度變遷史稿》，遼寧大學出版社 1997 年版。

38. 郁賢皓：《唐刺史考全編》，安徽大學出版社 2000 年版。

39. 王國維：《王國維遺書》，上海古籍出版社 1983 年版。

40. 王勳成：《唐代銓選與文學》，中華書局 2001 年版。

41. 吳廷燮：《唐方鎮年表》，中華書局 1980 年版。

42. 吳宗國：《唐代科舉制度研究》，遼寧大學出版社 1992 年版。

43. 吳霓：《中國古代私學發展諸問題研究》，中國社會科學出版社 1996 年版。

44. 趙超：《新唐書宰相世系表集校》，中華書局 1998 年版。

45. 張弓主編：《敦煌典籍與唐五代歷史文化》，中國社會科學出版社 2006 年版。

46. 朱金城：《白居易年譜》，上海古籍出版社 1982 年版。

47. 卓遵宏：《唐代進士與政治》，（臺灣）國立編譯館 1986 年版。

三、今人論文（按作者姓氏拼音順序排列）

1. 陳飛：《唐代進士科「止試策」考試——兼及「三場試」之成立》，《歷史研究》2002 年第 3 期。

2. 凍國棟：《唐代閬中進士登場與文化發展管見》，《魏晉南北朝隋唐史資料》（第 11 期），武漢大學出版社 1991 年版。

3. 傅永聚、馬林濤：《論唐代的母訓文化》，《煙臺師範學院學報》2000 年第 1 期。

4. 高明士：《唐代敦煌的教育》，《漢學研究》第 4 卷，1986 年第 2 期。

5. 顧向鳴：《唐代太湖地區家學初探》，《歷史教學問題》，1991 年第 5 期。

6. 顧向明：《試論唐代江南舊士族及其家學淵源》，《山東師範大學學報》2003 年第 4 期。

7. 韓昇：《南北朝隋唐士族向城市的遷徙與社會變遷》，《歷史研究》2003 年第 4 期。

8. 韓昇：《中古社會史研究的數理統計與士族問題——評毛漢光先生〈中國中古社會史論〉》，《復旦學報》2003 年第 5 期。

9. 何忠禮：《二十世紀的中國科舉制度史》，《歷史研究》2000 年第 6 期。

10. 侯力：《唐代家學與科舉應試教育》，《湘潭師範學院學報》1998 年第 1 期。

11. 侯力：《唐代俊士科考論》，《中國史研究》1999 年第 1 期。

12. 黃雲鶴：《唐代舉子游丐之風——〈太平廣記〉所見唐代舉子生活態之一》，《古籍整理研究學刊》2004 年第 1 期。

13. 賈志剛：《唐代圖書市場考察》，魏全瑞主編：《隋唐史論——牛致功教授八十華誕祝壽文集》，三秦出版社 2007 年版。

14. 金瀅坤：《唐五代童子科與兒童教育》，《山西師大學報》2002 年第 4 期。

15. 金瀅坤：《中晚唐五代科舉與清望官的關係》，《中國史研究》2003 年第 1 期。

16. 李正宇：《唐宋時代的敦煌學校》，《敦煌研究》1986 年第 1 期。

17. 李曉路：《唐代「孤寒」釋》，《中國史研究》1989 年第 1 期。

18. 李浩：《論唐代關中士族的家庭教育》，《西北大學學報》1998 年第 2 期。

19. 李潤強：《唐代依養外親的孀婦幼孤家庭考察》，田澍主編：《中國古代史論萃》，甘肅人民出版社 2004 年版。

20. 林立平：《唐宋時期商人社會地位的演變》，《歷史研究》1989 年第 1 期。

21. 劉海峰：《唐代鄉村學校與教育的普及》，《教育評論》1990 年第 2 期。

22. 劉海峰：《「韓門弟子」與中唐科舉》，《漳州師院學報》1997 年第 3 期。

23. 劉海峰：《唐代俊士科辨析》，《中國史研究》2000 年第 2 期。

24. 樓勁：《論科舉制的幾個問題》，《學術月刊》1994 年第 10 期。

25. 樓勁、李華：《唐仕途結構述要》，《蘭州大學學報》1997 年第 2 期。

26. 盧建榮：《欠缺對話的學術社群文化——二十世紀石刻史料與中國中古史的建構（一九三九～一九九七）》，《中華民國史專題論文集》（第四屆討論會）第一冊，（臺北）國史館 1998 年版。

27. 任爽：《科舉制度與唐代教育危機》，《中國史研究》1994 年第 3 期。

28. 宋琴麗：《唐代舉子科考旅費來源探析》，《雲南社會科學》2007 年第 4 期。

29. 萬軍傑：《試析唐代的鄉里村學》，《史學月刊》2003 年第 5 期。

30. 翁俊雄：《唐代科舉制度及其運作的演變》，《中國史研究》，1998 年第 1 期。

31. 烏廷玉：《唐朝的科舉制度》，《唐朝二百九十年》，中國經濟出版社 1999 年版。

32. 吳楓、鄭顯文：《唐代庶民階層的文化素質初探》，《社會科學戰線》1993年第 1 期。

33. 吳建華：《科舉制下進士的社會結構和社會流動》，《蘇州大學學報》1994年第 1 期。

34. 吳霓：《明清南方地區家族教育考察》，《中國史研究》1997 年第 3 期。

35. 徐庭雲：《隋唐五代時期的「寡母撫孤」》，《北京理工大學學報》2000 年第 1 期。

36. 許友根：《唐代「寡母教子」現象初探》，《内蒙古師範大學學報》2005 年第 10 期。

37. 閻守誠：《唐代官吏的俸料錢》，《晉陽學刊》1982 年第 2 期。

38. 姚崇新：《唐代西州的官學》，《新疆師範大學學報》2004 年第 1 期。

39. 姚崇新：《唐代西州的私學與教材》，《西域研究》2005 年第 2 期。

40. 張邦煒：《唐代學校的盛衰》，《四川師院學報》1985 年第 2 期。

41. 鄒重華：《鄉先生——一個被忽略的宋代私學教育角色》，《中國文化研究所學報》新第 8 期，香港中文大學中國文化研究所 1999 年版。

42. 鄒志勇：《唐代蒙學述略》，《山西大學學報》2001 年第 6 期。